세계 민담 전집

세계 민담 전집

09

이탈리아 편

이기철 엮음

황금가지

세계 민담 전집을 펴내면서

민담이란 한 민족이 수천 년 삶의 지혜를 온축하여 가꾸어 온 이야기들입니다. 그 민족 특유의 자연관, 인생관, 우주관, 사회 의식이 속속들이 배어 있는 민담은 진정 그 민족이 발전시켜 외부와 교통해 온 문화를 이해하는 공간입니다. 세계화 시대를 맞아 국경의 의미가 나날이 퇴색되고 많은 사람들이 인류 공통의 문제를 피부로 느끼는 지금, 한편으로는 국가와 민족 인종 간의 몰이해로 인한 충돌이 더욱 빈번해져 가고 있습니다. 서로의 문화를 진정으로 이해해야 할 필요성이 더욱 커진 오늘, 한 민족의 문화에서 민담이 갖는 중요성을 생각할 때, 우리나라에 아직 믿고 읽을 만한 민담 전집을 갖지 못했다는 것은 여러 모로 불행한 일이 아닐 수 없습니다.

지금까지 세계 여러 민족의 옛이야기들이 전혀 출판되지 않았던 것은 아니지만, 개별적으로 나와 망실되고 절판된 데다가 영어나 일본어 판에서 중역된 것이 대부분이었고, 그나마 아동용으로 축약 변형되어 온전한 모습으로 소개되지 못했습니다. 황금가지에서는 각 민족의 고유 문화를 이해하는 실마리가 될 민담을 올바르게 소개하고자 다음과 같은 원칙에 따라 편집을 진행하였습니다.

첫째, 근대 이후에 형성된 국가의 구분에 얽매이지 않고 더 본질적인 민족의 분포와 문화권을 고려하여 분류하였습니다. 국가적 동질성과 문화적 동질성이 반드시 일치하지는 않기 때문입니다.

둘째, 각 민족어 전공자가 직접 원어 텍스트를 읽은 후 이야기를 골라 번역했습니다. 영어 판이나 일본어 판을 거쳐 중역된 이야기는 영어권과 일본어권 독자들의 입맛에 맞도록 순화되는 과정에 해당 민족 고유의 사유를 손상시켰을 우려가 높습니다. 황금가지 판 『세계 민담 전집』은 해당 언어와 문화권을 잘 이해하고 있는 전공자들이 엮고 옮겨 각 민족에 가장 널리 사랑받는 이야기, 그들의 문화 유전자가 가장 생생하게 드러나는 이야기들을 가려 뽑도록 애썼습니다.

셋째, 기존에 알려져 있던 각 민족의 대표 민담들뿐 아니라 그동안 접하기 힘들었던 새로운 이야기들을 여럿 소개합니다. 또한 이미 들은 적이 있는 이야기일지라도 축약이나 왜곡이 심했던 경우에는 원형에 가까운 형태로 재소개했습니다.

황금가지 판 『세계 민담 전집』은 또한 작은 가방에도 들어가는 포켓판 형태로 제작되어 간편하게 들고 다니며 읽을 수 있게 하였습니다. 세계를 여행하면서 그 지역에 뿌리를 두고 자라난 이야기들을 읽고 확인하는 것도 이 전집을 읽는 또다른 즐거움이 될 것입니다.

세계 민담 전집 편집부

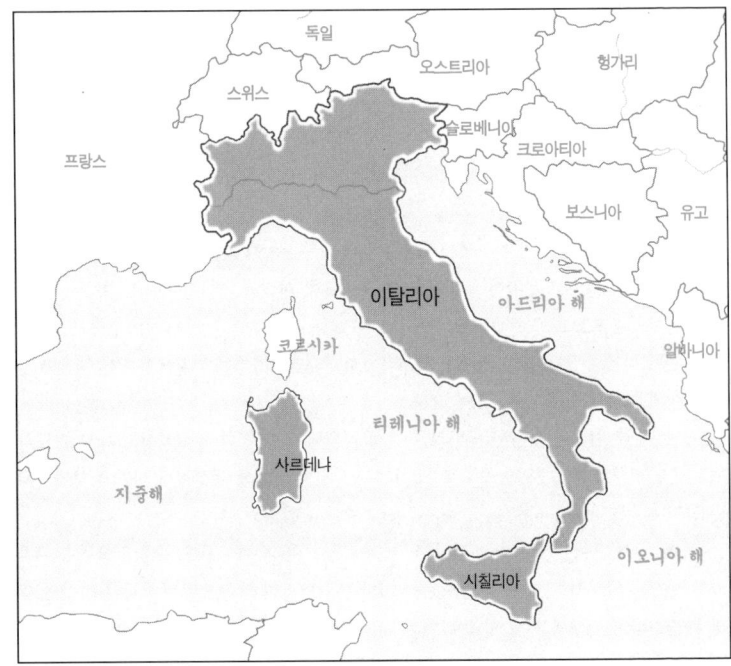

● ── 로마 제국의 근거지인 이탈리아 반도는 지중해 안쪽에 위치하여 옛부터 유럽과 아랍 지역 상인들의 주요 교역지였다. 다양한 세력이 출입하였고, 1860년에 통일 이탈리아가 설 때까지 안 팎으로 전쟁이 끊이지 않았지만 11세기부터 각 도시 국가들은 저마다 문화를 꽃피우며 번성했 다. 이를 반영하듯 지역마다 각 도시 국가의 기질을 담은 특색 있는 민담이 채록되었다.

차 례

황금가지 세계 민담 전집 이탈리아 편

자라지 않는 양치기 ●●● 9
은으로 된 코를 지닌 사나이 ●●● 15
수정 성, 은 성, 금 성 ●●● 24
황소로 변한 오빠들 ●●● 29
돗자리 집, 나무 집, 쇠 집 ●●● 34
농부 점성술사 ●●● 40
늑대와 세 자매 ●●● 44
절대로 사람이 죽지 않는 마을 ●●● 47
게 왕자 ●●● 52
7년 동안 벙어리 ●●● 60
곱사등이 타바니노 ●●● 67
깃털 달린 오르쿠스 ●●● 79
악마의 바지 ●●● 87
머리가 일곱인 용 ●●● 98
원숭이 궁전 ●●● 114
현명한 소녀 카테리나 ●●● 120
태양의 딸 ●●● 129
예쁜 녹색 새 ●●● 137
저주받은 여왕의 저택 ●●● 152
나폴리 군인 ●●● 159
이의 가죽 ●●● 168
치코 페트릴로 ●●● 174
네로 황제와 여인 베르타 ●●● 179
여관집 주인 벨라 베네치아 ●●● 181

만도를린피오레 ● ● ● 189

장님 왕비 셋 ● ● ● 192

첫 번째 칼과 마지막 빗 자루 ● ● ● 196

뱀이 된 피피나 ● ● ● 204

현명한 카테리나 ● ● ● 216

흰 수염 노인 ● ● ● 229

도둑 비둘기 ● ● ● 236

돈 조반니 미지란티 ● ● ● 242

옴에 걸린 발라리키 왕 ● ● ● 248

상인의 아들들 ● ● ● 256

비둘기 아가씨 ● ● ● 262

시칠리아의 예수와 성 베드로 ● ● ● 269

해설 | 이탈리아 민담을 소개하며 ● ● ● 279

자라지 않는 양치기

옛날 옛적에 심술궂은 양치기 소년이 살고 있었다. 양치기 소년은 어느 날 양들에게 풀을 먹이러 가다가 계란이 든 광주리를 머리에 이고 가는 닭장수 여인을 보고는 광주리에 돌을 던져 한 방에 계란을 모두 깨뜨렸다. 불쌍한 여자는 머리 끝까지 화가 나 악을 썼다.

"노래하는 사과 세 개에 있는 아름다운 바르갈리나를 찾을 때까지 너는 절대로 그 이상 자라지 않을 것이다."

그때부터 어린 양치기는 울적해하며 점점 여위어 갔다. 그의 어머니가 그를 잘 보살피고 잘 해 줄수록 양치기는 슬픔에 잠겼다. 어머니는 양치기에게 물었다.

"무슨 일이 있니? 누가 뭐라고 하더냐?"

양치기는 서럽게 닭장수 얘기를 하고 닭장수가 퍼부은 저주를 어머니에게 말했다.

"노래하는 사과 세 개에 있는 아름다운 바르갈리나를 찾을 때까지 너는 절대로 그 이상 자라지 않을 것이다."

그러자 어머니가 아들에게 말했다.

"그렇다면 다른 방법이 없구나. 네가 그 아름다운 바르갈리나를 찾으러 떠나는 수밖에."

그렇게 해서 양치기는 길을 떠났다. 길을 가다가 어느 다리 위에 도착했는데, 다리 위 아주 작은 집 안에서 작은 소녀가 그네를 타고 있다가 양치기에게 물었다.

"지금 지나가는 분은 누구시죠?"

"친구입니다."

"당신을 볼 수 있게 제 눈꺼풀을 조금만 들어올려 주세요."

"저는 노래하는 사과 세 개에 있는 아름다운 바르갈리나를 찾고 있어요. 뭔가 아는 게 있나요?"

"아뇨. 하지만 이 돌멩이를 가지고 가세요. 당신에게 쓸모가 있을 거예요."

양치기는 또 다른 다리를 지나가게 되었는데 거기에는 아주 작은 집 속에서 목욕을 하고 있는 작은 소녀가 있었다.

"지금 지나가는 분은 누구시죠?"

"친구입니다."

"당신을 볼 수 있게 제 눈꺼풀을 조금만 들어올려 주세요."

"저는 노래하는 사과 세 개에 있는 아름다운 바르갈리나를 찾고 있어요. 뭔가 아는 게 있나요?"

"아뇨. 하지만 이 상아로 된 빗을 가지고 가세요. 당신에게 쓸모가 있을 거예요."

양치기는 그 빗을 주머니에 넣고 계속 길을 가다가 냇물을 건넜다. 한 남자가 그곳에서 안개를 배낭에 넣고 있었다. 양치기가 노래하는 사과 세 개에 있는 아름다운 바르갈리나에 대해 묻자 그 남자는 아는 게 없다고 말했다. 하지만 양치기에게 도움이 될 것이라며 안개를 한 주머니 주었다.

그 후에 양치기는 물레방앗간을 지나게 되었다. 방앗간 주인은 말하는 암여우였다. 그 여우가 말했다.

"그래, 아름다운 바르갈리나가 누군지 알고 있지. 하지만 그녀를 찾는 일은 어렵단다. 문이 열려 있는 집이 나타날 때까지 앞으로 계속 가서 집이 나오거든 그 안에 들어가거라. 그러면 작은 종이 많이 달린 수정 새장이 있을 게다. 새장 속에 노래하는 사과들이 있단다. 그 새장을 가져가야 해. 단 그 집에 있는 노파를 조심하렴. 그 노파는 잘 때 눈을 뜨고, 깨어 있을 때 눈을 감는단다."

양치기는 그곳으로 가서 눈을 감고 있는 노파를 발견했다. 양치기는 노파가 깨어 있다는 것을 알아챘다. 노파가 말했다.

"아름다운 젊은이, 내 머리에 이가 있는지 좀 봐 주게."

양치기가 머리를 보며 이를 잡고 있는데 노파가 눈을 떴다. 양치기는 노파가 잠들었다는 것을 알았다. 그래서 재빨리 수정 새장을 들고 도망쳤다. 그런데 새장에 달려 있던 종들이 울려서 노파가 깨어났고 기사 100명과 말 100마리를 보내서 양치기를 뒤쫓게 했다. 양치기는 말들에게 금방 따라잡힐 것 같아서 주머니에 들어 있던 돌멩이를 떨궜다. 그 돌멩이는 절벽으로 둘러싸인 바위산으로 변했고 노파의 말들은 그 산을 넘다가 모두 다리가 부러져 버렸다.

기사들이 말을 잃고서 노파의 집으로 돌아가자 이번에는 노파가 말을 200마리 보냈다. 다시 말들에게 따라잡힐 듯하자 양치기는 상아로 된 빗을 던졌다. 그러자 빗은 매우 매끄러운 산으로 변했고 말들은 그 산을 넘다가 발굽이 미끄러져서 모두 죽고 말았다.

이제 노파가 말 300마리를 보냈으나 양치기는 주머니에서 안개를 꺼내 던졌다. 그러자 그의 뒤쪽이 모두 어두워져서 말들이 길을 잃었다.

노파의 말을 따돌린 양치기는 갈증이 났다. 그러나 마실 것이 없어서 새장 속에 있는 사과 세 개 중에 하나를 꺼내서 자르려고 했다. 그때 어디선가 작은 목소리가 들렸다.

"나를 천천히 잘라 주세요. 아프지 않도록."

양치기는 사과를 천천히 잘라서 반은 먹고 반은 주머니에 넣었다. 그리고 집 근처 우물에 도착했을 때 나머지 사과 반쪽을 먹기 위해 주머니에 손을 넣었는데 주머니 속에 아주 작은 여자가 있었다. 그녀가 말했다.

"저는 아름다운 바르갈리나예요. 저는 올리브 빵을 먹는답니다. 배가 고파서 죽을 것 같아요. 저에게 올리브 빵을 하나 갖다 주세요."

그 우물에는 뚜껑이 덮여 있고 뚜껑 가운데 작은 여닫이문이 달려 있었는데, 양치기는 소녀를 여닫이 문 위에 올려놓고는 올리브 빵을 가지고 올 테니 기다리라고 말했다. 그때 브루타스키아바(Brutta-schiava, 못생긴 여자 노예)라고 불리는 하녀가 우물에 물을 길러 왔다가 우물 덮개의 창문 위에 있는 소녀를 보고는 말했다.

"너는 아주 작고 아름답구나. 나는 뚱뚱하고 못생겼는데!"

그러고는 너무 화가 나서 소녀를 우물 속으로 던져 버렸다. 양치기가 돌아와 보니 아름다운 바르갈리나가 보이지 않았다. 그는 절망에 빠지고 말았다.

양치기의 어머니도 그 우물에 물을 길러 오곤 하는데, 하루는 두레박에 물고기 한 마리가 있는 것을 발견했다. 어머니는 그 물고기를 집에 가지고 와서 튀겼다. 모자가 생선 요리를 먹고 가시는 창밖으로 던졌더니 가시가 떨어진 자리에서 나무가 한 그루 자라났다. 그 나무는 굉장히 크게 자라나 집을 그늘지게 할 정도였다. 양치기가 나무를 잘라 장작으로 패자 엄청나게 많은 장작이 생겼다. 양치기는 장작을 집 안에 들여놓았다.

시간이 흘러 어머니가 세상을 떠나자 양치기는 혼자 살게 되었다. 도통 자라질 않는 탓에 무척이나 왜소한 양치기는 매일 우울한 기분으로 양들에게 풀을 먹이러 들로 갔다가 우울한 기분으로 저녁에 집으로 돌아왔다.

그런데 언제부터인가 놀라운 일이 일어났다. 저녁에 와 보면 아침에 지저분하게 두고 나간 접시와 냄비들이 모두 깨끗하게 닦여 가지런히 놓여 있는 것이었다. 이런 일이 계속 일어났지만 누가 설거지를 하는지는 알 수가 없었다. 그래서 양치기는 누가 그 일을 하는지 알아보기 위해, 어느 날 들로 가는 척하고 문 뒤에 숨어 있었다.

그가 집을 나서는 척하고 시간이 좀 흐르자 장작 더미에서 작은 소녀가 나와서 접시와 냄비와 숟가락을 닦고 바닥을 청소하고 침대를 정리하는 것이었다. 일을 마친 그녀는 선반을 열어서 올리브 빵을 꺼내 먹었다. 양치기는 뛰쳐 나와 말했다.

"누구지? 어떻게 들어온 거야?"

작은 소녀가 말했다.

"저는 아름다운 바르갈리나예요. 사과 반쪽이 있던 주머니 속에서 당신이 저를 발견했죠. 브루타스키아바가 저를 우물에 던져서 물고기가 되었고, 그 후에 물고기의 가시가 되어서 창 밖으로 떨어졌어요. 저는 물고기 가시에서 나무의 씨앗으로 변신했고 다시 계속 자라나는 나무로 변신했어요. 그 다음에는 당신이 패 집으로 들여놓은 땔감이 되었어요. 그리고 매일 당신이 집에 없을 때 아름다운 바르갈리나로 변했답니다."

아름다운 바르갈리나를 다시 만나자 양치기는 계속 자라기 시작했다. 아름다운 바르갈리나도 그와 함께 자랐다. 마침내 양치기는 헌칠한 청년이 되었고, 아름다운 바르갈리나와 결혼했다. 그리고 성대한 만찬을 열었다.

그때 나는 탁자 밑에 있었는데, 그들은 나에게 뼈를 던져 내 코를 맞혔지만 나는 그곳에 계속 있었다.

(제노바의 오지)

은으로 된 코를 지닌 사나이

옛날 옛적에 남편을 먼저 떠나 보낸 세탁부가 딸 셋을 데리고 살고 있었다. 그들 네 모녀는 그들이 할 수 있는 것보다 더 많은 빨래를 하려고 노력했지만 항상 배고픔을 겪어야 했다. 하루는 큰딸이 어머니에게 말했다.

"악마 밑에서라도 일해야겠어요. 난 집에서 떠나고 싶어요."
어머니가 말했다.
"그런 말은 하지 마라, 내 딸아. 무슨 일이 일어날지 몰라."
큰딸이 그런 말을 한 후 며칠이 지나지 않아 검은 옷을 입은 귀족이 그들의 집에 찾아왔다. 그는 매우 예의 바른 남자였는데 코가 은으로 되어 있었다. 그는 세탁부에게 말했다.
"당신에게 따님이 셋 있다는 것을 알고 있습니다. 따님 중에서 한 분을 저희 집에서 일하도록 보내 주지 않으시겠습니까?"
어머니는 당장 보내고 싶었으나 그 남자의 은으로 된 코가 마음에 걸렸다. 그녀는 큰딸을 불러서 말했다.

"너도 알다시피 이 세상에 코가 은으로 된 사람은 없단다. 조심해야 해. 만약 네가 그와 함께 간다면 후회하게 될 거야."

하지만 집에서 나가 보고 싶었던 큰딸은 곧 그와 함께 떠났다. 길을 걷고 숲을 지나 산을 넘어 가던 중, 어딘가 멀리에서 불이 난 것처럼 커다랗고 희미한 불빛이 보였다. 불안을 느끼기 시작한 처녀가 그 남자에게 물었다.

"저기 아래에 있는 게 뭐죠?"

은코의 사나이가 말했다.

"내 집이지. 우리는 저기로 가고 있는 거란다."

처녀는 계속 갔지만 두려움을 참을 수가 없었다. 둘이 커다란 궁전에 도착하자 은코의 사나이는 그녀에게 방들을 보여 주었는데 모두 아름다운 방이었다. 방을 하나하나 보여 주면서 그는 각 방에 맞는 열쇠를 처녀에게 주었다. 마지막 방의 문 앞에 도달해서 사나이는 방은 열지 않고 열쇠를 주면서 말했다.

"넌 어떤 이유로도 이 문을 열어서는 안 된다. 알겠느냐! 다른 것은 모두 네 마음대로 해도 괜찮지만 이 방만은 안 돼!"

처녀는 생각했다.

'이 속에 뭔가 있어!'

그러고는 은코의 사나이가 없을 때 그 문을 열어 보리라고 결심했다.

밤이 되어 소녀가 방에서 자고 있을 때 은코의 사나이가 살그머니 들어와 그녀의 침대로 다가가서는 그녀의 머리카락 사이에 장미꽃을 꽂아 두었다. 그리고 들어올 때처럼 조용히 나갔다.

다음 날 아침, 은코의 사나이는 볼일이 있어서 밖으로 나갔고, 처녀는 모든 열쇠를 가진 채 집에 남게 되자마자 금지된 방의 문으로 달려갔다. 그리고 처녀가 그 방의 문을 열자마자 화염과 연기가 쏟아져 나왔다. 그 화염과 연기 속에 불에 타는 지옥의 망령들이 가득했다. 그제야 처녀는 은코의 사나이가 악마이고 그 방은 지옥이라는 것을 깨달았다.

그녀는 비명을 지르며 곧바로 문을 닫고는 가능한 한 그 지옥의 방으로부터 멀리 도망쳤다. 그러나 날름거리는 불꽃이 이미 그녀의 머리카락 사이에 꽂힌 장미를 태운 다음이었다.

은코의 사나이는 집에 돌아와서 그을은 장미를 보고 말했다.

"아아, 내 말을 들었어야지!"

그는 지옥 문을 열고는 그녀를 들어 불꽃 속으로 던져 버렸다.

다음 날 그는 세탁부의 집으로 다시 갔다.

"부인의 큰따님은 제 집에서 잘 지내고 있습니다. 그런데 일이 너무 많아서 도움이 필요합니다. 둘째 따님도 저에게 보내 주실 수 없을까요?"

그렇게 해서 은코의 사나이는 둘째도 데리고 돌아갔다. 그는 그녀에게도 방들을 보여 주고 열쇠를 모두 주고는 마지막 방만 빼고 모든 방을 열어 볼 수 있다고 말했다. 그러자 둘째 딸이 대답했다.

"천만에요. 제가 왜 그 방을 열겠어요? 전 당신 일에는 관심이 없어요."

밤이 되어 둘째 딸이 잠자리로 들어가자 은코의 사나이는 아주 살그머니 침대로 다가가서 그녀의 머리카락 사이에 카네이션을 꽂아 두었다.

다음 날 아침 은코의 사나이가 나가자마자 둘째는 금지된 방의 문을 열러 갔다. 연기와 화염 속에 망령들의 절규가 쏟아져 나왔고 둘째는 불꽃 속에서 언니를 알아보았다. 언니가 그녀에게 소리쳤다.

"아우야, 나를 이 지옥에서 꺼내 줘!"

그녀는 기절할 것 같아서 급히 문을 닫고는 도망쳤지만 숨을 곳이 없었다. 은코의 사나이는 악마이며 그녀는 탈출이 불가능한 악마의 손아귀에 있기 때문이었다.

은코의 사나이가 돌아와서는 먼저 그녀의 머리를 살펴보았다. 그는 불길에 말라 죽은 카네이션을 보고 한 마디 말도 없이 그녀를 들어서 지옥으로 던져 버렸다.

다음 날, 그는 평소와 같이 귀족처럼 훌륭하게 차려입고 세탁부의 집에 나타났다.

"저희 집에 할 일이 너무 많습니다. 셋째 따님도 저에게 보내 주실 수 있겠습니까?"

그렇게 해서 그는 셋째 딸과 함께 돌아갔다. 그녀의 이름은 '루치아'로 세 딸 중에서 가장 영리했다. 그녀도 집을 둘러보았고 그가 늘 하던 당부를 들었다. 그리고 그녀가 자는 동안 사나이는 그녀의 머리카락 사이에 재스민 꽃 한 송이를 꽂아 두었다. 루치아는 아침에 일어나자마자 머리를 빗기 위해 거울 앞에 섰다. 그리고 머리카락 사이의 재스민을 보고는 말했다.

"어머나, 그 남자가 나에게 재스민을 줬구나. 참으로 친절한 배려인걸! 아하, 이 꽃을 싱싱하게 보존해야겠다."

그러고는 그것을 꽃병에 꽂아 놓았다.

빗질을 하던 그녀는 자신이 집에 혼자 있다는 것을 깨닫고는 생각했다.

'이제 저 신비로운 방을 좀 구경하러 가 볼까?'

그녀가 문을 열자마자 화염이 쏟아져 나왔고 불에 타는 사람들이 많이 보였는데 그중에는 큰언니와 작은언니도 있었다. 언니들이 소리쳤다.

"루치아! 루치아! 여기서 꺼내 줘! 살려 줘!"

루치아는 신중하게 우선 문을 다시 닫고는 어떻게 언니들을 구할 수 있을지 생각했다.

악마가 돌아왔을 때 루치아는 재스민을 다시 머리카락 사이에 꽂고 아무 일도 없었던 것처럼 행동했다. 은코의 사나이는 재스민을 보고는 말했다.

"오, 싱싱하군."

"그럼요, 왜 싱싱하지 않겠어요. 어떻게 시든 꽃을 머리에 꽂을 수가 있겠어요?"

"아냐. 그냥 말해 본 거야. 너는 착한 소녀인 것 같구나. 만약 계속 그렇게 행동한다면 잘 지낼 수 있을 거야. 여기서 사는 건 만족스러운지?"

"네, 여긴 참 좋은 곳이어요. 그런데 한 가지 생각만 나지 않으면 더 잘 지낼 수 있을 것 같아요."

"무슨 생각이지?"

"제가 집을 떠날 때 어머니 건강이 아주 좋지 않았어요. 그리고 지금은 어머니 소식도 알 수가 없고요."

"그래? 그게 다인가? 그럼 내가 집에 가서 소식을 전해 주지."

"고마워요. 당신은 매우 좋은 분이시군요. 내일 어머니께 가실 수 있다면 제가 더러운 옷이 좀 들어 있는 자루를 준비해 놓겠어요. 어머니께서 건강히 잘 지내고 계시면 빨랫감들을 건네 주세요. 무겁지 않겠어요?"

"천만에. 나는 아무리 무거운 것이라도 옮길 수 있어."

루치아는 악마가 집에서 나가자마자, 지옥의 문을 열고 그녀의 큰언니를 끌어내어 자루에 넣고 말했다.

"거기서 조용히 있어, 카를로타 언니. 이제 악마가 제발로 언니를 집으로 데려다 줄 거야. 그런데 만약 그가 자루를 내려놓으려고 하면 '당신을 보고 있어요! 당신을 보고 있어요!' 라고 말해야 해."

은코의 사나이가 돌아왔을 때 루치아가 그에게 말했다.

"여기 빨랫감이 들어 있어요. 그런데 정말로 어머니께 도착할 때까지 이걸 들고 갈 수 있겠어요?"

그러자 악마가 말했다.

"나를 믿지 못하는 거야?"

"물론 믿지만 저는 제가 갖고 있는 능력을 더 믿어요. 그건 먼 곳을 볼 수 있는 능력이죠. 저는 당신이 자루를 내려놓는지 어떤지 보고 있을 거예요."

"아, 그래? 지켜보렴!"

그러나 사실 악마는 루치아가 말한 천리안 이야기를 별로 믿지 않았다. 그는 자루를 어깨에 들쳐메고는 말했다.

"아, 생각보다 빨랫감들이 무거운걸!"

그 말을 듣고 소녀가 말했다.

"당연하죠! 도대체 몇 년 동안 빨래를 안 하신 거죠?"

은코의 사나이는 루치아네 집을 향해 길을 떠났다. 그러나 그는 중간쯤에 도달해서는 말했다.

"음, 그런데 저 애가 빨랫감을 보낸다는 구실로 내가 집을 비우도록 한 것이 아닐까 싶군."

그러고는 자루를 내려놓고 그것을 열어 보려고 했다. 그때 자루 속에 있던 카를로타가 "당신을 보고 있어요! 당신을 보고 있어요!" 라고 소리쳤다.

"세상에! 사실이잖아! 여기 일을 보고 있어!"

은코의 사나이는 이렇게 말하고는 다시 자루를 어깨에 올리고 단숨에 루치아의 어머니가 계신 집으로 갔다.

"따님이 이 빨랫감을 당신에게 보냈습니다. 어머니의 안부도 물었고요."

세탁부는 악마가 돌아가서 혼자 남게 되자 즉시 자루를 열었다. 그리고 큰딸을 다시 만나는 기쁨을 맛보았다.

일주일 후, 루치아는 다시 침울해하며 은코의 사나이에게 어머니 소식이 듣고 싶다고 말했다. 악마는 다시 루치아를 대신해 세탁부에게 빨랫감 자루를 건네주고 안부를 전해 주기로 했다. 그렇게 해서 은코의 사나이는 둘째 딸을 운반하게 되었는데 이번에도 또 자루를 열어 보려 했으나 "당신을 보고 있어요! 당신을 보고 있어요!"라는 외침을 들었기 때문에 자루 속을 볼 수가 없었다.

한편 세탁부인 어머니는 이미 은코의 사나이가 악마라는 것을 알고 있어서 그가 다시 오는 것이 두려웠다. 왜냐하면 다음에 올 때는 그녀에게 세탁된 옷을 달라 할 것이라고 생각했기 때문이었다. 그러나 은코의 사나이는 두 번째 빨랫감 자루를 내려놓으며 말했다.

"세탁된 옷은 다음에 가지러 오겠습니다. 이 무거운 자루 때문에 제 뼈가 부러지는 줄 알았습니다. 집에 돌아갈 때는 빈손으로 가고 싶군요."

그가 돌아가고 나서 세탁부는 황급히 자루를 열었고 둘째 딸과 포옹했다. 그런데 그녀는 이제 루치아가 악마의 손아귀에 홀로 남아 있다는 것을 걱정하기 시작했다.

루치아는 어떻게 했을까? 며칠이 지난 후 루치아는 또 어머니 소식이 궁금하다는 이야기를 했다. 그리고 빨래할 옷이 아직도 더 있다고 했다. 악마는 자루를 나르는 일이 귀찮고 싫었지만 루치아가 무척 마음에 들었기 때문에 한 번 더 그 일을 하기로 했다. 저녁이 되기도 전에 루치아는 머리가 너무 아프다며 먼저 잠자리로 가겠다고 말했다.

"제가 자루를 준비해 둘게요. 만일 제가 내일 아침까지도 몸이 아파서 잠자리에서 일찍 못 일어나더라도 자루를 가지고 출발하세요."

그리고 루치아는 못쓰는 천 조각들을 꿰매서 자신과 비슷한 크기의 인형을 만들어 두었다. 아침이 오기 전에 그 인형을 침대에 놓고 이불로 덮고는 자신의 땋은 머리를 잘라서 인형의 머리에 꿰매 붙여 두었다. 그러자 정말로 그녀가 자고 있는 것처럼 보였다. 그리고 그녀는 악마의 보물들을 챙겨 빨랫감 자루 속에 들어갔다.

아침이 되자 악마는 소녀가 침대에서 이불에 파묻혀 있는 것을 보고는 자루를 어깨에 메고 중얼거렸다.

"루치아는 오늘 아침까지도 아프군. 조심하지 않아도 되겠어. 이번에야말로 자루 속에 정말 빨랫감만 들어 있는지 확인할 수 있는 좋은 기회야."

그는 자루를 내려놓고 열어보려고 했다.

"당신을 보고 있어요! 당신을 보고 있어요!"

루치아가 소리쳤다.

"맙소사! 그녀의 목소리가 바로 이 자루에서 들리는 것 같군! 루치아와는 장난을 치지 않는 게 좋겠어."

그는 자루를 다시 어깨에 올리고는 세탁부에게 그것을 갖다 주었다. 그러고는 서둘러서 말했다.

"세탁된 옷들은 다음에 모두 가지러 오겠습니다. 지금 루치아가 아파서 집으로 돌아가 봐야겠어요."

그렇게 해서 네 식구가 다시 모이게 되었다. 루치아가 돌아올 때 악마의 돈을 많이 가지고 온 덕분에 네 식구는 행복하고 즐겁게 살 수 있었다. 그 뒤로 문 앞에 십자가 하나를 달아 두어서 악마는 집 근처에 얼씬도 할 수 없었다.

(랑게 지역)

수정 성, 은 성, 금 성

옛날 옛적에 한 소년이 살았다. 소년은 도둑질을 하려고 마음먹고 어머니께 그 이야기를 했다. 그러자 어머니가 말씀하셨다.
"부끄럽지도 않니? 고백 성사를 하고 신부님이 하시는 말씀을 잘 듣도록 해라."
소년이 고백 성사를 하러 갔더니 신부님은 이렇게 말했다.
"도둑질은 죄다. 하지만 도둑들의 물건을 훔친다면 죄가 아니다."
소년은 숲으로 가서 도둑들의 집을 발견하고는 문을 두드리고 그들의 하인이 되겠다고 했다. 도둑들이 말했다.
"우리는 도둑질을 한다. 하지만 우리는 세금 징수원의 물건만 훔치니까 죄 될 게 없지."
어느 날 밤, 도둑들이 세금 징수원의 집에 도둑질을 하러 가자 소년은 마구간에서 제일 좋은 노새를 꺼내서 금화를 가득 싣고 도망쳤다.

그는 금화를 어머니에게 갖다 주고는 일자리를 찾으러 도시로 갔다. 그 도시에는 왕이 살았는데 그는 양을 100마리 갖고 있었지만 아무도 그 집에서 양치기 일을 하려고 하지 않았다. 소년은 그곳으로 갔다. 왕이 그에게 말했다.

"잘 들어라. 여기에 양이 100마리 있다. 내일 아침에 양들에게 풀을 먹이러 저 초원으로 몰고 가거라. 하지만 냇물 건너편으로는 가지 마라. 거기에는 양들을 먹는 뱀이 살고 있느니라. 만약 양들을 모두 다시 내 집으로 데리고 온다면 너에게 추가로 상을 내리겠다. 하지만 그렇지 못할 경우에는, 뱀에게 먹히지 않고 살아 돌아온다 하더라도 두 다리를 잃게 될 줄 알아라."

소년은 양을 몰고 초원으로 가다가 궁궐 창문 밑을 지나게 되었다. 창문에는 마침 공주가 보였다. 공주는 소년을 보고는 기뻐하며 그에게 올리브 빵을 던졌다. 양치기는 올리브 빵을 받아서 초원에서 먹으려고 가져갔다. 그가 초원에 도착했을 때 저쪽 풀밭 가운데에 흰 바위가 있는 것이 보였다.

"저기 앉아서 공주가 준 올리브 빵을 먹어 볼까."

바위는 냇물 건너편에 있었지만 양치기는 겁없이 훌쩍 뛰어 냇물을 건넜고, 양들도 그의 뒤를 따랐다.

거기에는 키가 큰 풀들이 잔뜩 나 있어 양들은 조용히 마음껏 풀을 뜯었다. 양치기는 바위에 앉아서 올리브 빵을 먹었다. 그런데 갑자기 바위 아래에서 진동이 느껴졌다. 마치 세상이 가라앉을 것 같았다. 소년은 주위를 둘러보았지만 아무것도 보이지 않자 계속해서 올리브 빵을 먹었다. 바위 아래에서 더 강한 진동이 느껴졌지만 양치기는 아무 일도 없었던 것처럼 행동했다.

세 번째 진동이 느껴졌다. 이번에는 바위 아래에서 머리가 세 개

달린 뱀이 나왔다. 뱀은 입마다 장미를 한 송이씩 물고 있는데 소년더러 받으라는 듯이 머리 세 개를 소년에게 향했다. 소년이 서서 장미를 받으려 하자, 뱀이 느닷없이 입을 모두 벌리고 그에게 덤벼들었다. 뱀이 단번에 소년을 삼켜 버리려는 순간, 양치기 소년이 손에 들고 있던 몽둥이로 뱀보다 더 빠르게 첫째 머리를 때리고 둘째 머리를 때리고 셋째 머리를 때렸다. 양치기는 뱀이 죽을 때까지 계속 머리를 때렸다.

드디어 뱀이 죽자 소년은 뱀의 머리 셋을 모두 낫으로 잘라서 두 개는 옷 속에 넣고 하나는 쪼개서 무엇이 들어 있는지 보았다. 그 속에는 수정으로 된 열쇠가 있었다. 소년은 뱀이 나온 바위를 들어 올려 열쇠 구멍을 찾아냈다. 소년이 열쇠 구멍에 수정 열쇠를 끼우자 바위 밑에 있던 문이 열렸다.

문 안에 들어서자 거기엔 온통 수정으로 만들어진 웅장한 성이 있었다. 모든 문에서 수정으로 된 하인들이 나왔다.

"안녕하십니까, 주인님. 분부만 내려 주십시오."

"나를 안내해서 내 보물들을 모두 보여 다오."

그들은 소년을 수정으로 된 계단과 탑으로 안내했고 수정으로 된 마구간과 말을 보여 주었으며 수정으로 된 갑옷과 무기도 보여 주었다. 그러고는 수정으로 된 새들이 앉아서 노래하는 수정 나무가 서 있는 가로수 길 사이에 펼쳐진 수정 정원과 수정 호수 주변에 수정 꽃이 만발한 곳으로 그를 안내했다. 소년은 수정 꽃을 한 묶음 꺾어서 모자 위에 꽂았다. 그리고 그곳을 나섰다. 저녁이 되어 소년이 양들과 함께 돌아오는데 창가에 있던 공주가 말했다.

"저에게 당신 모자에 꽂힌 꽃을 주시겠어요?"

그러자 양치기가 대답했다.

"네, 당신에게 드리지요. 이 꽃은 수정 꽃입니다. 온통 수정으로 된 제 성에 있는 수정 정원에서 꺾은 것이지요."

소년은 꽃을 공주에게 던졌고 공주는 그것을 받았다.

다음 날 소년은 바위로 돌아가서 뱀의 둘째 머리를 쪼갰다. 거기에는 은으로 된 열쇠가 있었다. 바위를 들어서 은 열쇠를 열쇠 구멍에 끼우고는 문을 연 후, 이번엔 온통 은으로 된 성으로 들어갔다. 은으로 된 하인들이 나오며 말했다.

"분부만 내리십시오. 주인님!"

하인들을 은으로 된 주방으로 소년을 안내했다. 그곳에서는 은으로 된 닭들이 은 불꽃으로 요리되고 있었다. 은 정원에서는 은 공작들이 자태를 뽐냈다. 소년은 은으로 된 꽃을 한 묶음 꺾어서 모자에 꽂았다.

저녁에 소년이 돌아올 때 창가에 있던 공주가 꽃을 달라고 하자 그것을 주었다.

셋째 날에 셋째 머리를 쪼개자 금으로 된 열쇠가 나왔다. 열쇠 구멍에 금 열쇠를 끼우고 온통 금으로 된 성으로 들어가자 그의 명령을 기다리는 하인들은 머리끝에서 발끝까지 금으로 되어 있었다. 침대와 시트와 베개와 침대 기둥이 모두 금이었고 새장 속에서 날아다니는 새들도 모두 금이었다. 정원에는 금으로 된 꽃과 금이 물처럼 솟아오르는 분수가 있었다. 소년은 금 꽃을 한 묶음 꺾어서 모자에 꽂았고 저녁에 그것을 공주에게 주었다.

어느 날 왕은 마상 시합이 있을 것이며 우승자는 공주의 짝이 될 것이라는 내용의 포고문을 발표했다. 양치기는 수정 열쇠로 문을 열고 수정 궁전으로 내려가서 수정으로 된 말과 고삐와 안장을 가지고 와서 마상 시합에 나타났는데 그는 또한 수정 갑옷과 방패와 창도 갖추고 있었다. 그는 다른 기사들을 모두 이겼지만 자신이 누구인지 밝히지 않고 도망쳤다.

다음 날 그는 은으로 된 마구를 갖춘 은으로 된 말을 타고 은으로 된 갑옷과 방패와 창을 들고서 돌아왔다. 그는 다른 기사들을 모두 이겼지만 또 이름을 밝히지 않고 도망쳤다. 셋째 날에는 금으로 된 말을 타고 금으로 된 무장을 하고서 돌아왔다. 그는 세 번째 역시 우승을 하였고 마침내 공주가 말했다.

"나는 저 사람이 누구인지 알아요. 수정과 은과 금으로 지어진 성들의 정원에서 꺾은 수정 꽃, 은 꽃, 금 꽃을 저에게 선물한 분이에요."

그리하여 그들은 결혼하였고 양치기 소년은 왕이 되었다.

그리고 모든 사람들은 기뻐하고 만족했다.

그리고 그들은 나에게 아무것도 주지 않았다.

(몬페라토)

황소로 변한 오빠들

옛날 옛적에 열두 형제가 살고 있었는데 아버지와 말다툼을 한 끝에 열두 명 모두 가출하였다. 그들은 숲 속에 집을 짓고 목수 일을 하며 살았다. 그 후에 부모님들은 딸을 하나 낳았는데 그 아이가 부모님에게 위안이 되었다. 그 소녀는 오빠들을 보지 못하고 단지 오빠들 이야기만 듣고 자랐기 때문에 오빠들을 무척 보고 싶어 했다.

어느 날 소녀는 샘에 몸을 씻으러 가서는 산호 목걸이를 벗어 가지에 걸어 놓았다. 그때 까마귀 한 마리가 지나가다가 목걸이를 채어서 날아가 버렸다. 소녀는 까마귀를 쫓아서 숲으로 들어갔고 집을 발견했다. 그 집은 소녀의 오빠들이 사는 집이었다. 집 안에는 아무도 없었다. 소녀는 파스타를 만들어서 접시에 담아 놓고는 침대 밑으로 가서 숨었다.

오빠들은 집에 돌아와 파스타가 차려진 것을 보고 그것을 먹긴 했지만, 먹으면서도 마녀의 장난이 아닐까 두려워했다. 왜냐하면 그 숲엔 마녀들이 우글우글했기 때문이다.

다음 날 열두 오빠 중에서 한 명이 집에 남아서 감시를 하고 있다가 한 소녀가 침대 밑에서 나오는 것을 보았다. 오빠들은 그녀가 마녀가 아닐뿐더러 그때까지 알지 못하고 지냈던 여동생이라는 사실을 알고는 몹시 반가워했으며 동생이 자신들과 함께 지내기를 바랐다. 그리고 소녀는 그렇게 하기로 하였고 모두들 기뻐했다. 오빠들은 소녀에게 숲에 있는 다른 사람들과는 이야기하지 말라고 당부했다. 숲에는 마녀들이 많았다.

어느 날 저녁, 소녀가 식사를 준비하려는데 불이 없었다. 급한 마음에 그녀는 가까운 곳에 있는 오두막집에 가서 불을 좀 달라고 부탁했다. 오두막집 안에는 한 노파가 있었는데 매우 친절하게 불을 주었지만 대신에 그 다음 날 소녀의 새끼손가락 피를 조금만 마시러 가도 될지 물었다. 그러자 소녀가 말했다.

"저는 저희 집 문을 아무에게도 열어 줄 수가 없어요. 오빠들이 싫어하거든요."

노파가 말했다.

"문을 열 필요는 없단다. 그냥 내가 문을 두드리면 새끼손가락을 열쇠 구멍에 끼우기만 해라. 그러면 내가 피를 빨아먹을 테니."

그리하여 노파는 매일 저녁에 찾아와서 피를 빨았고 소녀는 계속해서 창백해져 갔다. 오빠들은 그녀의 안색이 안 좋아지는 것을 알아채고는 그녀에게 무슨 일이 있는지 캐물었다. 그녀는 노파에게서 불을 빌리는 대신에 피를 주기로 했다고 고백했다.

"우리에게 맡겨."

오빠들이 말했다.

다음 날 마녀가 찾아와서 문을 두드리는데도 소녀가 열쇠 구멍에 손가락을 끼우지 않자 마녀는 문 아래에 있는 고양이 출입구로 자신의 머리를 들이밀었다. 그때 안쪽에서 도끼를 들고 준비하고 있던 오빠 한 명이 마녀의 목을 싹둑 잘랐다. 그리고 마녀의 목과 시체를 절벽 아래로 던져 버렸다.

그 일이 있은 후 어느 날 소녀는 샘에 갔다가 다른 노파를 만났다. 그 노파는 하얀 그릇 열두 개를 팔고 있었다. 소녀가 말했다.

"멋진 그릇이네요."

"맘에 들면 사렴."

"저는 돈이 없어요."

"그럼 내가 이 그릇들을 너에게 선물로 줄게."

저녁에 오빠들이 목이 마른 채 집에 돌아와서는 물이 가득 차 있는 그릇 열두 개를 발견했다. 오빠들은 당장에 달려가서 그 그릇에 담긴 물을 마셨는데 바로 그 순간 모두 황소로 변하고 말았다. 열두 오빠 중에 한 명은 갈증이 별로 나지 않아서 겨우 한 모금만 마셨기 때문에 새끼 양으로 변했다. 그리하여 소녀는 혼자서 황소 열한 마리와 새끼 양 한 마리를 데리고 살게 되었고 매일 그들에게 먹을 것을 주었다.

어느 날 왕자가 사냥을 하러 왔다가 숲에서 길을 잃었다. 그는 이리저리 헤매다가 소녀의 집에 들르게 되었고 그녀를 보자마자 사랑에 빠졌다. 그는 소녀에게 결혼해 달라고 했지만 그녀는 황소로 변한 오빠들을 생각하며 그들을 두고 떠날 수 없다고 대답했다. 왕자는 오빠들도 모두 궁전으로 데려왔다. 소녀는 왕자비가 되었고 황소 열한 마리와 새끼 양 한 마리는 금으로 된 여물통이 있는 대리석으로 된 외양간에서 살았다.

그러나 숲의 마녀들은 소녀에게 복수하기를 포기하지 않았다. 하루는 왕자비가 오빠인 새끼 양과 포도 덩굴 밑을 산책하고 있는데 한 노파가 나타났다.

"착한 왕자비님, 저에게 포도 한 송이만 주시겠어요?"

"예, 할머니, 원하는 것을 따 가세요."

"저는 포도에 손이 닿지 않는답니다. 괜찮으시다면 왕자비께서 따 주세요."

"그러지요."

왕자비는 그렇게 말하며 포도 한 송이를 따기 위해 손을 들었다.

"저기 있는 더 잘 익은 포도를 따 주세요."

노파는 말하며 빗물을 모으는 우물 위에 있는 포도 송이를 가리켰다. 왕자비가 그것을 따기 위해 우물에 둘러쳐진 돌담 위에 올라섰을 때 노파는 왕자비를 밀쳐 버렸다. 왕자비는 순식간에 아래로 떨어졌다. 새끼 양은 매매 울기 시작하더니 우물 주위를 돌며 계속 울었다. 하지만 아무도 새끼 양이 왜 우는지 이해하지 못했고 우물 밑에서 들려오는 왕자비의 탄식을 듣지 못했다.

한편 마녀는 왕자비로 변신해서 침대에 누워 있었다. 왕자가 집에 돌아와서 그녀에게 말했다.

"왜 침대에 누워 있소?"

가짜 왕자비가 대답했다.

"몸이 아파요. 양 고기를 한 조각 먹어야 할 것 같아요. 저기서 시끄럽게 소리치는 새끼 양을 잡아서 저에게 주세요."

그러자 왕자가 말했다.

"아니, 그게 진심이오? 그것 참 이상한 일이군. 우선 나에게 설명해 보겠소? 당신은 새끼 양이 당신의 오빠라고 말했소. 그런데 지금은 그의 고기를 먹고 싶다고 하는 거요?"

마녀는 커다란 실수를 저지르고 말았다! 마녀는 무슨 말을 해야 할지 몰라서 가만히 있었다. 왕자는 이상한 일이 벌어졌다는 느낌을 받기 시작했다. 그는 정원으로 가서 미친 듯이 울어 대는 새끼 양을 보았다. 새끼 양은 왕자를 보자 더욱 우물에 가까이 다가갔고 왕자는 드디어 우물 아래에서 아내가 부르는 소리를 들었다. 왕자가 소리쳤다.

"우물 밑에서 뭐 하는 거요? 방금 당신은 침대에 있었지 않소?"

"저는 오늘 아침부터 계속 이 아래에 있었어요. 마녀가 저를 밀어서 떨어뜨렸어요!"

왕자는 당장 아내를 끌어올리고 왕자비 행세를 한 마녀는 화형에 처했다. 불꽃이 마녀의 손과 다리와 팔을 점점 태울수록 황소는 한 마리씩 사람으로 돌아왔고 마침내 새끼 양도 사람이 되었다. 그들은 모두 힘이 세고 건장해서 성에 침입해 온 거인들의 군대처럼 보였다.

그들은 모두 공작 작위를 받았다.

나는 예나 지금이나 똑같이 가난한 천민으로 남았다.

(몬페라토)

돗자리 집, 나무 집, 쇠 집

어느 가난한 여자가 죽으면서 딸 셋을 불러 말했다.

"내 딸들아, 잠시 후면 나는 세상을 떠날 것이고 너희들은 세상에 홀로 남겨지게 될 것이다. 어떻게 해야 할지 알 수 없을 때는 삼촌들에게 가서 각자 작은 집을 하나씩 지어 달라고 해라. 서로 사랑하며 살아야 한다. 잘 살아라."

이 말을 마지막으로 어머니는 숨을 거두었다. 소녀들은 울면서 밖으로 나갔다. 그녀들은 길을 가다가 돗자리를 만드는 삼촌을 만났다. 첫째인 카테리나가 말했다.

"삼촌, 우리 엄마가 돌아가셨어요. 삼촌은 선량한 분이시니까 저에게 돗자리로 된 작은 집을 만들어 주세요."

그래서 돗자리를 만드는 삼촌은 그녀에게 돗자리로 된 작은 집을 만들어 주었다.

나머지 두 자매는 길을 계속 가다가 목수 일을 하는 삼촌을 만났다. 둘째인 줄리아가 말했다.

"삼촌, 우리 엄마가 돌아가셨어요. 삼촌은 선량한 분이시니까 저에게 나무로 된 작은 집을 만들어 주세요."

그래서 목수 삼촌은 그녀에게 나무로 된 작은 집을 만들어 주었다.

홀로 남겨진 막내 마리에타는 길을 계속 가다가 대장장이 삼촌을 만났다. 그녀는 삼촌에게 말했다.

"아저씨, 엄마가 세상을 떠나셨어요. 삼촌은 선량한 분이시니까 저에게 쇠로 된 작은 집을 만들어 주세요."

그래서 대장장이 삼촌은 그녀에게 쇠로 된 작은 집을 만들어 주었다.

저녁이 되자 늑대가 찾아왔다. 늑대는 카테리나의 집으로 가서 문을 세게 두드렸다. 카테리나가 물었다.

"누구세요?"

"저는 물에 젖은 불쌍한 병아리예요. 제발 문 좀 열어 주세요."

"저리 가. 너는 나를 잡아먹고 싶어하는 늑대잖아."

그러자 늑대는 돗자리를 밀어 젖히고 들어가서 한 입에 카테리나를 먹어 버렸다.

다음 날 두 동생이 카테리나를 보러 왔다가 부서진 돗자리를 발견했고 집이 비어 있다는 것을 알게 되었다.

"아, 불쌍한 언니! 분명 늑대가 언니를 먹어 버린 거야."

저녁이 되자 늑대는 줄리아의 집으로 향했다. 늑대가 문을 두드리자 그녀가 물었다.

"누구시죠?"

"저는 길을 잃은 병아리랍니다. 제발 쉴 곳을 마련해 주세요."

"아냐, 너는 늑대야. 그리고 언니를 잡아먹었듯이 나를 잡아먹고 싫어하는 거야."

그러자 늑대는 나무로 된 집을 밀치고 들어가 한 입에 줄리아를 먹어 버렸다.

아침이 되자 마리에타가 줄리아의 집을 방문했지만 그녀를 찾을 수 없었다.

'늑대가 언니를 먹어 버렸어! 나는 불쌍하게도 이 세상에 혼자 남게 된 거야.'

밤이 되어 늑대가 마리에타의 집에 찾아왔다.

"누구세요?"

"저는 추위에 떠는 병아리랍니다. 부탁입니다. 들어가게 해 주세요."

"저리 가. 넌 늑대야. 언니들을 잡아먹었듯이 나를 잡아먹고 싶어하는 거야."

늑대는 문을 어깨로 들이받으며 밀었지만 집의 다른 부분들처럼 문도 쇠로 만들어져 있었기 때문에 늑대의 어깨가 부러졌다. 늑대는 고통으로 으르렁거리며 대장장이에게 달려갔다.

"내 어깨를 고쳐 주세요."

늑대가 그에게 말했다.

"나는 쇠를 고치는 사람이야. 뼈를 고칠 수는 없어."

"그런데 쇠 때문에 내 뼈가 부러졌으니까 당신이 뼈를 고쳐 줘야 해요."

그래서 대장장이는 망치와 못으로 늑대의 어깨를 고쳐 주었다.

늑대는 마리에타의 집으로 돌아가 잠겨 있는 문에 다가가서 말했다.

"애야, 귀여운 마리에타야. 너 때문에 내 한쪽 어깨가 부러졌단다. 하지만 나는 변함없이 너를 좋아해. 내일 아침에 나와 함께 근처에 있는 밭으로 병아리콩을 따러 가자."

마리에타가 대답했다.

"그래, 좋아. 나를 데리러 와."

하지만 영리한 마리에타는 늑대가 단지 자기를 잡아먹기 위해 집 밖으로 유인하려는 속셈이라는 것을 알아차렸다. 그래서 마리에타는 다음 날 날이 밝기 전에 일어나 병아리콩 밭에 가서는 콩을 치맛자락에 가득 담았다. 마리에타는 집으로 돌아와서 병아리콩을 요리하기 시작했고 껍질은 창 밖으로 던졌다. 아침이 밝자 늑대가 찾아왔다.

"귀엽고 예쁜 마리에타야, 병아리콩 따러 가자."

"아니, 난 거기 안 가, 바보야. 난 이미 병아리콩을 따 왔어. 껍질을 봐. 굴뚝에서 나는 연기에 코를 대고 냄새를 맡아 봐. 너는 입술만 핥아야 할걸."

늑대는 속으로 화가 났지만 이렇게 말했다.

"괜찮아. 내일 아침 9시에 너를 데리러 올 테니 루핀 풀을 꺾으러 가자."

"그래, 좋아. 9시에 널 기다릴게."

하지만 마리에타는 이번에도 역시 일찍 일어나서 루핀 풀 밭으로 갔다. 그녀는 루핀 풀을 치맛자락 가득히 따서 집으로 가져와 요리를 했다. 늑대가 그녀를 데리러 왔을 때 그녀는 늑대에게 창 밖에 있는 루핀 풀 껍질을 보여 주었다.

늑대는 속으로 복수를 맹세하면서 이렇게 말했다.

"아, 이 장난꾸러기야. 또 그랬구나. 그래도 나는 너를 무척 좋아해! 내일 나와 함께 내가 알고 있는 밭으로 가자. 거기에는 커다란 호박들이 있거든. 호박을 배불리 먹을 수 있을 거야."

"그래, 가자."

마리에타가 말했다.

아침이 되어 날이 밝기 전에 마리에타는 호박밭으로 달려갔다. 그러나 이번에는 늑대가 9시까지 기다리지 않았다. 늑대도 마리에타를 먹으려고 호박밭으로 달려왔다.

마리에타는 멀리서 늑대가 오는 것을 보았지만 도망갈 곳이 없었다. 그래서 커다란 호박에 구멍을 뚫고는 그 속에 들어가 엎드렸다. 늑대는 호박 사이에서 냄새를 맡으며 돌아다녔지만 마리에타를 찾을 수 없었다. 그래서 늑대는 생각했다.

'벌써 돌아갔나 보군. 호박이나 실컷 먹어야겠다.'

그러고는 호박을 게걸스럽게 먹어치우기 시작했다.

마리에타는 호박에 숨어서 늑대가 점점 가까이 오는 걸 느끼고 두려움에 떨었다. 그러나 마리에타가 숨은 호박 근처에 이르렀을 때 늑대는 이미 호박을 잔뜩 먹어 배가 부른 상태였다. 그래서 마리에타가 숨어 있는 호박을 보고 이렇게 말했다.

"와, 굉장히 큰 호박이군. 이 호박을 마리에타에게 선물로 가져가서 친구가 되자고 해야겠다."

늑대는 호박에 이빨을 박아 넣고 번쩍 들어올렸다. 그러고는 쇠로 된 집으로 달려가서 창문을 통해 호박을 안으로 던져 넣었다.

"내 귀여운 마리에타! 내가 가져온 이 훌륭한 선물을 봐."

안전하게 집 안에 들어온 마리에타는 호박에서 나온 다음 창문을 닫고 유리창 뒤에서 늑대를 놀렸다.

"고마워, 늑대 친구. 나는 호박 안에 숨어 있었는데 네가 나를 집까지 데려다 줬구나."

늑대는 그 말을 듣고는 분해서 머리로 바위를 들이받았다.

저녁 때 눈이 내렸다. 마리에타가 벽난로에 불을 지피는데, 굴뚝으로부터 무엇인가 내려오는 소리가 들렸다.

'이것은 나를 잡아먹으러 오는 늑대의 소리야.'

마리에타는 생각했다. 마리에타는 물이 담긴 냄비를 가져와서 불 위에 놓고 끓였다. 늑대는 천천히 천천히 굴뚝으로 내려오다가 이제는 단번에 소녀를 덮칠 수 있으리라 여겨지는 높이에서 훌쩍 뛰어내렸다. 하지만 늑대가 떨어진 곳은 끓는 물 속이었다. 늑대는 푹 익어 버렸다. 영리한 마리에타는 적을 물리치고 여생을 평안하게 보냈다.

(만토바)

● 주

1 콩 과의 식물. 약초나 비누의 원료로 쓴다. 이름은 라틴어의 이리(Lupus)에서 유래했으며 꽃말은 '탐욕'이다.

농부 점성술사

어느 왕이 귀중한 반지를 잃어버렸다. 왕은 온갖 곳을 샅샅이 찾았지만 반지를 발견할 수가 없었다. 그래서 왕은 반지가 어디 있는지 말할 수 있는 점성술사에게 상을 내려 평생 부유하게 해 주겠다고 공포했다.

그때 이 소식을 들은 한 농부가 있었다. 그의 이름은 '감바라'였는데 글을 읽을 줄도 쓸 줄도 모르는 사람이었다. 가난했던 그는 생각했다.

'점성술사가 별건가? 한번 해 보기나 하자.'

그러고는 왕에게 갔다.

왕은 그의 말을 믿고 연구할 방을 하나 내주었다. 방 안에는 침대 하나, 커다란 점성술 책과 펜과 잉크가 놓인 책상 하나가 있을 뿐이었다. 감바라는 책상에 앉아서 전혀 이해할 수 없는 그 책을 대강 훑어 보면서 책에다 펜으로 기호를 그렸다. 그는 글을 쓸 줄 몰랐기 때문에 아주 이상한 기호들이 생겨났고 그에게 식사를 가져오기 위해 하루에 두 번 들어오는 하인들은 그가 매우 대단하고 현명한 점성술사라고 생각했다.

사실 이 하인들이 바로 반지를 훔친 도둑들이었다. 감바라는 위엄 있는 사람으로 보이기 위해, 하인들이 들어올 때마다 그들을 무서운 눈초리로 노려보았다. 양심의 가책을 느끼는 하인들에게는 감바라의 이런 눈초리가 의심의 눈초리로 느껴졌다. 그들은 들통이 날까 봐 두려워서 감바라에게 더욱 공손하게 인사하고 친절하게 대했다.

"예, 점성술사님! 분부만 내리십시오, 점성술사님!"

감바라는 점성술사가 아닌 일개 농부였지만 영리한 사람이었기 때문에 지나치게 굽신거리는 하인들이 수상하게 여겨졌다. 그는 곧 하인들이 반지에 대해 알고 있으리라 생각했다. 그리고 그들에게 속임수를 써야겠다고 생각했다.

어느 날 하인들이 점심을 가져올 시간이 되자 감바라는 침대 밑에 숨었다. 첫 번째 하인이 들어와서 방 안에 아무도 없는 걸 보고 어리둥절해 있는데 침대 밑에서 감바라가 힘차게 소리쳤다.

"하나!"

하인은 깜짝 놀라서 요리를 남겨 두고 허둥지둥 나갔다.

두 번째 하인은 방에 들어와서 지하에서 들려오는 듯한 목소리를 들었다.

"둘!"

그도 도망쳤다.

세 번째 하인이 들어왔다.

"셋!"

혼비백산한 하인들은 모여서 의논했다.

─이탈리아 민담

"우리는 이미 들켜 버렸어. 만일 점성술사님이 왕에게 고발하면 우리는 끝장이야."

그래서 그들은 점성술사에게 가서 그들이 반지를 훔쳤다고 고백하기로 하고는 감바라에게 와서 자초지종을 설명하고는 애원하며 말했다.

"저희는 불쌍한 사람들입니다. 만일 왕에게 사실대로 말씀하시게 되면 저희는 끝장입니다. 여기 이 금 주머니에 반지가 들어 있습니다. 제발 우리가 그랬다고 폭로하지 말아 주십시오."

감바라는 주머니를 받으며 말했다.

"너희들을 고발하지 않겠다. 대신에 너희들은 내가 시키는 대로 해라. 반지를 가져가서 저기 아래 정원에 있는 칠면조에게 먹여라. 그리고 나머지는 나에게 맡겨라."

다음 날 감바라는 왕을 알현하고는, 긴 연구 끝에 반지가 어디에 있는지 알아냈다고 말했다.

"그래, 어디 있느냐?"

"정원의 칠면조가 삼켰습니다."

왕은 칠면조의 배를 가르도록 명령했고 반지를 찾았다. 감바라의 능력에 탄복한 왕은 기뻐하며 점성술사에게 엄청난 부를 선사했고 왕과 왕국의 모든 귀족들과 오찬을 함께 드는 영광을 누리도록 했다.

산해진미 가운데서 감베리gamberi, 새우 요리도 있었다.

그런데 그때까지 이 나라에는 새우라는 것이 널리 알려져 있지 않았으며 다른 나라의 왕이 선물로 보내 줄 때나 볼 수 있는 것이었다.

왕이 새우를 가리키며 농부에게 물었다.

"점성술사, 여기 요리에 들어 있는 이것의 이름이 무엇인지 알아맞혀 보도록 하라."

　불쌍한 감바라는 이렇게 생긴 동물을 평생 본 적도 없고 이름이 어떤지 들은 적도 없었다. 절망에 빠진 나머지 감바라는 속으로 생각하는 것을 자신도 모르게 중얼거렸다.

　"아아, 감바라, 감바라. 너는 불행하게 죽는구나."

　"훌륭하구나!"

　농부의 이름을 알지 못하는 왕이 감탄했다.

　"맞혔도다. 감베리! 그것이 바로 이것의 이름이다. 그대는 세상에서 가장 훌륭한 점성술사로다."

　(만토바)

늑대와 세 자매

어느 지방에 함께 일하며 살아가는 세 자매가 있었다. 어느 날 보르고포르테에 살고 있는 어머니가 위독하다는 소식이 도착했다. 그래서 큰딸은 바구니를 준비해서 포도주 네 병과 파이 네 개를 넣고서 보르고포르테로 출발했다. 그리고 열심히 걸어가고 있는데 길에서 늑대를 만났다. 늑대가 그녀에게 말했다.

"어디를 그렇게 급하게 뛰어가니?"

"보르고포르테에 있는 우리 엄마한테 가. 위독하시거든."

"그 바구니에는 뭐가 들었니?"

"포도주 네 병이랑 파이 네 개."

"그것들을 나에게 다오. 그렇지 않으면 너를 먹어 버릴 테니까."

소녀는 깜짝 놀라 가지고 있던 것을 모두 늑대에게 주고, 서둘러 동생들에게 돌아왔다. 이번에는 둘째 딸이 포도주 네 병과 파이 네 개로 바구니를 가득 채우고는 보르고포르테로 떠났다. 그녀도 늑대를 만났다.

"어디를 그렇게 급하게 뛰어가니?"

"보르고포르테에 있는 우리 엄마한테 가. 위독하시거든."

"그 바구니에는 뭐가 들었니?"

"포도주 네 병이랑 파이 네 개."

"그것들을 나에게 다오. 그렇지 않으면 너를 먹어 버릴 테니까."

둘째도 마찬가지로 빈 바구니를 들고 급하게 집으로 돌아왔다. 이제 막내가 말했다.

"그럼 내가 가 볼게."

그녀는 음식을 준비해서 길을 떠났다. 그리고 역시 늑대를 만났다.

"어디를 그렇게 급하게 뛰어가니?"

"보르고포르테에 있는 우리 엄마한테 가. 위독하시거든."

"그 바구니에는 뭐가 들었니?"

"포도주 네 병이랑 파이 네 개."

"그것들을 나에게 다오. 그렇지 않으면 너를 먹어 버릴 테니까."

그러자 막내는 파이 하나를 집어, 입을 벌리고 서 있는 늑대에게 던졌다. 그것은 특별히 만든 파이였다. 늑대는 펄쩍 뛰어서 파이를 받아 깨물었다. 그리고 입천장을 온통 못에 찔렸다. 늑대는 뒤로 펄쩍 뛰면서 파이를 토해 냈다. 그러고는 도망치며 소녀에게 말했다.

"이 빚을 갚고 말겠어!"

늑대는 자신만 아는 지름길을 통해 소녀보다 먼저 보르고포르테에 도착했다. 그리고 병으로 앓아 누운 어머니의 집에 들어가서 어머니를 한입에 삼키고는 그녀가 있던 침대에 누웠다.

이윽고 막내딸이 도착했다. 그녀가 보니 어머니는 이불을 푹 덮고 머리만 내밀고 있었다.

"왜 그렇게 피부가 검어졌어요, 엄마?"

"내가 앓고 있는 병 때문에 그렇단다, 아가야."

늑대가 말했다.

"왜 그렇게 머리가 커졌어요, 엄마?"

"생각할 것들이 많아서 그렇단다, 아가야."

"엄마를 안고 싶어요, 엄마."

소녀가 말하자 늑대는 앙 하고 한입에 소녀를 삼켜 버렸다.

소녀를 삼키고 나서 늑대는 밖으로 도망쳤다. 그러나 길에 나오자마자 주민들에게 들켰다. 늑대가 사람 집에서 나오는 걸 본 주민들은 쇠스랑과 삽을 들고 늑대를 쫓아왔다. 잠시 후 주민들은 모든 길을 막고 늑대를 죽였다. 그리고 즉시 배를 갈라서 아직 살아 있는 어머니와 딸을 꺼냈다. 어머니는 회복되었고 소녀는 언니들에게 돌아가서 말했다.

"내가 해냈어!"

(가르다 호수 지역)

절대로 사람이 죽지 않는 마을

어느 날 한 젊은이가 말했다.

"나는 모든 사람들이 죽어야 한다는 사실이 마음에 안 들어. 나는 절대로 죽지 않는 마을을 찾으러 갈 거야."

그는 어머니, 아버지, 삼촌들, 사촌들에게 인사하고 길을 떠났다. 그는 며칠 동안 걷고 몇 달 간 걸으면서 만나는 모든 사람에게 아무도 죽지 않는 곳이 어디인지를 아느냐고 물었다. 어느 날 그는 하얀 수염이 가슴까지 내려오는 할아버지를 만났다. 그 할아버지는 돌을 실은 수레를 밀고 있었다. 젊은이는 그에게 물었다.

"절대로 죽지 않는 곳이 어디인지 알고 계십니까?"

"자네는 안 죽고 싶나? 나와 함께 지내세나. 내 수레로 돌을 하나씩 옮겨서 저 산을 모두 옮길 때까지 죽지 않을걸세."

"저 산을 평평하게 만드는 데 얼마나 걸릴까요?"

"100년쯤 걸릴걸세."

"그 다음에는 죽어야 하나요?"

●──이탈리아 민담

"그래."

"아니에요, 여기는 제가 찾는 곳이 아닙니다. 저는 결코 죽지 않는 곳으로 가고 싶어요."

그는 할아버지에게 인사하고 곧장 길을 떠났다. 걷고 또 걸어서, 끝이 없는 듯한 큰 숲에 도착했다. 거기에는 수염이 배꼽까지 내려오는 할아버지가 있었는데 그는 낫으로 나뭇가지를 치고 있었다. 젊은이가 그에게 물었다.

"죄송하지만, 아무도 죽지 않는 곳을 저에게 말씀해 주실 수 있나요?"

할아버지가 그에게 말했다.

"나와 함께 지내게나. 내가 낫으로 이 숲을 전부 벌목하기 전에는 죽지 않을 거야."

"그렇게 하는 데 얼마나 걸릴 것 같습니까?"

"글쎄, 200년 정도."

"그 후에는 역시 죽어야 하나요?"

"물론이지. 충분하잖아?"

"아니요, 여기는 제가 찾는 곳이 아닙니다. 저는 절대로 죽지 않는 곳을 찾아 가겠어요."

그들은 인사를 나누었고 젊은이는 길을 떠났다. 몇 달 후 젊은이는 바닷가에 도착했다. 거기에는 수염이 무릎까지 오는 할아버지가 바닷물을 마시고 있는 오리 한 마리를 보고 있었다.

"죄송하지만 결코 죽지 않는 곳이 어디인지 알고 계십니까?"

"만일 죽는 것이 두렵다면 나와 함께 지내세. 보게. 이 오리가 부리로 바닷물을 모두 마실 때까지는 결코 죽지 않을걸세."

"얼마나 걸릴까요?"

"대략 300년 정도."

"그 후에는 죽어야 합니까?"

"뭘 원하는 게야? 도대체 몇 년씩이나 죽음을 면하고 싶은 거지?"

"아닙니다, 여기도 제가 찾는 곳이 아닙니다. 저는 결코 죽지 않는 곳으로 갈 겁니다."

젊은이는 다시 길을 떠났다. 어느 날 저녁, 그는 웅장한 궁전에 도착했다. 그가 문을 두드리자 수염이 발까지 내려오는 할아버지가 문을 열어 주었다.

"무엇을 찾고 있는가, 용감한 젊은이?"

"결코 죽지 않는 곳을 찾아가고 있습니다."

"그래, 잘 알았네. 여기가 결코 죽지 않는 곳이라네. 여기서 나와 함께 있는 한 결코 죽지 않을 거야."

"드디어! 보람이 있었어! 여기가 바로 내가 찾던 곳이야! 그런데 여기서 지내시는 게 만족스럽습니까?"

"그럼. 매우 만족스럽지. 나와 함께 지내세나."

그렇게 해서 젊은이는 궁전에서 할아버지와 함께 살게 되었고 귀족처럼 생활했다. 깨닫지도 못하는 사이에 1년, 또 1년 그리고 또 1년이 지나고 수많은 세월이 흘렀다. 어느 날 젊은이는 할아버지에게 말했다.

"당신과 여기서 지내는 것이 정말 좋습니다만 제 친척들이 어떻게 지내는지 한번 보러 가고 싶어요."

"하지만 어느 친척을 보러 가고 싶다는 것이냐? 지금쯤이면 모두 죽었을 텐데."

"아니, 그런 게 아니라 제가 살던 곳을 보러 가고 싶다는 겁니다.

누가 압니까? 저희 집안 후손을 만날지."

"그토록 원한다면 어떻게 해야 할지 가르쳐 주지. 마구간으로 가서 내 백마를 타고 가게. 그 말은 바람처럼 달리는 능력이 있다네. 그러나 이것을 기억하게. 어떤 이유로도 안장에서 내리면 안 되네. 곧바로 죽게 되기 때문이야."

"걱정 마세요, 내리지 않을 테니. 제가 죽음을 얼마나 두려워하는데요!"

그는 마구간으로 가서 백마를 끌고 나온 다음 안장에 타고는 바람처럼 달렸다. 그는 오리와 함께 있던 할아버지를 만난 곳을 지나게 되었다. 전에는 바다였지만 지금은 거대한 초원이 펼쳐져 있었다. 한 장소에는 뼈가 한 무더기 있었는데 그것은 오리를 데리고 있던 할아버지의 뼈였다. 젊은이는 생각했다.

'가만 보자. 내가 곧장 떠나길 잘했군. 만일 여기에 그와 함께 있었더라면 나도 지금쯤 죽었을 텐데!'

그는 계속해서 길을 갔다. 할아버지가 낫으로 벌목을 했던 거대한 숲은 황량하게 변했고 나무 한 그루 찾을 수 없었다. 젊은이는 생각했다.

'여기에 있었더라도 곧 죽었겠군!'

젊은이는 할아버지가 거대한 산을 옮기던 자리를 지나갔다. 그곳에는 당구대처럼 평평한 평원이 있었다.

'할아버지도 세상을 떠나셨군. 나도 여기에 있었더라면……'

그는 계속 길을 가서, 그가 살던 마을에 도착했다. 그러나 너무나도 많이 바뀌어서 더 이상 알아볼 수가 없었다. 그의 집을 찾아보았지만 거리조차 남아 있지 않았다. 사람들에게 그의 가족과 집안에 대해 물어 보았지만 이곳에선 아무도 그의 성을 쓰지 않았다. 그는 마음이 아팠다.

"당장 돌아가는 게 좋겠군."

그는 말머리를 돌려서 돌아가기 시작했다. 궁전까지 절반도 채 못 가서 그는 한 마부를 만났다. 그 마부는 황소 한 마리가 끄는 마차를 몰았는데 우마차에는 낡은 신발들이 실려 있었다. 마부가 말했다.

"나리, 저에게 자비를 베풀어 주십시오. 잠시만 말에서 내리셔서 바퀴를 들어 올리는 것을 도와주십시오. 바퀴가 길가 고랑에 빠졌습니다."

"죄송합니다. 저는 안장에서 내릴 수가 없습니다."

"제발 부탁드립니다. 저는 혼자인 데다, 저녁이 다 되지 않았습니까."

젊은이는 동정심이 생겨서 말에서 내렸다. 한쪽 발은 아직 말 위에 있었지만 다른 한쪽 발은 땅에 닿았다. 그때 마부가 그의 팔을 잡으며 말했다.

"아! 드디어 너를 잡았다! 내가 누구인지 아느냐? 나는 '죽음'이다! 여기 우마차에 실려 있는 저 밑창 빠진 신발들이 보이지? 저것들은 모두 네 뒤를 따라다니느라 생겨난 것들이다. 이제 너는 끝장이야! 내 손에 걸리면 결코 빠져 나갈 수 없어!"

그리하여 그 불쌍한 젊은이 또한 죽었다.

(베로나)

게 왕자

　식구들이 먹을 음식조차 마련하지 못할 정도로 물고기를 못 잡는 어부가 살고 있었다. 그러던 어느 날 그물을 걷어올리는 데 너무나 무거워서 들어올리기가 힘들 정도였다. 그물을 당기고 또 당겼더니 두 눈으로 다 보지 못할 정도로 거대한 게가 올라왔다.
　"오, 내가 이번에는 제대로 그물질을 했어! 아이들을 위해 폴렌타_{polenta, 옥수수를 갈아서 죽처럼 만든 음식}를 살 수 있겠어!"
　어부는 게를 어깨에 메고 집으로 돌아와서 아내에게 말했다.
　"여보, 내가 엄청나게 큰 게를 잡았어. 이제 이걸 가지고 궁궐에 가면 큰돈을 받게 될 테니 폴렌타를 살 수 있을 게야. 불 위에 팬을 올려놓구려."
　그러고 나서 어부는 게를 가지고 궁궐로 가서 왕을 알현하며 말했다.
　"전하, 전하께서 제게 은혜를 베푸셔서 이 게를 사 주실 것인지 여쭙기 위해 왔습니다. 제 아내가 불 위에 프라이팬을 올려놓았지만 제겐 폴렌타를 살 돈이 없습니다."

왕이 대답했다.

"게 한 마리 가지고 내가 무엇을 하겠느냐? 다른 사람에게 가서 팔아 보지 않겠느냐?"

그 순간 공주가 들어왔다.

"오, 정말 잘생긴 게네! 정말 멋있어요! 아버님, 부탁드려요. 저 게를 제게 사 주세요. 숭어, 도미와 같이 연못에다 풀어놓을게요."

공주가 물고기들을 좋아해서 정원에 있는 연못가에 오랫동안 앉아, 헤엄치고 있는 숭어와 도미들을 쳐다보곤 하는 것을 궁궐 사람들은 모두 잘 알고 있었다. 왕은 딸을 굉장히 사랑했으므로 그녀를 기쁘게 하려고 게를 샀다. 어부는 게를 연못에 넣었고, 한 달 동안 자식들에게 폴렌타를 먹이기에 충분한 금화가 든 자루를 받았다.

공주는 그 게를 쳐다보는 데 결코 싫증을 내지 않았고, 연못에서 잠시도 멀리 떨어지지 않았다. 공주는 게의 습관을 비롯해 게에 대한 모든 것을 알게 되었고, 정오부터 3시까지 게가 사라져서 어디론가 가 버린다는 것도 알고 있었다.

어느 날 공주가 연못에서 게를 바라보고 있을 때 초인종 소리가 울렸다. 공주가 발코니에 다가가 보니 자선을 바라는 가련한 부랑자가 밖에 서 있었다. 공주는 부랑자에게 금화가 든 가방 하나를 던졌다. 하지만 가방은 근처 웅덩이로 떨어지고 말았다. 부랑자는 가방을 찾으러 웅덩이로 들어가 헤엄을 치기 시작했다. 그 웅덩이는 어디서 끝나는지 모를 지하 수로로 궁궐의 연못과 연결되어 있었다. 부랑자는 물 속에서 계속 헤엄을 쳤고, 자신이 매우 멋있는 커다란 물통 속에 있다는 것을 알게 되었다. 그리고 커튼이 드리워진 거실 가운데 고급 식기와 포도주 병이 잘 갖춰진 식탁이 있는 것을 발견했다. 부랑자는 물통 속에서 나와 커튼 뒤로 숨었다.

정확히 정오가 되자 커다란 게 등에 앉은 요정 하나가 막대기를 들고 물통에 담긴 물 밖으로 나왔다. 요정과 게는 물통 밖으로 나왔고 요정이 막대기로 게를 건드리자 게 껍질 속에서 잘생긴 젊은이가 나왔다. 젊은이는 식탁에 앉았고, 요정이 막대기로 식탁을 치자 그릇에는 음식이, 병에는 포도주가 나타났다. 젊은이가 식사를 마치고, 게 껍질 속으로 돌아오자 요정은 막대기로 그를 건드렸다. 게는 요정을 태우고 물통 속으로 들어가서 요정과 같이 물 속으로 사라졌다.

부랑자는 커튼 뒤에서 나와 물통 속으로 뛰어들었고, 헤엄을 쳐서 왕의 연못으로 빠져 나왔다. 마침 공주가 연못에서 물고기를 쳐다보고 있다가 물 위로 고개를 내민 부랑자를 보고 말했다.

"오, 이곳에서 뭘하고 있는 거냐?"

부랑자가 말했다.

"공주님, 공주님께 말씀드릴 놀라운 일이 있습니다."

부랑자는 밖으로 나와 모든 것을 이야기했다.

"게가 정오부터 3시까지 어디에 가는지 이제 알겠군!"

공주가 말했다.

"좋아. 내일 정오에 같이 가서 보도록 하자."

그래서 그 다음 날 공주와 부랑자는 연못에 들어가 지하 수로를 헤엄쳐서 거실에 도착하였고 커튼 뒤에 숨었다. 드디어 정오가 되자 게 등에 탄 요정이 등장하였다. 요정이 막대기를 두드리자 게 껍질에서 잘생긴 젊은이가 나와서 식사를 했다. 이미 게를 좋아하던 공주는 게에서 나온 젊은이를 더욱 좋아하게 되었고, 첫눈에 사랑에 빠진 느낌을 받았다.

공주는 자신과 가까운 곳에 게의 빈 껍질이 있는 것을 발견하고는 아무도 알아차리지 못하게 쏜살같이 껍질 안으로 들어갔다.

식사를 마치고 껍질 안으로 다시 들어온 젊은이는 아름다운 소녀가 있는 것을 발견하였다.

"어떻게 이곳에 들어왔죠? 만일에 요정이 알게 되면 우리 둘 다 죽어요."

젊은이가 낮은 소리로 경고하자 공주는 젊은이에게 속삭였다.

"하지만 저는 당신을 마법에서 풀어 드리고 싶어요. 제가 어떻게 해야 하는지 알려 주세요."

공주는 젊은이에게 매우 나즈막하게 말했다.

"불가능한 일입니다. 저를 자유롭게 하기 위해서는 저를 사랑하고 저를 위해서 죽을 수도 있는 여자가 필요해요."

공주가 말했다.

"바로 제가 그 여자입니다."

한편 이러한 대화가 오가는 동안 요정은 게의 등에 앉아 있었고, 젊은이는 여느 때처럼 게의 다리를 조종해서 공주가 숨어 있다는 것을 들키지 않도록 하면서 지하 통로를 통해서 넓은 바다로 가고 있었다.

바다에 이르자 게 안에 있는 젊은이는 요정을 내려놓고 궁궐의 연못으로 돌아왔다. 돌아오는 길에 그는 공주와 게 안에 앉아서 이야기를 나누었다. 그는 다른 곳의 왕자였는데 그가 요정에게서 풀려나기 위해 공주가 해야 할 일이 있었다.

"공주님은 아까 그 바닷가에 있는 바위 위에 올라가서 음악을 연주하고 노래를 부르기 시작하세요. 그러면 요정은 음악에 미친 듯이 끌려서 당신이 부르는 노래를 듣기 위해 바다에서 나올 것입니다. 그리고 당신에게 말할 것입니다. '연주하세요, 아름다운 아가씨. 듣기 좋군요.' 그러면 당신은 이렇게 대답하세요. '물론 연주해 드리지요. 당신의 머리에 있는 꽃을 제게 주신다면요.' 당신이 그 꽃을 가지게 될 때 저는 자유의 몸이 될 것입니다. 그 꽃은 제 생명이기 때문이지요."

이렇게 말한 다음 게는 연못으로 돌아왔고 공주를 껍질 속에서 내보냈다.

부랑자는 자기 나름대로 다시 헤엄을 쳤으나 더 이상 공주를 찾지 못하자 공주가 위험에 빠진 줄로 생각하고 궁궐 연못가에 돌아와 걱정했다. 그런데 공주는 연못 밖으로 다시 나왔고 부랑자에게 충분한 사례를 하였다. 그러고 나서 공주는 왕에게 가서 연주와 노래를 배우고 싶다고 말했다. 공주를 행복하게 해 주고 싶어하는 왕은 가장 훌륭한 연주가들과 성악가들을 부르러 사람을 보냈다.

이제 연주와 노래를 배우게 된 공주는 열심히 연습한 후 왕에게 말했다.

"아버님, 바닷가에 있는 바위 위에서 바이올린을 연주하고 싶어요."

"바닷가에 있는 바위 위에서? 너 제정신이냐?"

왕은 이렇게 말했지만 여느 때처럼 공주의 청을 들어주었고 흰 옷을 입은 시녀 여덟을 공주에게 딸려 보냈다. 일어날지 모르는 위험에 대비하여 무장한 군인들로 하여금 그녀를 따라가도록 했다.

공주는 어떤 바위 위에 앉았고, 흰 옷을 입은 시녀 여덟 명은 그 주위에 있는 바위 여덟 개에 앉았다. 공주는 바위 위에서 바이올린을 연주했다. 곧 파도 속에서 요정이 나타났다.

"훌륭해!"

요정이 말했다.

"연주를 계속해 주세요, 아름다운 아가씨. 참 듣기 좋군요."

공주는 요정에게 말했다.

"물론 연주하지요. 대신 당신이 머리에 꽂고 있는 그 꽃을 제게 주세요. 꽃이 무척 마음에 들어요."

"만일 당신이 제가 이 꽃을 던진 곳으로 가서 꽃을 줍는다면 당신에게 드리지요."

"당신이 던진 꽃을 집으러 가겠어요."

공주는 이렇게 말하고 악기를 연주하며 노래를 부르기 시작했다. 연주가 끝났을 때 공주가 말했다.

"이젠 그 꽃을 제게 주세요."

"여기 있습니다."

요정은 그 꽃을 최대한 멀리 던졌다.

공주는 그 꽃이 파도를 타고 떠 있는 것을 보았다. 공주는 바다에 뛰어들어 헤엄치기 시작했다.

"공주님! 공주님! 아, 이를 어째. 도와주세요. 도와주세요!"

시녀들은 흰 옷자락을 바람에 날리면서 바위 위에 서서 소리쳤다. 하지만 공주는 헤엄치고 또 헤엄쳤고, 파도 사이에 사라졌다가 다시 보이곤 했다. 그리고 어느덧 꽃을 집을 수 없을 것 같다고 생각했을 때, 파도가 공주의 손에 꽃을 제대로 가져다 주었다. 바로 그 순간 공주 밑에서 목소리가 들렸다.

"당신은 제게 생명을 다시 주었습니다. 저는 당신과 결혼할 것입니다. 이젠 더 이상 걱정하지 마세요. 제가 물 밑에 있어요. 당신을 바닷가까지 데려다 드리지요. 하지만 아무에게도, 당신 아버지에게도 말하지 마십시오. 저는 제 부모님께 제가 결혼한다는 걸 알리러 가야만 합니다. 스물네 시간 안으로 당신의 부모님께 정식으로 당신을 청하기 위해 돌아오겠습니다."

"예, 알겠습니다."

공주는 그에게 겨우 대답했다. 왜냐하면 숨이 막혀 왔기 때문이었다. 한편 게는 물 밑에서 그녀를 바닷가로 데려다 주었다. 그렇게 공주는 집에 돌아왔고, 왕에게 단지 아주 즐거웠다고만 말하고 다른 말은 전혀 하지 않았다.

그 다음 날 3시에 북소리와 나팔 소리 그리고 말발굽 소리가 들렸다. 궁정의 집사가 나타나서 어떤 나라 왕의 아들이 알현하고자 한다고 말했다. 왕이 허락하자 왕자가 들어와 인사를 하고 공주와 결혼하겠다고 정식으로 청했다. 왕은 어리둥절했다. 그는 뭐가 어찌 된 건지 전혀 모르고 있었기 때문이었다. 왕이 영문을 모른 채 공주를 부르자 공주가 달려와서 왕자의 품에 안겼다.

"이분이 제 신랑입니다. 이분이 제 신랑이에요!"

그리하여 왕은 빨리 결혼식을 준비해야 한다는 것을 깨달았다.

(베네치아)

7년 동안 벙어리

옛날에 아버지와 어머니 그리고 딸 하나와 아들 둘이 살고 있었다. 아버지는 행상을 하였는데 어느 날 아들들이 어머니에게 말했다.

"엄마, 아빠를 마중 나갈게요."

"그래, 그렇게 하렴."

아이들은 숲에 이르자 잠시 놀다 가기로 했다. 조금 놀다 앞을 보니 저만치서 아버지가 오는 게 보였다. 아들들은 그를 향해 달려갔다.

"아빠, 아빠, 우리 아빠!" 하면서 아이들은 아버지의 바지에 매달렸다. 그런데 아버지는 그날 기분이 좋지 않았다. 그래서 퉁명스럽게 말했다.

"날 화나게 하지 마라! 어허, 그만두래도!"

하지만 아이들은 계속해서 바지를 붙들고 매달렸.

너무나 화가 난 아버지는 고함을 질렀다.

"버릇없는 자식들 같으니! 악마가 너희들을 데려갈 거야!"

그 순간 악마가 나타나 아버지가 알아채지 못하게 아들 둘을 모두 데려가 버렸다.

아버지가 혼자 돌아오자 어머니는 아이들을 걱정하기 시작했고 급기야 눈물을 흘리기 시작했다. 남편은 처음에 아무것도 모른다고 말했지만 나중에는 그가 저주의 말을 내뱉은 다음 아이들을 더 이상 보지 못했다고 이야기하였다.

그러자 아이들의 누나가 말했다.

"제가 죽더라도 동생들을 찾으러 가겠어요."

부모가 말렸지만 그녀는 먹을 것을 준비해서 길을 떠났다.

한참 걷다가 그녀는 철문이 있는 저택에 도착했다. 그녀는 집 안으로 들어갔다. 그곳에는 한 남자가 있었다. 그녀는 그 남자에게 물었다.

"혹시 악마가 데려간 제 동생들을 보지 못하셨나요?"

"모르겠는데. 저 쪽에 가 봐. 침대가 스물네 개 있는 방이 있어. 그 침대에 혹시 누군가 있는지 살펴봐."

침대에 동생들이 있었다. 그녀는 매우 기뻤다.

"얘들아, 여기 있었니? 그런데 몸은 괜찮은 것 같은데!"

동생들은 누나에게 말했다.

"이리 와서 괜찮은지 봐요."

그녀가 이불을 걷자 두 동생이 화염 속에 있는 것이 보였다.

"아, 얘들아! 너희들을 구하려면 어떻게 해야 할까?"

그러자 동생들이 말했다.

"만일에 7년 동안 말을 하지 않으면 우리를 살릴 수 있어요. 하지만 많은 어려움이 닥칠 거예요."

"괜찮아. 염려하지 마라. 잘 알았어."

그녀는 동생들을 바라본 후 슬퍼하며 방을 나왔다. 그런데 그녀가 조금 전에 만났던 남자 앞을 지나가자 그 남자는 그녀에게 가까이 오라고 손짓하였다. 하지만 그녀는 머리를 저었고 성호를 그은 후 그 집을 나왔다.

그녀는 걷고 또 걸어 어느 숲에 다다랐다. 너무나 피곤했던지라 그만 잠이 들었다. 마침 사냥을 나왔던 왕이 잠자고 있는 그녀를 발견했다.

"오, 아름다운 소녀로군!"

왕은 잠든 그녀의 모습에 반해 그녀를 깨워 왜 숲 속에 있는지 물었다. 그녀는 아무것도 말하고 싶지 않다는 듯 고갯짓을 하였다. 왕은 그녀에게 물었다.

"나와 같이 가지 않겠소?"

그러자 그녀는 그렇게 하겠다고 몸짓을 하였다. 왕은 그녀가 귀머거리 벙어리인 줄로 믿었기 때문에 입을 크게 벌리고 큰 소리로 말했다. 하지만 조금 후에 작은 소리로 말해도 알아듣는다는 것을 깨달았다.

왕은 거처에 도착해서 그녀를 도와 마차에서 내리도록 했다. 그리고 자신의 어머니에게 숲 속에서 잠자고 있던 벙어리 소녀를 발견했으며 그녀와 결혼하겠다고 말했다. 왕의 어머니가 말했다.

"무슨 소리냐? 그건 안 된다!"

그러자 왕이 말했다.

"하지만 이곳의 왕은 저입니다."

이렇게 해서 소녀와 왕은 부부가 되었다. 시어머니는 이를 탐탁지 않게 여겨 며느리를 못살게 굴었다. 하지만 왕비는 대꾸를 하지 않았고 괴로움을 참았다. 한편 시간이 흘러 왕비는 임신했고 곧 아이가 태어날 때가 되었다. 그 즈음 도적이 들끓는 도시에 신속히 와

달라는 편지가 왕에게 도착했다. 이 편지는 왕의 어머니가 거짓으로 작성하여 보낸 것이었지만 이를 알 리 없는 왕은 왕비를 남겨둔 채 길을 떠났다.

왕이 떠나고 얼마 후 왕비는 아들을 낳았다. 하지만 시어머니는 산파들과 짜고 개 한 마리를 가져다가 침대 옆에 놓고 아이는 상자 속에 넣어서 궁궐의 지붕 위에 올려놓았다. 가련한 왕비는 일의 전말을 보고 들었지만 동생들에게 내린 저주를 생각해서 입을 다물었다.

시어머니는 즉시 아들에게 왕비가 개를 낳았다는 편지를 썼다. 왕은 몹시 상심하여 더 이상 이 일에 대해 듣고 싶지 않으며, 왕비에게 돈을 몇 푼 줘서 그가 돌아오기 전에 궁궐을 떠나도록 해 달라고 답장했다.

하지만 시어머니는 하인에게 왕비를 데려가서 죽인 후 시체를 바다에 던지고 그녀의 옷을 집으로 가져오라고 명령했다. 왕비를 데리고 간 하인은 해변에 도착하자 말했다.

"왕비님, 이제 머리를 숙이십시오. 저는 왕비님을 죽여야만 합니다."

젊은 여인은 털썩 주저앉았고 눈물어린 눈을 손으로 감쌌다. 하인은 그녀가 불쌍히 여겨졌다. 그녀를 죽이고 싶지 않았다. 하인은 그녀의 머리카락을 짧게 자르고 그녀가 입고 있던 옷 대신 자신의 옷과 바지를 주었다.

하인이 떠난 후 해변에 혼자 남은 여인은 마침내 지나가는 배를 보고는 신호를 보냈다. 그것은 군함이었는데 병사들은 짧은 머리카락과 그녀가 입은 옷을 보고 그녀를 남자 취급하며 누구냐고 물었다. 그녀는 손짓과 몸짓으로 자신은 난파된 선박의 선원인데 자신

● ──이탈리아 민담

만이 살아남았다고 말했다. 병사들은 그녀에게 말했다.

"좋아. 비록 벙어리지만 우리와 함께 싸우자."

전쟁터에 도착하자 전투가 벌어졌고, 여인은 대포를 쏘았다. 그녀의 용기를 본 동료들은 그녀를 즉시 진급시켰다. 그 전투가 승리로 끝나자 그녀는 제대할 수 있도록 은혜를 베풀어 달라고 청하여 허락을 받았다.

하지만 그녀는 어디로 가야 할지 몰랐다. 밤이 될 때까지 이리저리 헤매던 그녀는 황폐한 집을 발견했고 그 안으로 들어갔다. 자정이 되자 발자국 소리가 들렸다. 그녀는 집 뒤에서 살인자 열세 사람이 나오는 것을 보았다. 그들이 가도록 내버려 둔 후 그녀는 그들이 나온 곳으로 가 보았고 식탁을 발견하였다. 열세 사람이 먹을 수 있는 음식이 마련되어 있었다. 그녀는 알아채지 못하도록 각 접시의 음식을 조금씩 떼서 먹었다. 그러고 나서 숨기 위해 다시 돌아왔다. 하지만 마지막 접시에서 수저를 치우는 것을 잊었다. 살인자들은 아직 날이 밝지 않았을 때 돌아왔고 그중 하나가 수저를 보고는 말했다.

"오! 누군가가 우리를 배반했군!"

다른 살인자가 말했다.

"좋아. 다시 밖으로 나가자. 한 사람은 남아서 보초를 서자."

그들은 그렇게 했다. 모든 살인자들이 나갔다고 믿었던 여인은 밖으로 나왔다가 보초에게 들켰다. 살인자는 그녀를 움켜잡았다.

"오. 이 악당 같으니! 두고 보자."

살아 있다기보다는 죽은 것 같은 그녀는 자신이 벙어리이며 갈 곳이 없어서 왔다고 몸짓을 하였다. 살인자는 그녀를 위로하고 마실 것과 먹을 것을 주었다. 다른 동료들이 돌아와 보초에게 이야기를 들었다.

"이미 이곳에 들어왔으니 넌 우리와 함께 있어야 해. 그렇지 않으면 너를 죽일 거야."

그녀는 할 수 없이 그들과 함께 머물게 되었다.

살인자들은 결코 그녀를 홀로 남겨두지 않았다. 어느 날 두목이 그녀에게 말했다.

"내일 밤에 우리 모두는 어느 왕의 궁궐에 보석을 훔치러 갈 것이다. 너도 가야만 한다."

말을 들어보니 그 왕은 그녀의 남편이었다. 그래서 그녀는 왕에게, 위험하므로 궁궐의 경비를 강화하고 왕은 병사들과 함께 무장하도록 충고하는 편지를 썼다. 자정이 되어 살인자들이 궁궐의 대문에서 만나 한 명씩 한 명씩 궁으로 들어갔고 방책을 쌓고 잠복해 있던 왕의 병사들은 살인자들을 무찔렀다. 두목을 비롯하여 다섯 살인자가 목숨을 잃었고 나머지는 도둑 차림새의 여인을 혼자 두고 여기저기로 도망쳤다. 병사들이 그녀를 잡아서 묶은 후 감옥으로 데려갔다. 감방에서 그녀는 광장에 이미 사형대를 설치하는 것을 보았다. 그녀는 몸짓으로 그 다음 날 죽게 해 달라고 청했고, 왕은 그 요청을 받아들였다.

다음날 그녀는 사형대로 끌려갔고 첫 계단에서 3시 대신에 4시까지 기다려 달라고 탄원하며 몸짓을 했다. 왕은 이 요청 또한 허락하였다. 4시를 알리는 종이 울리고 병사 두 명이 나타났을 때 그녀는 두 번째 세 번째 계단을 딛는 중이었다. 두 병사는 왕 앞에 나아가 말할 수 있도록 허가해 달라고 했다.

"말해 보아라."

"왕이시여, 왜 저 여인을 죽이십니까?"

그러자 왕은 그들에게 오늘의 사형수는 여인이 아니며, 도둑이기 때문에 처형한다고 도둑이라고 설명하였다.

"저 여자는 남자가 아닙니다. 저희 누이입니다.

그리고 나서 그들은 왕에게 그들의 누이가 왜 7년 동안 벙어리로 지내 왔는지를 이야기하였다. 그리고 그들은 누이에게 말했다.

"말해도 돼요. 우린 살아났어요."

사형대 위에서 풀려난 그녀는 모든 사람 앞에서 말했다.

"나는 왕비요. 모후의 고약함 때문에 나의 아이가 죽게 되었소. 지붕 위로 올라가서 상자를 가져오시오. 내가 개를 낳았는지 아니면 아이를 낳았는지 보시오."

왕은 상자를 가지고 오라고 신하를 보냈다. 상자 안에는 어린아이의 뼈가 있었다.

그러자 온 국민들이 소리치기 시작했다.

"모후와 산파를 사형대 위로 보내라!"

그리하여 두 노파는 교수형에 처해졌고 왕비는 남편과 함께 궁궐로 돌아왔다. 그리고 두 남동생은 궁궐에서 대단히 중요한 인물이 되었다.

(베네치아)

곱사등이 타바니노

곱사등이 타바니노라는 가난한 구두 수선공이 살고 있었다. 그런데 아무도 그에게 구두를 고치러 오지 않았기 때문에 살길이 막막했다. 그는 행운을 찾아서 세상을 여행하기 시작했다.

어느 날, 저녁이 되었는데 잘 곳이 없었다. 그때 멀리서 희미한 불빛이 보였다. 타바니노는 그 불빛을 따라갔고 어느 집에 도착했다. 티바니노가 문을 두드리니 한 여자가 나와 문을 열었다. 그는 그녀에게 하룻밤만 재워 달라고 부탁했다. 그러자 그 여자가 대답했다.

"제 남편은 자기 눈에 띄는 사람을 모두 잡아먹는 야만인이에요. 만약에 당신을 집 안에 들여놓으면 내 남편이 당신을 잡아먹어 버릴 거예요."

하지만 곱사등이 타바니노는 더욱 애처롭게 부탁했고 안주인은 동정심이 일어서 타바니노에게 말했다.

"그럼 들어오세요. 괜찮다면 잿더미 밑에 숨겨 드릴게요."

그렇게 곱사등이는 몸을 숨겼다.
잠시 후 야만인이 집에 돌아왔다. 그는 코를 킁킁거리며 집 안을 돌아다니기 시작했다.

킁킁
여기서 사람의 냄새가 나는데
여기 있거나, 여기 있었거나
여기 숨어 있거나

아내가 그에게 말했다.
"식사하세요. 무슨 생각을 그렇게 하고 있어요? 당신에게 드리려고 마카로니를 한솥 준비했어요."
남편과 아내는 마카로니를 먹기 시작했다. 얼마 후 야만인은 배를 두드리며 말했다.
"됐어, 나는 배가 불러서 더 이상 못 먹겠어. 집 안에 누군가 있다면 남은 음식들을 그에게 주도록 해."
"어느 불쌍한 작은 남자가 오늘 하룻밤만 재워 달라고 저에게 부탁했어요. 만일 당신이 그를 먹지 않겠다고 약속한다면 그를 나오게 하겠어요."
"그래, 나오라고 해."
그 여자는 곱사등이 타바니노를 잿더미에서 나오게 한 다음 식탁에 앉도록 했다. 불쌍한 곱사등이는 온통 재로 뒤덮인 채 야만인 앞에서 부들부들 떨었지만 곧 용기를 내어 마카로니를 먹었다. 야만인이 곱사등이에게 말했다.
"오늘밤은 배가 고프지 않소. 그러나 경고하건대 내일 아침에 빨리 도망치지 않으면 당신을 먹어 버릴 것이오."

그러고 나서 그들은 좋은 친구처럼 대화를 나누었는데 악마처럼 꾀가 많은 곱사등이가 야만인에게 말했다.

"침대 위에 있는 이불이 대단히 아름답군요!"

야만인이 말했다.

"저것은 금과 은으로 수놓은 것인데 가장자리를 모두 금으로 장식했소."

"그럼 저 장롱은 뭐죠?"

"저 안에는 돈으로 가득 찬 자루가 두 개 들어 있소."

"침대 뒤에 있는 저 지팡이는 뭐죠?"

"저것은 날씨가 좋아지게 만드는 지팡이오."

"그리고 지금 들리는 이 목소리는 뭐죠?"

"저것은 새장 속에 들어 있는 앵무새의 소리인데 사람처럼 말을 한다오."

"당신은 훌륭한 것들을 갖고 계시는군요!"

"뭐, 여기 있는 것이 전부는 아니오. 마구간에는 바람처럼 달리고 아주 잘생긴 암말이 한 필 있소."

저녁 식사 후에 야만인의 아내는 타바니노를 다시 잿더미 아래의 구멍으로 데려다 주고 남편과 함께 잠자리에 들었다. 날이 밝자마자 그 여자는 타바니노를 깨우러 왔다.

"제 남편이 깨기 전에 빨리 일어나요!"

곱사등이는 그녀에게 감사를 표하고 길을 떠났다. 여기저기를 돌아다닌 끝에 그는 포르투갈 왕의 궁전에 도착해서 거기 머물러 있도록 해 달라고 요청했다. 왕은 그를 만나고 싶어했고 그는 왕에게 자신의 여행담을 들려 주었다. 왕은 야만인의 집에 있는 보물들에 대해 듣고 나서 그 보물들을 몹시 갖고 싶어했다. 그래서 왕은 타바니노에게 말했다.

"내 말을 잘 들어라. 이 궁전에 머무르면서 네가 하고 싶은 일을 모두 해도 좋다. 하지만 나의 요구 한 가지를 들어주어야 한다."

"말씀하십시오, 전하."

"너는 금과 은으로 수놓고 가장자리는 금으로 장식한 아름다운 이불을 야만인이 갖고 있다고 말했다. 그것을 나에게 가져와야 한다. 만일 그렇게 하지 못하면 목이 달아날 줄 알아라."

그러자 곱사등이가 말했다.

"도대체 그 일을 어떻게 하라는 말씀이십니까? 야만인은 사람을 모두 먹어치웁니다. 그 말씀은 저에게 죽으러 가라고 하는 것과 같습니다."

"나는 네가 어떻게 그 일을 할지에는 관심이 없다. 네가 생각해서 결정할 일이다."

가련한 곱사등이는 일단 물러 나와 곰곰이 생각을 한 끝에 좋은 생각이 떠올라서 왕에게 가서 말했다.

"전하, 저에게 살아 있는 말벌로 가득 차 있는 종이 봉지를 주시면 이불을 가져다 드리겠습니다. 일여드레 동안 굶은 벌들이라야 합니다."

왕은 군대를 보내서 말벌을 잡아오게 한 다음 벌들을 여드레 간 굶기고 타바니노에게 주었다.

"이 지팡이를 받아라. 이것은 마력을 지니고 있어서 너에게 도움이 될 것이다. 물을 건너야 할 때 두려워 말고 이것을 땅에 던져라. 네가 거기에 가 있는 동안 나는 바다 건너의 궁전에서 너를 기다리겠다."

곱사등이가 야만인의 집으로 가서 집 안의 동정을 살펴보니 부부는 저녁식사를 하고 있었다. 그는 침실 창문으로 기어 들어가서 침대 밑에 숨었다. 야만인과 아내가 침대로 와서 잠들었을 때 곱사등이는 말벌이 가득 든 종이 봉지를 이불과 침대보 사이에 넣은 다음 입구를 열었다. 말벌들은 열기를 느끼고 밖으로 나와서 붕붕거리며 부부를 쏘아대기 시작했다.

야만인은 몸부림을 치다가 이불을 아래로 던졌고 곱사등이는 침대 아래에서 이불을 챙겨 동그랗게 말았다. 화가 난 말벌들은 여기저기 마구 쏘며 돌아다녔다. 야만인과 그의 아내는 비명을 지르며 다른 곳으로 도망쳐 버렸다. 침실에 혼자 남게 되자 타바니노는 이불을 팔에 끼고 도망쳤다. 잠시 후 야만인이 돌아와 창 밖으로 얼굴을 내밀고, 새장 속에 있는 앵무새에게 물었다.

"앵무새야, 지금 몇 시지?"

그러자 앵무새가 대답했다.

"지금은 곱사등이 타바니노가 너의 멋있는 이불을 가지고 도망간 시간이지!"

야만인은 이불이 없다는 것을 확인하고는 말을 타고 전속력으로 달려서 저 멀리에 곱사등이가 보이는 데까지 따라잡았다. 하지만 그때 타바니노는 바닷가에 도착했고 왕이 준 지팡이를 땅에 던지자 바다가 갈라져서 잽싸게 건너편으로 갈 수 있었다. 그가 다 건너자마자 바다엔 다시 파도가 넘실댔다. 야만인은 바닷가에 멈춰서 소리쳤다.

오, 이 저주받을 타바니노야,

언제 다시 이곳으로 올 것이냐?

올해가 가기 전에 너를 잡아먹겠다.
그러지 못하면 내게 손해일 테니.

왕은 티바니노가 훔쳐 온 이불을 보고는 기뻐서 펄쩍펄쩍 뛰었다. 그는 곱사등이에게 감사했지만 얼마 후에 또 이렇게 말했다.
"타바니노, 너는 용감하게도 나에게 이불을 가져다 주었으니 날씨를 좋게 만드는 지팡이도 나에게 가져다 줄 수 있겠지?"
"어떻게 그 일을 할 수 있겠습니까, 전하?"
"방법을 생각해 내라. 아니면 대신 네 머리를 바쳐야 할 것이니라."
곱사등이는 곰곰이 생각한 끝에 왕에게 호두 한 자루를 달라고 했다.
곱사등이가 야만인의 집으로 가서 동정을 살피니 부부가 잠자리로 가는 소리가 들렸다. 그는 지붕 꼭대기로 기어올라가서 호두를 한 움큼씩 집어서 지붕의 기와에 던지기 시작했다. 야만인은 호두가 기와에 툭툭 떨어지는 소리에 잠에서 깨어 아내에게 말했다.
"여보, 여보, 우박 오는 소리를 들어 봐! 당장 지팡이를 지붕 위에 올려놓고 와. 그렇지 않으면 우박이 밀 농사를 망쳐 버릴 테니까."
여자는 일어나서 창문을 열고 지팡이를 지붕에 올려놓았다. 그걸 기다리고 있던 타바니노는 지팡이를 들고 도망쳤다.
잠시 후, 야만인은 우박이 멈춘 것에 만족하며 창가로 갔다.
"앵무새야, 지금 몇 시지?"
그러자 앵무새가 대답했다.
"지금은 곱사등이 타바니노가 날씨를 좋게 하는 지팡이를 가지고 달아난 시간이지!"

　야만인은 말을 타고 전속력으로 곱사등이의 뒤를 쫓았다. 해변에서 곱사등이를 거의 따라잡았지만 타바니노가 왕에게서 받았던 지팡이를 던지자 바다가 열렸고 그가 지나가자 다시 닫혔다. 야만인이 소리쳤다.

　오, 이 저주받을 타바니노야,
　언제 다시 이곳으로 올 것이냐?
　올해가 가기 전에 너를 잡아먹겠다.
　그러지 못하면 내게 손해일 테니.

　왕은 타바니노가 훔쳐 온 지팡이를 보고는 미칠 듯이 기뻐했다. 하지만 또 얼마 후에 말했다.
　"이젠 나에게 돈 두 자루를 가지고 와야 한다."
　곱사등이는 곰곰이 생각한 뒤에 나무꾼의 연장을 준비해 달라고 한 후 자신도 나무꾼 옷으로 갈아입고 가짜 수염을 붙였다. 그는 도끼와 쐐기와 몽둥이를 가지고 야만인의 집으로 갔다. 야만인은 타바니노를 낮에 본 적이 없었을 뿐만 아니라 타바니노가 왕의 궁전에서 좋은 음식을 많이 먹어서 건강해지고 예전보다 덜 초라해 보였기 때문에 변장한 타바니노를 알아볼 수가 없었다. 그들은 서로 인사를 나누었다.
　"어디 가십니까?"
　"나무하러 가지요!"
　"오, 이 숲에서는 얼마든지 땔감을 구할 수 있어요!"
　그리고 타바니노는 그의 연장을 가지고 야만인 집 주변 나무 중 가장 큰 떡갈나무 주위에서 작업을 하기 시작했다. 그는 나무에 쐐기를 하나씩 꽂아놓고 몽둥이로 쐐기를 박았다. 그런 다음에 쐐기가 너무 꽉 끼워져 화가 난 것처럼 연기를 했다. 그러자 야만인이 말했다.

"화내지 마세요. 제가 도와드리지요."

그는 쐐기를 박아서 나무에 생긴 틈 속에 손을 넣고 쐐기를 옮길 수 있도록 그 틈을 넓게 벌렸다. 그때 타바니노가 몽둥이로 나무 몸통을 치자 틈에 박혀 있던 쐐기들이 모두 튀어올랐고 나무 틈에 야만인의 손이 끼어 버렸다. 야만인은 절규하기 시작했다.

"제발, 도와주세요! 집으로 뛰어가서 제 아내에게 가장 큰 쐐기 두 개를 달라고 해서 제 손을 빼내 주세요."

타바니노는 야만인의 집으로 뛰어가서 여자에게 말했다.

"빨리요, 당신 남편이 나에게 장롱 속에 있는 돈 두 자루를 받아 오라고 했어요."

그러자 여자가 말했다.

"어떻게 당신에게 그것들을 줄 수가 있겠어요? 우리는 사야 할 물건들이 많다고요! 하나라면 몰라도 두 개를 다 주라니!"

그러자 타바니노는 창문을 열고 소리쳤다.

"그녀가 나에게 하나를 줘야 합니까, 아니면 두 개를 줘야 합니까?"

"두 개 다! 빨리!"

야만인이 절규하자 타바니노가 말했다.

"들었죠? 화났어요."

그리고 그는 돈 두 자루를 받아서 도망쳤다.

야만인은 무진장 애를 쓴 끝에 나무 틈에서 손을 빼냈지만 손의 살갗이 벗겨져서 고통으로 신음하며 집으로 왔다. 그의 아내가 물었다.

"그런데 왜 나에게 돈 두 자루를 줘 버리라고 했어요?"

남편은 하늘이 무너지는 기분이었다. 그는 앵무새에게 가서 물었다.

"몇 시지?"

"타바니노가 돈 두 자루를 가지고 도망간 시간이지!"

그러나 이번에는 통증이 너무 심해서 야만인은 타바니노를 쫓아갈 수 없었고 그에게 욕을 퍼붓는 데 그쳤다.

왕은 돈 자루를 받은 후 타바니노가 바람처럼 달리는 말도 가져다 주기를 원했다.

"어떡하면 될까요? 마구간은 열쇠로 잠겨 있고 말의 마구에는 수많은 방울들이 달려 있는데!"

그러나 곰곰이 생각하고 나서 타바니노는 송곳 하나와 솜 한 자루를 달라고 했다. 그는 나무로 된 마구간 벽에 송곳으로 구멍을 내고는 안으로 기어 들어갔다. 그리고 송곳으로 말의 배를 찌르기 시작했다. 말은 마구 날뛰었고 잠자리에 있던 야만인이 그 소리를 듣고 말했다.

"불쌍한 것, 오늘 저녁에 병이 났군! 얌전히 있을 생각을 안 하는 걸!"

잠시 후 타바니노는 다시 송곳으로 말을 찔렀다. 야만인은 말이 날뛰는 소리에 진저리가 났다. 그는 마구간으로 가서 말을 밖으로 데리고 나와 묶어 두었다. 그러고는 다시 자러 갔다. 곱사등이는 어두운 마구간에 숨어 있다가 구멍으로 다시 나왔다. 그는 말에 달려 있는 방울을 솜으로 채워 넣고 말발굽도 솜으로 감쌌다. 그 다음 말을 풀어서 안장에 올라타고는 조용히 몰고 가버렸다. 잠시 후 야만인은 평소처럼 자다 깨서는 창가로 갔다.

"앵무새야, 지금 몇 시지?"

"타바니노가 말을 타고 가 버린 시간이지!"

야만인은 그를 쫓고 싶었지만 타바니노가 말을 가져갔기 때문에 타고 갈 말이 없었다.

왕은 매우 만족해하며 말했다.

"이번에는 앵무새를 가져오너라."

"그러나 앵무새는 말을 하고 소리를 지르는데요!"

"방법을 생각해 보아라."

곱사등이는 크림을 넣은 아이스크림 두 개를 달라고 했다. 두 개 중에 하나는 다른 하나보다 더 맛있는 것으로 달라고 했으며 그 외에도 사탕과 비스킷과 모든 종류의 과자를 달라고 했다. 그는 이것들을 모두 바구니에 담아 야만인의 집으로 갔다. 그는 앵무새에게 천천히 말했다.

"이봐, 앵무새야. 여기 너에게 가지고 온 것들을 봐. 만약 나와 함께 간다면 이것들을 매일 먹을 수 있어."

앵무새는 크림을 넣은 아이스크림을 먹고 말했다.

"맛있다!"

그런 식으로 크림을 듬뿍 넣은 아이스크림과 비스킷과 사탕과 캐러멜을 앵무새에게 먹인 후에 타바니노는 앵무새를 데리고 떠났다. 잠시 후 야만인이 창가로 와서 물었다.

"앵무새야, 지금 몇 시지? 지금 몇 시냐고 물었어. 어, 내 말 들려? 몇 시냐고?"

그는 새장으로 뛰어갔지만 새장은 비어 있었다.

타바니노가 앵무새를 갖고 궁전에 도착하자 성대한 파티가 벌어졌다. 왕이 말했다.

"이제 너는 이 모든 일을 모두 마쳤다. 그러나 네가 마지막으로 할 일이 있다."

"그런데 이제 더 가져올 것이 없는걸요."

"뭐라고? 아직 가장 큰 것이 남아 있느니라. 너는 야만인을 데려와야 한다."

"한번 해 보겠습니다, 전하. 제가 곱사등이로 보이지 않게 해 줄 의상을 주시고 제 얼굴의 인상을 바꿀 수 있게 해 주십시오."

왕은 최고의 재단사를 불러서 곱사등이의 굽은 등을 가리고 멋지게 보이도록 해 줄 옷을 만들게 했으며 최고의 미용사를 불러서 그에게 금발로 만든 가발을 씌워 주고 근사한 콧수염을 달도록 했다.

그렇게 변장을 하고, 곱사등이는 밭에서 일하고 있는 야만인에게 갔다. 야만인은 그에게 모자를 들어 보이며 공손히 인사했다.

"나리, 무엇을 찾고 계십니까?"

타바니노가 말했다.

"저는 관을 만드는 사람입니다. 지금 세상을 떠난 곱사등이 타바니노의 관을 만들 널빤지를 찾고 있습니다."

"오! 드디어 죽었군! 너무나 기쁘군요. 제가 널빤지를 드릴 테니 여기서 관을 만드세요."

"그렇게 하지요. 그런데 관을 짜려면 시체의 치수를 알아야 합니다만 여기서는 시체의 치수를 잴 수가 없군요."

그러자 야만인이 말했다.

"그 문제라면 걱정 마세요. 그 못된 놈은 키가 저와 비슷했어요. 제 치수를 재면 돼요."

타바니노는 야만인의 치수를 잰 후 널빤지를 자르고 못을 박았다. 관이 다 만들어지자 야만인에게 말했다.
"자, 이제 크기가 맞는지 한번 봅시다."
야만인은 관 속에 들어가 누웠다.
"덮개도 한번 봅시다."
타바니노는 이렇게 말하고 잽싸게 덮개를 덮고는 못질을 했다. 그리고 그 관을 끌어 왕에게 가져갔다.
궁전에 있던 남자들이 모두 관을 향해 달려와 초원 한가운데에 옮겨다 놓고 불을 붙였다. 그러고는 왕국이 그 괴물로부터 해방된 것을 축하하기 위해 성대한 축제를 열고 즐거워했다.
왕은 타바니노를 그의 비서로 임명하고 극진히 대접했다.

(볼로냐)

깃털 달린 오르쿠스

한 왕이 병이 들었다. 의사들이 진찰을 하고 나서 그에게 말했다.
"전하, 병을 고치려면 저승의 신인 오르쿠스의 깃털이 있어야 합니다. 그런데 오르쿠스의 깃털을 구하는 것은 매우 어려운 일입니다. 왜냐하면 오르쿠스는 눈에 띄는 사람을 모두 먹어 치우기 때문입니다."

왕은 이 말을 듣고 측근의 모든 사람들에게 오르쿠스의 깃털을 가져다 줄 수 있느냐고 말을 해 보았지만 아무도 그곳에 가려 하지 않았다. 마지막으로 매우 충직하고 용기 있는 신하에게 물어 보자 그가 대답했다.

"제가 가겠습니다."

사람들은 그에게 길을 일러 주었다.

"어느 산의 꼭대기에 동굴이 일곱 개 있네. 일곱 동굴 중의 하나에 오르쿠스가 살고 있어."

그가 길을 가는 도중에 날이 어둑어둑해졌다. 그는 어느 여관에 들어가서 여관 주인과 이야기를 나누었다. 여관 주인은 충직한 사람의 이야기를 듣고는 말했다.

"나에게도 깃털 하나 가져다 주면 좋을 텐데."

"네, 기꺼이 가져다 드리지요."

"그리고 혹시 당신이 오르쿠스와 이야기하게 되거든 내 딸에 대해서 좀 물어봐 주시겠소? 내 딸이 오래전에 실종되었는데 도무지 어디 있는지 찾을 수가 없다오."

아침이 되어 충직한 사람은 계속해서 길을 걸었다. 그는 강에 도착해서 뱃사공을 불러서 강을 건넜다. 강을 건너면서 그들은 대화를 나누었다. 뱃사공이 말했다.

"나에게도 깃털 하나만 가져다 주시겠소? 그것은 행운을 불러온다고 하더군요."

"예, 가져다 드리지요."

"그리고 만약 오르쿠스와 말할 기회가 있으면, 왜 내가 이 나루터 사이에서 계속 배를 저어야 하는지 물어봐 주시오."

"그렇게 하지요."

그는 배에서 내려 계속 길을 갔다. 그는 어느 샘에서 빵을 먹으려고 앉았다. 그때 옷을 잘 차려 입은 귀족 둘이 와서 그의 옆에 앉아서 이야기를 나누었다. 그러다가 귀족들이 말했다.

"우리에게도 깃털 하나만 갖다 주시겠소?"

"물론이지요."

"그리고 가능하다면 오르쿠스에게 한 가지만 물어봐 주시오. 우리 정원에는 금과 은을 뿜어내는 분수가 있어요. 그런데 지금은 말라 버렸소."

"네, 그 이유를 물어보겠습니다."

다시 길을 가는데 날이 어두워졌다. 그는 수도원으로 가서 문을 두드렸다. 수도사들이 문을 열자 그는 하룻밤만 재워 달라고 부탁했다.

"들어오세요."

그는 수도사들과 이야기를 했는데 수도사들이 이렇게 말했다.

"그런데 오르쿠스에 대해 잘 알고 있는 거요?"

"사람들이 말하는데 동굴이 일곱 개 있다고 하더군요. 그중 한 동굴 끝에 문이 있고 문을 두드리면 오르쿠스가 나온다고 하더군요."

그러자 수도원장이 말했다.

"허, 순진한 사람 같으니. 아무것도 아는 게 없지 않소! 이 모든 상황에 대해 모른 채로 간다면 죽게 될 거요. 오르쿠스가 시시한 짐승이라고 생각하고 있소? 우리가 당신을 도와줄 테니 당신도 우리를 좀 도와주시오."

"좋습니다."

"잘 들어요. 산꼭대기에 가면 동굴이 일곱 개 있소. 일곱 번째가 오르쿠스의 동굴이오. 그곳으로 내려가시오. 동굴 끝은 너무 어두워서 아무것도 분간할 수가 없소이다. 당신에게 초와 성냥을 드리겠소. 그러면 볼 수 있을 거요. 그러나 당신은 정확히 정오에 거기로 가야 합니다. 왜냐하면 그 시간에 오르쿠스가 집에 없기 때문이오. 거기에는 오르쿠스의 신부가 있는데 그녀는 영리하니까 어떻게 하면 될지를 모두 알려줄 것이오. 그냥 오르쿠스를 대면했다가는 단번에 먹히고 말 것이오."

"말씀 잘 들었습니다. 모두 제가 모르던 것들이군요."

"이제 당신에게 오르쿠스에게 접근하는 법을 알려줬으니 대신에 우리를 좀 도와주시오. 우리는 여기서 오랫동안 평화롭게 지내고 있었는데 10년 전부터 말다툼을 하기 시작했다오. 누구는 이렇게 하고 싶어하고 또 누구는 저렇게 하고 싶어하고, 서로에게 소리치고 10년 전부터는 모든 게 뒤죽박죽이오. 도대체 왜 그런지 그걸 좀 알아다 주시오."

다음 날 아침, 충직한 사람은 산에 올라갔다. 그는 11시에 꼭대기에 도착해서 동굴 앞에 앉아 쉬었다. 정오를 알리는 종소리가 들리자 그는 일곱 번째 동굴로 들어갔다. 그 안은 너무나 어두웠지만 촛불을 켜자 문이 보였다. 문을 두드리자 아름다운 여인이 문을 열었다.

"누구시죠? 누구신데 여기까지 오셨는지요? 당신은 내 남편이 누군지 모르세요? 낯선 사람이 보이면 무조건 잡아먹는답니다."

"저는 깃털을 얻으러 왔습니다. 이곳에 왔으니 시도는 해 봐야죠. 저를 잡아먹으면 어쩔 수 없고요."

"저는 여기에서 오랫동안 살았고 이제는 여기 살기 싫어요. 만약 당신이 잘 하기만 하면 우리 둘 다 여기에서 도망칠 수 있어요. 당신은 남편의 눈에 띄면 안 돼요. 침대 밑에 숨겨 드릴게요. 그가 잠자리에 들면 제가 깃털을 뽑아서 당신에게 드리죠. 몇 개나 필요하세요?"

"네 개요."

그는 왕, 여관 주인, 뱃사공, 귀족 두 명과 수도사들과 그들의 질문에 대해서 그녀에게 모두 말해 주었다.

그들은 점심 식사를 하면서 대화를 나누었다. 그렇게 한 시간이 지났다. 오르쿠스의 아내는 오르쿠스의 식사를 만들었다.

"만약 그가 배가 고프면 바로 사람의 냄새를 맡을 것이지만 배불리 식사를 한 후에는 냄새를 맡지 못할 거예요. 그가 계속 배가 고프면 당신은 끝장이에요."

6시가 되자 문 쪽에서 커다란 소리가 들렸다. 충직한 남자는 민첩하게 침대 밑으로 들어갔다. 문이 열리고 오르쿠스가 들어와서 말하기 시작했다.

쿵쿵
여기서 사람 냄새가 난다.
여기 있거나, 여기 있었거나,
여기 숨어 있거나.

그러자 아내가 말했다.
"무슨 말이에요. 배가 고파서 정신이 없으시군요. 식사하세요."
오르쿠스는 식사를 하기 시작했다. 그러나 사람의 냄새가 계속 났기 때문에 오르쿠스는 식사를 끝난 후에도 집 안 여기저기를 돌아다녔다. 마침내 잠자리에 들 시간이 되었다. 부부는 옷을 벗고 이불 속으로 들어갔다. 오르쿠스는 곧 잠이 들었다.

침대 밑에 있는 남자는 무슨 소리가 나는지 귀를 기울이고 있었다. 그때 오르쿠스의 아내가 작은 목소리로 충직한 사람에게 말했다.
"조심하세요. 지금 제가 꿈을 꾸는 척하면서 깃털을 뽑아 드릴게요."
그녀는 오르쿠스의 깃털을 하나 뽑아서 침대 밑에 있는 남자에게 주었다.
"아야! 뭐하는 거야? 내 깃털을 뽑았잖아!"
오르쿠스가 말했다.

"아, 꿈을 꾸었어요."

"무슨 꿈?"

"저기 아래에 있는 수도원에 대한 꿈이요. 10년 전부터 수도사들이 행실이 나빠져서 더 이상 모두 같이 살 수 없게 되었어요."

"그건 꿈이 아니라 사실이야. 10년 전에 사제복을 입은 악마가 수도원에 들어갔기 때문에 수도사들이 행실이 나빠진 거야."

"그럼 그를 어떻게 쫓아내죠?"

"진짜 수도사들이 선행을 하면 돼. 그러면 누가 악마인지 가려낼 수 있을 거야."

그렇게 말하며 오르쿠스는 다시 잠이 들었다.

그로부터 25분이 지나자 아내는 다시 깃털을 뽑아 침대 밑에 있는 남자에게 주었다.

"아야! 아파!"

"꿈을 꿨어요."

"또! 무슨 꿈인데?"

"저 아래에 있는 분수요. 귀족의 정원에 있고 금과 은을 내뿜는 분수요. 그 분수가 말라 있는 꿈을 꿨어요. 어떻게 된 거죠?"

"오늘밤에 당신은 실제로 일어난 일을 꿈에서 보는군. 분수가 막혀서 더 이상 금과 은을 뿜지 않아. 분수의 구멍을 아주 천천히 파 보면 공이 하나 보이고 그 공 근처에 구렁이 한 마리가 잠을 자고 있을 거야. 구렁이가 눈치 채기 전에 공 밑에 있는 구렁이의 머리를 으깨야 해. 그러면 분수가 다시 금과 은을 내뿜게 될 거야."

25분 후 그녀는 깃털을 또 하나 뽑았다.

"아야! 오늘밤에 내 털을 다 뽑을 셈이야?"

"참아요. 꿈을 꿨어요."

"이번엔 뭐야?"

"저 강에 있는 뱃사공요. 그는 아주 오랫동안 나룻배에서 내리지 못했어요."

"그것도 사실이야. 그는 이걸 모르고 있어. 손님을 나룻배에 태우기 전에 뱃삯을 받고 손님이 나룻배에서 내리기 전에 그가 먼저 내리면 돼. 그러면 손님이 그 배에 남게 되고 그는 떠날 수가 있어."

25분 후 아내는 넷 째 깃털을 뽑았다.

"제기랄, 도대체 뭐 하는 거야!"

"용서하세요. 계속 꿈을 꾸네요. 오랫동안 실종된 딸을 기다리고 있는 여관 주인에 대한 꿈을 꿨어요."

"네 아버지 꿈을 꾸었군. 네가 그 여관 주인의 딸이야."

오르쿠스는 아침 6시에 일어나서 아내에게 인사하고 집을 나섰다. 그러자 충직한 남자는 침대 밑에서 나와 깃털 네 개를 작은 꾸러미로 포장하고는 여인을 데리고 도망쳤다.

그들은 수도원에 들러서 수도사들에게 설명해 주었다.

"잘 들어요. 오르쿠스는 나에게 당신들 가운데에 악마가 하나 있다고 말했어요. 당신들이 선행을 많이 하면 악마가 도망갈 것입니다."

수도사들은 선행을 하기 시작했고 마침내 악마는 도망쳐 버렸다.

충직한 남자와 여관 주인의 딸은 정원을 지나다가 귀족에게 깃털을 주고는 구렁이에 대해서 설명해 주었다. 그렇게 해서 분수는 다시 금과 은을 내뿜게 되었다.

그들은 나루터에 도착하여 뱃사공에게 깃털을 주었다.

"여기 깃털이 있습니다."

"감사합니다. 그런데 나에 관해서는 뭐라고 했습니까?"

"지금은 말할 수 없어요. 강을 건너고 나서 말해 드리지요."

그들은 배에서 내리고 나서 사공에게 어떻게 하면 되는지 설명해 주었다.

여관에 도착하자 충직한 남자가 외쳤다.

"주인장, 여기 깃털과 당신 딸이 있어요!"

여관 주인은 딸을 그 남자에게 시집보내고 싶었다.

"내가 왕에게 깃털을 바치고 허락을 받아올 테니 기다려요."

그는 깃털을 왕에게 가지고 갔다. 왕은 깃털을 보자 병이 나았고 충직한 신하에게 상금을 내렸다. 그가 왕에게 말했다.

"전하께서 허락하신다면 저는 지금 결혼하러 가겠습니다."

왕은 상금을 두 배로 주었다. 충직한 남자가 여관에 도착했을 때, 오르쿠스는 그제야 아내가 사라진 것을 알아채고는 그녀를 먹어 버리기 위해 뛰어갔다. 그는 강에 도착해서 나룻배에 탔다. 뱃사공이 오르쿠스에게 말했다.

"뱃삯을 먼저 내시오."

오르쿠스는 뱃사공이 그 비밀을 알 것이라고는 상상도 못 하고 있었기 때문에 주의하지 않고 뱃삯을 지불했다. 뱃사공은 먼저 강가에 뛰어내렸고 오르쿠스는 나룻배에서 나갈 수 없었다.

(가르파냐나 에스텐세)

●──주

1 · Orcus. 로마 신화에서 죽음의 신, 저승사자 혹은 저승 그 자체를 가리킨다. 중세 유럽에서는 검은 날개가 있으며 돼지의 얼굴을 한 이단 신으로 여겼다.

악마의 바지

한 남자에게 아들이 하나 있었는데 이름이 산드리노였다. 그는 대단히 잘생긴 청년이었다. 청년의 아버지는 늙어 병이 들었고 어느 날 아들을 불러놓고 말했다.

"산드리노야, 나는 이제 죽을 때가 된 것 같다. 건강하게 지내고, 얼마 되지는 않지만 내가 너에게 남기는 유산을 잘 관리하도록 해라."

그리고 그는 세상을 떠났다. 그러나 아들은 유산을 잘 관리하지 않았고 노는 데에만 정신을 팔아서 1년이 지나기도 전에 재산을 탕진했다. 그래서 아들은 그 도시의 왕을 알현하고 왕을 위해 일하고 싶다고 말했다. 왕은 이 아름다운 젊은이를 보고 그를 시종으로 삼았다. 그런데 얼마 후 왕비가 산드리노를 보고는 매우 기뻐하며 자신의 개인 시종으로 삼고 싶어했다. 곧 산드리노는 왕비가 그를 사랑하게 되었다는 것을 알았다.

'왕이 눈치 채기 전에 그만두는 것이 좋겠군.'

그리고 그는 사퇴했다. 왕은 그가 왜 떠나는지 알고 싶어했으나 그는 단지 개인적인 문제 때문이라고 말하고는 왕궁을 떠났다.

그는 다른 도시에 가서 왕을 알현하고 왕을 위해 일하고 싶다고 말했다. 왕은 대단히 아름다운 이 청년을 보고는 곧바로 그러라고 했고 산드리노는 궁전에서 일하게 되었다. 그런데 이 왕에게는 딸이 하나 있었고 그녀 역시 산드리노가 전에 있던 나라의 왕비처럼 그를 보자마자 넋을 잃고 사랑에 빠졌다. 상황이 매우 심각하게 되었기 때문에 산드리노는 일이 터지기 전에 왕궁의 일을 그만두어야만 했다. 아무것도 모르는 왕은 그에게 이유를 물었지만 그는 개인적인 문제 때문이라고 말했고 왕은 아무 말도 할 수 없었다.

그 다음 그는 왕자의 궁전에 머물렀는데 이번에는 왕자비가 그를 사랑하게 되었다. 그래서 그는 그곳에서 떠났다. 대여섯 군주의 성을 전전했지만 그때마다 어떤 부인이 그를 사랑하게 되어서 그는 떠나야만 했다. 그 불쌍한 청년은 자신의 아름다움을 저주했고 결국 아름다움으로 인한 문제에서 벗어날 수만 있다면 악마에게 영혼을 주겠다고 말하고 말았다. 그가 그 말을 하자마자 젊은 신사가 나타나서 물었다.

"무엇을 불평하고 있소?"

그래서 산드리노는 그에게 자신의 이야기를 들려 주었다. 그러자 신사가 말했다.

"자, 그럼 내가 당신에게 이 바지를 주겠소이다. 주의할 점은 이 바지를 항상 입고 있어야 하며 절대로 벗어서는 안 된다는 것이오. 나는 정확히 7년 후에 이 바지와 당신의 영혼을 가지러 오겠소. 이 기간 동안에 당신은 몸은 물론 얼굴도 씻으면 안 되고, 수염과 머리카락과 손톱도 잘라서는 안 되오. 그렇게만 한다면 당신은 원하는 것을 모두 하면서 즐겁게 지낼 수 있을 것이오."

이 말을 남기고 그는 사라졌고, 그때 자정을 알리는 종소리가 들렸다.

산드리노는 바지를 입고서 풀 위에서 잠이 들었다. 그는 날이 밝자 일어나서 눈을 비비고는 바지와 악마 일을 기억해 냈다. 일어서 보니 바지가 묵직했다. 그가 움직이자 짤랑거리는 소리가 들렸다. 바지 속은 금화로 가득 차 있었고 아무리 돈을 꺼내도 끝없이 나왔다.

그는 어느 도시의 여관에 가서 그곳에서 가장 좋은 방을 숙소로 잡았다. 그는 하루 종일 바지에서 금화를 꺼내서 쌓은 다음 모든 서비스에 대해 금화 한 닢을 지불했으며, 구걸하는 거지들에게도 모두 금화를 하나씩 주었다. 그리하여 그의 방문 앞엔 항상 긴 행렬이 이어졌다.

어느 날 그는 여관의 급사에게 말했다.

"혹시 팔려고 내놓은 궁전이 있는지 알고 있나?"

급사는 그에게 왕의 궁전 바로 앞에 너무 비싸서 아무도 살 수 없는 궁전이 하나 있다고 말해 주었다. 산드리노가 말했다.

"나에게 그 궁전을 사다 주게. 수고비는 넉넉하게 줄 테니."

급사는 분주히 뛰어다닌 끝에 그에게 궁전을 사 주었다.

산드리노는 궁전의 가구를 모두 새것으로 바꾸었다. 그리고 1층의 모든 방 안쪽에 쇠를 대어 붙이고 출입구를 막았다. 그는 방 안에서 문을 잠그고, 동전을 바지 주머니 밖으로 꺼내면서 나날을 보냈다. 한 방이 가득 차면 다른 방으로 옮기고, 이런 식으로 해서 낮은 층부터 시작해서 궁의 모든 방을 금화로 가득 채웠다.

시간이 흐르면서 산드리노의 머리카락과 수염이 자라나 아무도 그를 알아볼 수 없을 정도가 되었다. 손톱들도 계속 자라나서 양모를 빗는 빗처럼 길어졌다. 그리고 발톱이 너무 길어져 구두를 신을 수가 없었기 때문에 수도사들이 신는 것과 비슷한 샌들을 신어야 했다. 그의 살갗 위에는 손가락 두께만큼의 때가 끼었다. 결국 그는 사람이라기보다는 짐승 같은 모습이 되었다. 그는 바지를 깨끗하게 유지하기 위해 바지에 백연 가루와 밀가루를 발랐다.

그때 산드리노가 살고 있는 도시의 왕이, 근처에 있는 왕으로부터 선전 포고를 받았다. 산드리노가 사는 곳의 왕은 전쟁에 쓸 돈이 없었으므로 절망에 빠지고 말았다. 고민하던 왕은 행정 장관을 불렀다.

"무슨 일이십니까, 전하?"

"우리는 진퇴양난의 상황에 처해 있네. 나는 전쟁을 할 돈이 없어."

"전하, 돈을 어디에다 두어야 할지 모를 만큼 부유한 귀족이 이 근처에 있습니다. 제가 그에게 가서 저희에게 5000만 스쿠디scudi. 옛날 화폐 단위를 제공해 줄 수 있는지 물어보겠습니다. 일이 안 되어 봐야 그가 돈을 안 주겠다는 정도겠지요."

장관은 왕의 대사로서 산드리노를 만나서 그에게 극진한 찬사를 표한 다음 자기는 왕이 보낸 대사라고 소개했다. 그에게 산드리노가 말했다.

"저는 전하께 봉사할 준비가 되어 있다고 전해 주십시오. 그리고 계약 조건으로 전하의 따님 셋 중에 아무나 한 명을 제게 아내로 주어야 하실 거라고 전해 주십시오."

"전해 드리겠습니다."

"그러면 사흘 이내에 답변을 주십시오. 그렇지 않으면 계약하지 않겠습니다."

왕이 장관으로부터 산드리노의 모습과 그의 말을 전해 듣고는 말했다.

"아, 어찌할꼬! 내 딸들이 그 짐승 같은 남자를 보면 무슨 말을 할까! 그에게 다시 가서, 적어도 내 딸들이 마음의 준비를 할 수 있도록 초상화라도 보내 달라고 전하게."

"예, 제가 그에게 가서 그리 전하겠습니다."

산드리노는 왕의 요구를 듣자마자 화가를 불러서 초상화를 그리게 한 다음 그것을 왕에게 보냈다. 왕은 마치 짐승 같은 산드리노의 모습을 보자 한 걸음 뒤로 물러서며 소리를 질렀다.

"내 딸 중에 어느 누가 이런 얼굴을 한 사람을 남편으로 원하겠는가!"

하지만 왕은 한번 시도라도 해 보기 위해 큰딸을 불러서 그녀에게 상황을 설명했다. 그녀는 왕에게 항변했다.

"어떻게 저에게 그런 제안을 할 수가 있으세요! 그 따위 남자가 저와 결혼할 수 있다고 생각하세요?"

그러고는 말없이 등을 돌리고 가버렸다.

왕은 불행한 일이 생겼을 때 앉는 검은 소파에 죽은 듯 파묻혔다. 다음날, 왕은 최악의 경우를 예상하면서도 용기를 내어 둘째 딸을 불렀다. 둘째 딸이 도착하자, 그는 그녀에게 첫째에게 했던 것과 똑같은 말을 하고는 그녀의 답변에 왕국의 존망이 달려 있다고 설명했다. 그러자 그녀는 약간 호기심을 보였다.

"그러면 저에게 초상화를 보여 주세요."

왕은 초상화를 그녀 앞에 내놓았다. 그녀는 초상화를 들었다. 그리고 산드리노의 초상을 흘끗 보고는 뱀을 쥐기라도 한 것처럼 그것을 밀리 내던졌다.

"설마 딸에게 짐승과 결혼하라고 제안하시리라고는 생각도 못했습니다. 이제 저를 얼마나 사랑하시는지 알겠어요."

그녀는 그렇게 신경질을 내고 투덜거리며 가 버렸다.

왕은 중얼거렸다.

'이제 끝장이야. 이제 내 딸들에게 이 결혼 문제에 대해 더 이상 이야기할 필요가 없겠어. 두 명이 모두 나에게 이렇게 말했는데 가장 예쁜 막내는 무슨 말을 할지 상상이 가는군.'

그는 검은 소파에 파묻혀서 누구와도 만나고 싶지 않으니 사람을 모두 물리라고 지시했다. 점심 식사 때가 되어서도 그를 볼 수 없었지만 아무도 무슨 일이 일어났는지 묻지 않았다. 오직 막내딸만이 말없이 내려와 아버지를 찾았다. 그녀는 아버지에게 애교를 부리며 말했다.

"왜 그렇게 언짢으세요? 자, 소파에서 일어나세요. 기운 좀 차리시고요. 안 그러시면 저도 울어 버릴 거예요."

그녀는 계속해서 무슨 일인지 말해 달라고 애원했으며 결국 왕은 그녀에게 자초지종을 설명했다.

"아, 그래요? 저에게 초상화를 보여 주세요."

왕은 서랍을 열고 초상화를 그녀에게 주었다. 초사(이것이 그 소녀의 이름이었다.)는 세밀한 부분까지 꼼꼼히 살펴보고는 말했다.

"보세요, 이 길고 헝클어진 머리카락 밑에 얼마나 아름다운 얼굴이 있는지요. 살갗은 검죠. 그건 사실이에요. 하지만 씻으면 완전히 다를 거에요. 저 흉측한 손톱이 없다면 손이 얼마나 아름다울지 보세요. 그리고 발도 그렇고요. 나머지도 모두 마찬가지예요. 기분 좀 푸세요, 제가 그와 결혼할 테니까요."

왕은 딸을 끌어 안고 끊임없이 입을 맞췄다. 그러고는 장관을 불러서 막내딸이 그와 결혼할 테니 가서 그에게 그리 전하라고 했다.

산드리노가 그것을 전해 듣고 말했다.

"좋습니다. 계약이 성립되었습니다. 감사의 표시로 전하께 5000만 스쿠디를 가져가실 수 있다고, 아니 지금 당장 돈을 채울 자루를 가져와서 5000만 스쿠디를 가져가시라고 전하세요. 또한 당신들도 필요한 돈을 가져갈 자루를 가져오십시오. 그리고 전하께 신부를 위해 아무것도 준비하지 마시라고 전하세요. 제가 전부 준비하겠습니다."

언니들은 초사가 약혼한 것을 알고는 그녀를 놀리기 시작했지만 그녀는 신경 쓰지 않았다.

장관이 돈을 가지러 왔고 산드리노는 커다란 자루에다 금화를 가득 채웠다. 장관이 산드리노에게 말했다.

"이제 돈을 세어 봐야겠군요. 약속하신 금액보다 더 많은 것 같군요."

"괜찮습니다. 저에게는 상관없습니다."

산드리노가 대답했다.

산드리노는 도시의 모든 보석상에 사람을 보내서, 개암만큼 크고 빛나는 보석이 박힌 장신구들을 만들게끔 가장 아름다운 보석들과 귀금속들을 사오도록 했다. 그리고 귀걸이, 목걸이, 팔찌, 머리핀, 반지가 다 완성되자 그것들을 모두 커다란 은 접시에 담아서 시종 네 명에게 들려 왕에게 보냈다.

왕은 이를 보고 대단히 기뻐했고 막내딸은 장신구를 끼고 보석들을 달아 보며 몇 시간을 보냈다. 위의 두 언니들은 질투심에 사로잡혀 심술을 부리며 말했다.

"조금만 더 잘생겼더라면 좋았을 텐데."

그러자 초사가 말했다.

"마음씨만 좋으면 돼."

한편 산드리노는 가장 훌륭한 재단사들과 모자 만드는 사람들, 구두공들, 침대보와 리본을 만드는 사람들, 냅킨을 만드는 사람들을 불러서 필요한 물건을 주문했다. 그는 보름 안에 모든 것이 준비되어야 한다고 말했다.

그는 돈만 있으면 안 되는 일이 없다는 사실을 알고 있었고, 실제로 보름 후에 모든 것이 준비되었다. 입김만 불어도 옷 전체가 하늘거릴 정도로 섬세한 직물로 만든 웃옷엔 무릎까지 자수가 놓여 있었다. 안에 받쳐 입는 옷은 고급 아마포로 만들고 손수건은 코 풀 자리가 없을 정도로 수가 빼곡히 놓였다. 색색의 비단옷과 금은으로 수 놓고 보석으로 장식한 옷들 그리고 빨간색과 파란색 벨벳 옷들이 준비되었다.

결혼식 전날 밤에 산드리노는 포도주를 발효시킬 때 사용하는 커다란 통 네 개에다 각각 뜨거운 물과 아주 뜨거운 물 그리고 미지근한 물과 향수를 채우게 했다. 포도주 통이 준비되자 산드리노는 뜨거운 물로 채워진 통에 뛰어들어 살갗을 덮고 있는 때가 부드러워질 때까지 앉아 있었다. 다음엔 더 뜨거운 물 속에 뛰어들어 때를 밀기 시작했다. 그것은 꼭 목수가 나무에 대패질을 해서 대팻밥을 밀어내는 것 같았다. 목욕을 안 한 지가 7년이나 되었으니!

때를 모두 밀어낸 그는 다음으로 향수를 뿌려놓은 미지근한 물통에 뛰어들었다. 거기서 비누칠을 하자 아름다운 그의 피부가 나타났다. 마지막으로 그는 온갖 향수로 채워진 통에 들어가서 몸을 헹구었다.

"이발사, 빨리!"

이발사가 달려와서 양의 털을 깎듯이 그의 머리카락을 잘랐다. 그 다음으로 아름답게 곱슬거리도록 손질을 하고 머릿기름을 발랐다. 마지막으로 그는 손톱과 발톱을 깎고 손질했다.

다음 날 아침, 신부를 데려가기 위해 궁전에 마차가 도착했다. 그때 언니들은 괴물 신랑을 보기 위해 창가에 있다가 매우 아름다운 청년을 보게 되었다.

"누굴까? 아마 신랑이 직접 모습을 보이지 않기 위해 보낸 사람일 거야."

초사도 그가 신랑의 친구일 것이라고 생각하며 마차에 올랐다. 신랑의 궁전에 도착하자 그녀가 물었다.

"제 남편이 될 사람은 어디 있죠?"

산드리노는 그의 초상화를 들고서 그녀에게 말했다.

"이 초상화와 제 눈, 입을 잘 보세요. 나를 못 알아보겠습니까?"

초사는 너무나 기뻐서 아무 생각도 할 수가 없었다.

"그런데 왜 그런 모습을 하고 있었죠?"

"더 이상은 묻지 마세요."

한편 언니들은 마차를 몰고 나타난 잘생긴 청년이 바로 신랑이었다는 것을 확인하자 질투가 나서 죽을 것 같았다. 그리고 그녀들은 결혼 축하 파티에서 초사와 산드리노를 집어삼킬 듯이 노려보며 투덜댔다.

"저렇게 행복해하는 것을 보지 않을 수만 있다면 악마에게 우리 영혼을 주겠어."

바로 그날이 악마가 산드리노에게 말했던 7년째가 되는 날이었다. 자정이 되면 악마는 산드리노의 영혼과 바지를 받으러 올 것이 분명했다. 11시가 되어서, 신랑은 모든 하객들에게 인사를 하고 자유 시간을 갖고 싶다고 말했다. 신랑신부 둘만 있게 되자 그는 초사에게 말했다.

"나의 신부여, 먼저 침대로 가 계세요. 나는 좀 늦게 갈 것 같군요."

그러자 초사는 중얼거렸다.

"도대체 무슨 생각을 하는 걸까?"

그러나 신부는 시종들의 도움을 받아 옷을 벗고 잠자리에 들었다.

산드리노는 악마의 바지를 벗어서 보따리에 싸 두고 악마를 기다렸다. 그는 모든 하인들을 잠자리로 보내고 혼자 남았다. 갑자기 오싹하고 섬뜩한 느낌이 들었고 심장이 멈추는 것 같았다. 그때 자정을 알리는 종소리가 들렸다.

집 전체가 진동했다. 산드리노는 악마가 자신을 향해 오는 것을 보았다. 그는 보따리를 악마의 앞에 내놓으며 말했다.

"당신의 바지를 받으세요! 여기 있습니다. 가져가세요."

그때 악마가 말했다.

"이제 네 영혼을 가져가야 하는군."

산드리노는 두려움에 떨었다. 그런데 악마가 말했다.

"그러나 너는 너의 영혼을 대신할 다른 영혼 두 개를 나에게 찾아 주었다. 나는 그 영혼들을 가져가겠다. 그리고 너는 건드리지 않겠다."

다음 날 아침, 산드리노는 그의 신부 곁에서 행복하게 자고 있었다. 그때 왕이 그들에게 인사하러 왔다. 왕은 초사에게 네 언니들이 안 보이는데 혹시 어디 있는지 아느냐고 물었다. 그들은 공주들의 방으로 갔다. 방 안에는 아무도 없었다. 그런데 탁자 위에 쪽지가 하나 놓여 있었다. 거기엔 이렇게 적혀 있었다.

'너희들은 저주나 받아라! 너희들 때문에 우리가 벌을 받는다. 악마가 우리를 지옥으로 데려간다.'

그래서 산드리노는 악마가 자기 영혼 대신 가져간 두 영혼이 누구의 영혼인지 알 수 있었다.

(볼로냐)

머리가 일곱인 용

옛날 옛적에 한 어부가 아내와 살고 있었다. 그들은 오래전에 결혼했지만 자식이 없었다. 어느 화창한 날, 어부는 그물을 가지고 근처 호수로 고기를 잡으러 갔다. 그는 거기서 매우 크고 아름다운 물고기를 잡았다. 물고기를 물 밖으로 끌어내자 물고기가 어부에게 애원하며 말하길, 자신을 풀어 주면 그에게 순식간에 물고기를 많이 잡을 수 있는 웅덩이를 가르쳐 주겠다고 말했다. 물고기가 사람처럼 말하는 것을 본 어부는 두려워져서 자신도 모르게 그 물고기를 놔 주었고 물고기는 물 속으로 사라지면서 아까 말한 웅덩이가 어디에 있는지 가르쳐 주었다. 어부는 물고기가 가르쳐 준 웅덩이로 갔다. 겨우 두세 번 그물을 던졌는데도 물고기가 굉장히 많이 잡혀서 당나귀에 한가득 싣고 집으로 돌아왔다.

아내는 어떻게 그렇게 많은 물고기를 잡았는지 알고 싶어했다. 어부는 그날 일어난 일을 아내에게 상세하게 말해 주었다. 그러자 아내의 표정이 바뀌었다. 그녀는 남편에게 발끈해서 말했다.

"바보! 그렇게 아름다운 물고기를 도망치게 뒀단 말예요? 내일 다시 잡아서 집으로 가져오세요. 그 물고기로 정말로 맛있는 물고기 스프를 만들어야겠어요."

다음 날 어부는 아내를 기쁘게 하기 위해 호수로 가서 그물을 던져서, 말하는 물고기를 다시 잡았다. 그런데 물고기가 눈물로 호소하자 마음이 흔들려서 물고기를 풀어 주었다. 그러고는 어제 갔던 웅덩이로 가서 원하는 만큼 물고기를 잡았다. 그러나 아내는 어부가 돌아와서 자초지종을 얘기하자 마구 화를 내며 허리에 손을 얹고 온갖 욕설을 퍼부었다.

"우둔하고 약해 빠진 양반 같으니라고! 굴러들어 온 행운을 왜 차는 거예요? 그 행운을 무시하는 거예요? 내일은 꼭 그 물고기를 가지고 오세요. 안 그러면 후회하게 될 거예요. 알겠어요?"

새벽에 어부는 다시 호수로 갔다. 그물을 던지고 끌어올렸는데 그물 안에 그 물고기가 있었다. 이번에는 물고기가 울건 말하건 신경 쓰지 않고 곧장 집으로 달려갔다. 그는 아직 살아 있는 물고기를 아내에게 주었고 아내는 그것을 신선한 물이 담긴 커다란 그릇에 넣었다. 부부는 그릇 옆에 앉아서 그 물고기가 얼마나 큰지 다시 살펴보았고 그것을 어떻게 요리하는 것이 좋을지도 의논했다. 그때 물고기가 물 밖으로 머리를 내밀고 말했다.

"이제 제가 살아날 방법은 없고, 죽어야 할 것 같군요. 제가 유언을 남기도록 해 주세요."

어부와 아내는 그렇게 하라고 했고 물고기는 이렇게 말했다.

"제가 죽으면 삶아서 제 살은 부인이 먹고 저를 끓인 국물은 암말이 마시도록 하고 제 머리는 암캐에게 던져 주세요. 그리고 제 몸에서 나온 가시 중에 가장 큰 것 세 개를 채소밭에 꽂아 놓으세요.

쓸개는 주방의 대들보에 매달아 두시고요. 당신들은 아들 셋을 낳게 될 것인데, 아들 중 한 명에게 변고가 생기면 쓸개가 피를 흘릴 거예요."

그들은 물고기를 삶았다. 그리고 물고기가 지시한 대로 했다.

시간이 흐르자 어부의 아내는 세쌍둥이를 낳았고 같은 시각에 암캐는 강아지를 세 마리 낳고 암말은 망아지를 세 마리 낳았다. 어부가 말했다.

"어디 보자, 하룻밤에 아홉이 태어났구나!"

세쌍둥이 형제는 너무나 똑같이 생겨서 표시가 될 만한 것을 걸치지 않으면 누가 누구인지 구분할 수가 없었다. 강아지와 망아지들도 각기 서로 거의 똑같았다. 한편 채소밭에 꽂아 둔 물고기 가시는 점점 자라나서 훌륭한 칼 세 자루가 되었다.

소년들이 어른이 되자 아버지는 그들에게 각각 말과 개와 칼을 하나씩 주었고 거기에다 사냥용 총을 추가로 하나씩 주었다. 그러나 장남은 가난한 집에서 사는 것에 곧 싫증을 느꼈고 행운을 찾아서 세상에 나가고 싶어했다. 그는 말에 올라타고 개를 데리고 칼과 총을 둘러메고는 가족들에게 인사하고 길을 떠났다. 그는 떠나기 전에 동생들에게 말했다.

"대들보에 매달린 쓸개가 피를 흘리면 내가 죽었거나 변고를 당한 걸 테니 나를 찾으러 와. 안녕."

그리고 나서 장남은 말을 달렸다.

오랫동안 낯선 지방들을 돌아다닌 끝에 장남은 어느 외딴 고장의 큰 도시에 도착했다. 그가 들어가 보니 모든 사람들이 검은 옷을 입고 얼굴에는 슬픔이 가득했다. 그는 한 음식점에 들어가서 탁자에 앉아 음식을 먹으며 주인장에게 왜 모두들 검은 옷을 입고 있는지 물었다. 주인장이 말했다.

"뭐요? 매일 정오에 머리가 일곱 개 달린 용이 다리 위에 나타난다는 것을 모른단 말입니까? 만일 우리가 용이 먹을 소녀를 다리 위에 두지 않으면 용이 도시에 들어와서 수많은 사람들을 먹어 치운단 말입니다. 매일 제비뽑기를 하는데 오늘은 왕의 딸이 뽑혀서 정오에 다리로 가서 용의 먹이가 될 것입니다. 그래서 왕이 포고문을 붙였는데, 거기에 공주를 구출한 자는 그녀를 아내로 맞이하게 될 것이라고 적혀 있습니다."

"공주를 구출하고 도시를 재앙으로부터 해방시킬 사람이 아무도 없다는 말입니까? 나는 강한 칼과 개와 말을 갖고 있소. 갑시다. 나를 왕에게 안내해 주시오."

곧바로 그는 왕을 알현하게 되었고, 자기가 용과 싸우도록 허락해 달라고 말했다. 그러자 왕이 대답했다.

"용감한 젊은이, 자네 이전에도 많은 사람들이 그 일에 도전했지만 비참하게 목숨을 잃고 말았네. 그러나 만약 위험을 무릅쓰고 용을 물리친다면 내 딸과 결혼하여, 내가 죽은 후에 내 왕국을 물려받게 될 것이네."

젊은이는 아무것도 두렵지 않았기에 개와 말을 데리고 다리로 가서 난간에 앉아 있었다.

정확히 정오가 되자 검은 비단옷을 입은 공주가 그녀의 수행원들과 함께 도착했다. 다리 중간에 이르자 수행원들은 울면서 돌아갔고 공주는 홀로 남게 되었다. 공주는 개와 말을 데리고 다리에 앉아 있는 남자를 보고 말했다.

"여기서 무엇을 하고 계신지요? 지금 용이 저를 잡아먹으러 온다는 걸 모르세요? 만약에 용이 당신을 발견한다면 당신도 먹어 버릴 거예요."

그러자 젊은이가 대답했다.

"그래서 제가 여기 온 것입니다. 당신을 구출하고 당신과 결혼하기 위해서요."

공주는 울면서 말했다.

"불쌍한 사람, 빨리 떠나세요. 그렇지 않으면 용은 저 하나만 먹는 것이 아니라 우리 둘 다 먹어 치워 버릴 거예요. 그 용은 온갖 마법을 사용해요. 어떻게 용을 죽이려고 하시는 거죠?"

공주를 보고 사랑에 빠진 젊은이가 말했다.

"당신의 사랑을 차지하기 위해 기꺼이 위험을 무릅쓰겠습니다. 어떻게 될지는 두고 보면 알겠죠."

그들이 이 이야기를 마치자마자 궁전의 시계가 정오를 알렸다. 땅이 요동치기 시작했고 땅에 커다란 구멍이 생겨났다. 그 구멍에서 불꽃과 연기가 쏟아져 나왔고 거기서 머리가 일곱 개 달린 용이 나왔다. 용은 곧바로 일곱 입을 벌리고 공주를 잡아먹기 위해 달려들다가 두 사람을 먹을 수 있다는 것을 알고 기뻐서 쉿쉿 소리를 냈다. 그러나 젊은이도 가만히 있지는 않았다. 그는 말에 올라타고 용을 향해 돌진했고 자신의 개로 하여금 용에게 달려들도록 했다. 그는 칼을 휘둘러서 용의 머리를 하나하나 자른 끝에 머리 여섯 개를 베었다. 그때 용이 잠깐만 쉬었다가 싸우자고 제안했고 젊은이도 즉시 대답했다.

"좋다, 잠깐만 쉬자."

하지만 용이 하나 남은 머리를 땅에 문지르자 잘려 나간 머리 여섯 개가 다시 목에 붙었다. 젊은이는 이 광경을 보고 머리 일곱 개를 모조리 잘라야만 한다는 것을 깨달았다. 그는 용에게 돌진해서 칼을 미친 듯이 휘둘러서 머리 일곱을 모두 잘랐다. 그리고는 각 머리에서 혀를 자른 다음 공주에게 물었다.

"혹시 손수건을 갖고 계십니까?"

공주는 그에게 손수건을 주었고 젊은이는 혀 일곱 개를 손수건에 쌌다. 그런 다음 그는 말에 올라타고 온통 먼지투성이에다가 피로 물든 옷을 갈아입기 위해 여관으로 갔다. 깨끗하고 반듯하게 옷을 입고 왕을 알현하고 싶었기 때문이다.

그 다리 근처의 허름한 집에 매우 교활하고 사악한 광부가 한 명 살았는데 그는 멀리서 용과 젊은이가 싸우는 것을 바라보고 나서 생각했다.

'저 순진한 놈을 좀 이용해야겠군. 용의 머리를 땅바닥에 두고 왕에게 잘 보이려고 옷을 갈아입느라 시간을 낭비하고 있잖아.'

그는 다리 위로 가서 잘린 머리를 주워서 자루에 담았다. 그러고는 용의 피로 얼룩진 단검을 들고서 왕에게 달려가서 말했다.

"전하! 제가 용을 죽인 사람입니다. 이것들은 제가 단검으로 하나하나 벤 머리들입니다. 그러므로 전하, 국왕으로서의 약속을 지키시어 제가 공주와 결혼하도록 해 주십시오."

왕은 그의 추한 얼굴을 보고 기분이 나빴고 이야기를 들어보아도 정황이 분명하지가 않다고 여겼다. 왕은 그 젊은이가 용에게 잡아먹히고 나서 광부가 뒤늦게 나타나서는 이미 지쳐 버린 용에게 마지막 일격을 가했을 것이라고 의심하게 되었다. 하지만 어쨌든 왕이 약속을 번복할 수는 없기에 광부에게 이렇게 말했다.

"만약 네 말대로 된 것이라면 공주는 네 차지로구나. 그녀와 결혼하도록 하라."

그 때 공주는 알현실에서 그 이야기를 듣고, 광부는 거짓말을 하고 있는 것이며 광부가 용을 죽이지 않았다고 소리쳤다. 용을 죽인 것은 다른 청년이며 지금 궁전으로 오는 중이라고 말했다. 그래서 큰 논쟁이 벌어졌지만 광부는 완고한 자세로 자루 속의 머리들을 증거로 제시했다. 왕은 그 증거를 보고 그 사실을 부인할 수 없었다. 그래서 왕은 공주에게 조용히 광부의 신부가 될 준비를 하라고 명령할 수밖에 없었다.

    그 즉시 왕은 국민들에게 그 소식을 알리라고 명령했다. 사흘 동안 궁전에서 큰 연회를 열 것이며 마지막 날에 결혼식이 거행될 것이라고 공포했다. 한편 용을 죽인 청년은 옷을 갈아입고 왕의 궁전으로 갔다. 그러나 궁전의 대문에서 경비병들이 그를 들여보내려고 하지 않았다. 바로 그 순간에 그는 포고인이 광장을 향해서 공주와 광부가 결혼할 것이라고 선포하는 것을 듣게 되었다. 젊은이는 강력하게 항의하며 왕을 만나도록 들여보내 달라고 부탁했다. 경비병들은 꼼짝도 하지 않았으며 그의 말조차 귀담아 듣지 않았다. 그때 광부가 나타나서 무력을 써서라도 그 젊은이를 강제로 쫓으라고 말했다. 불쌍한 젊은이는 분을 삭이며 떠날 수밖에 없었다. 그는 여관으로 돌아와서 어떻게 하면 그 결혼을 막고 이 사기 행각을 폭로하고 자신이 용을 죽인 사람임을 증명할지 곰곰이 생각했다.

    궁전에는 호화로운 식탁이 차려지고 모든 귀족들이 초대되었다. 광부는 벨벳으로 된 옷을 입고 공주의 곁에 있었는데 그는 키가 작았으므로 엉덩이 밑에 방석을 일곱 개나 깔았다.

    여관에 있던 젊은이는 생각에 생각을 거듭한 끝에 그의 발 밑에 웅크리고 있던 개에게 말했다.

    "자, 피도야. 궁전으로 뛰어 올라가라. 외롭게 있는 공주한테 가서 그녀를 즐겁게 해 주어라. 식사를 시작하기 전에 식탁을 엎어 버리고 도망쳐라. 잡히지 않게 조심하고."

주인의 말을 알아들은 그 개는 궁전으로 달려가서 공주의 무릎으로 뛰어올라 멍멍 짖으며 그녀의 손과 얼굴을 마구 핥았다. 그녀는 개를 알아보고는 매우 즐거워했다. 개를 쓰다듬으며 자신을 구해준 사람이 어디에 있는지 귀에다 대고 물었다. 그러나 광부가 그 모습을 보고는 의심을 품었고 개를 쫓아 버리고 싶어했다. 식사가 시작되어 스프가 나오자 개는 식탁보의 가장자리를 물고 아래로 잡아당겼다. 식탁보 위에 있던 모든 게 떨어졌으며 깨진 접시 조각들이 사방으로 튀었다. 그런 다음 개는 계단으로 달려갔지만 아무도 개를 따라잡을 수 없었으며 어디로 갔는지도 알 수가 없었다. 연회 참가자들 사이에서는 한바탕 소동이 일어났다. 그들은 연회를 중단해야 했으며 그 사건에 대한 소문이 삽시간에 널리 퍼졌다.

두 번째 연회가 열리자 젊은이가 개에게 말했다.

"자, 피도야. 달려가서 어제와 똑같이 하고 와라."

공주는 개를 다시 보게 되자 즐거워서 웃음을 지었다. 그러나 광부는 불안했고 의심이 들어서 개를 쫓고 싶은 마음뿐이었다. 그러나 공주가 온 힘을 다해 개를 보호했다. 광부는 속으로 앙심을 품었지만 감히 그녀에게 대들 수가 없었다. 이번에도 역시 식탁에 스프가 올라오자 개가 재빠르게 식탁보를 물어 당겨서 모든 것을 땅에 떨어뜨리고는 바람보다 더 빨리 도망쳤다. 경비병들과 하인들이 뒤를 쫓았지만 숨이 차서 개를 놓치고 말았다.

세 번째 연회가 열리자 젊은이가 개에게 말했다.

"자, 피도야. 달려가서 이제까지 한 것처럼 해라. 그러나 이번에는 사람들이 너를 따라 내가 있는 곳으로 오도록 해라."

개는 지시한 대로 행했으며 경비병들이 개를 따라 젊은이의 방

●──젊은이는 커다란 혀를 꺼냈다.

으로 왔다. 그는 체포되어서 왕에게로 끌려갔다. 왕은 그를 알아보았다.

"그대는 용으로부터 내 딸을 구하고 싶어했던 사람이 아닌가?"

"예, 전하, 그러하옵니다. 제가 그녀를 구했습니다."

그 말을 듣고는 광부가 큰 소리로 외쳤다.

"사실이 아닙니다! 제가 제 손으로 용을 죽였습니다. 제가 용의 머리 일곱 개를 가지고 온 것을 보면 아실 수 있지 않습니까!"

광부는 머리를 왕의 발 앞에 꺼내놓았다.

젊은이는 침착하게 왕을 바라보며 말했다.

"그는 머리를 가지고 왔습니다만 저는 무게를 가볍게 하려고 혀만 가지고 왔습니다. 이 머리 일곱 개에는 혀가 달려 있습니까?"

왕이 젊은이의 말을 듣고 용의 머리를 살피니 혀가 달려 있지 않았다. 이제 젊은이는 주머니에서 혀를 싼 손수건을 꺼냈다. 그리고 어떻게 된 일인지 상세하게 설명했다. 그러나 광부는 승복하려 들지 않았다. 그는 혀가 그 자리에 달려 있었던 것을 확인하기 위해 크기를 대 보자고 요구했다. 혀는 모두 제가 달려 있던 자리에 잘 맞았다. 광부는 화가 나서 그가 깔고 앉아 있던 방석 일곱 개 중 하나를 던지고는 탁자 밑으로 기어 들어가더니 도망쳐 버렸다. 그러나 곧 잡혔고, 광장에서 교수형을 당했다.

왕과 신부와 손님들은 모두 기뻐하며 식탁에 앉아서 파티를 열었다. 그리고 결혼식도 마쳤다. 밤이 되자 모두 잠자리에 들었다.

날이 밝자 청년은 자리에서 일어나서 창문을 열었는데 정면에 커다란 숲이 보였다. 그 숲은 새들로 가득 차 있었다. 청년은 사냥하러 그 숲에 가고 싶었다. 아내가 그에게, 그곳은 마법의 숲이며 한 번 들어간 사람은 다시는 돌아오지 못했으므로 거기에 가지 말라고 부탁했다. 그러나 젊은이는 위험하다는 말을 들을수록 더 도전해 보고 싶었다. 그는 말을 타고, 개를 데리고, 칼과 총을 메고 사냥을 떠났다.

그가 많은 새를 잡았을 때 폭풍우가 치기 시작했다. 세상에 종말이 온 것처럼 번개가 번쩍이고 천둥이 쳤으며 비는 통으로 퍼붓는 것처럼 쏟아졌다. 젊은이는 흠뻑 젖었고 밤이 되어 길까지 잃었다. 그런데 저만치에 동굴이 보여서 그곳으로 피신했다.

동굴 속에는 하얀 인물상(像)들이 가득했다. 모두 각기 다른 포즈를 취하고 있었다. 그러나 젊은이는 피곤하고 몸도 흠뻑 젖어서 그것들에 신경을 쓰지 않았다. 그는 마른 장작을 모아서 부싯돌로 불을 붙인 다음 옷을 말리고 그가 잡은 새들을 꺼내 요리했다.

잠시 후 한 노파가 동굴로 피신해 들어왔다. 노파는 흠뻑 젖어서 이를 부딪치며 젊은이에게 불을 쬐게 해 달라고 부탁했다.

"이쪽으로 오세요, 할머니. 저와 함께 불을 쬐십시오."

노파는 거기에 앉아서 젊은이에게 새 구이에 뿌릴 소금을 주고, 말에게는 밀기울을, 개에게는 뼈를 주었고 칼에 기름칠을 할 수 있도록 기름도 주었다. 그러나 소금 뿌린 새 구이를 먹은 젊은이, 밀기울을 먹은 말, 뼈를 핥던 개, 기름이 칠해진 칼 모두 그 자리에 굳은 채 소금 상으로 변했다.

공주는 남편이 돌아오지 않자 그가 죽었을 것이라고 생각했고 왕은 괴로워하며 모든 시민들이 상복을 입도록 명령했다.

한편 첫째가 떠난 이후로 어부의 집에서는 아버지와 동생들이 매일 대들보에 매달린 쓸개를 살펴보았다. 어느 날 쓸개에서 쏟아지는 피로 부엌이 피바다가 되었다. 그러자 둘째가 말했다.

"형이 죽었거나 변고를 당했군. 제가 찾으러 가야겠어요. 안녕."

그는 말에 올라탄 다음, 개를 데리고 칼과 총을 메고서 전속력으로 달려갔다.

그는 지나가는 곳마다 형에 대해 사람들에게 물었다.

"저와 닮은 사람을 보셨습니까?"

그러면 모든 사람들이 웃으며 대답했다.

"오, 저런! 당신이 저번의 그 사람과 같은 사람 아니오?"

그렇게 해서 둘째는 형이 거기로 지나갔다는 것을 알 수 있었고 그 길로 계속 나아갔다. 그가 왕의 도시에 도착했을 때 온통 검은 옷을 입은 사람들이 그를 보고는 매우 놀라며 그를 에워싸고는 말했다.

"왕자님이다! 왕자님이 무사해! 만세! 우리 왕자님 만세!"

그는 왕에게 인도되었고 왕과 궁정의 신하들과 공주까지 그를 장남인 줄 알고 기뻐했다. 왕이 둘째에게 끊임없이 꾸중을 하자 둘째는 자기 형 행세를 하기로 마음을 먹었다. 그리고 왕에게 용서를 구하고 공주와도 화해했다. 그리고 그는 계속해서 질문에 대답하고 정황을 살피며 형이 눈앞의 공주와 결혼을 했고 실종되었다는 것을 모두 알게 되었다.

밤이 되어 가자, 둘째는 칼을 꺼내 침대 가운데 놓고 공주에게 떨어져서 자자고 말했다. 공주는 이유를 이해할 수가 없었지만 침대 한 쪽에서 잠이 들었다.

새벽이 되자 둘째가 일어나서 창문을 열고, 그 앞에 있는 숲을 보며 말했다.

"저기서 사냥을 하고 싶군."

그러자 공주가 말했다.

"겨우 위험을 모면하고 돌아오더니 또 저를 걱정시켜서 괴롭힐

셈인가요? 지난번에 한 것으로 충분하잖아요."

그러나 둘째는 공주의 말에 귀를 기울이지 않고 말과 개를 데리고 칼과 총을 가지고 떠났다.

첫째에게 일어났던 일이 그에게도 그대로 일어났으며 그도 동굴 속에서 소금 상으로 변했다. 공주는 그가 돌아오지 않자 이번에는 정말로 죽은 것이라고 생각했고 왕은 다시 모든 시민들에게 상복을 입으라고 명령했다.

한편 어부의 집에서는 대들보에 매달린 쓸개에서 또 피가 쏟아져서 부엌이 피바다가 되었다. 막내는 가만히 있지 않고 형들을 찾기 위해 말과 개를 데리고 칼과 총을 가지고 전속력으로 달려갔다. 그도 지나가는 길에 사람들에게 물었다.

"저와 똑같은 젊은이 둘이 여기로 지나가지 않았습니까?"

그러면 사람들이 이렇게 대답했다.

"당신 정말 재미있군요! 항상 같은 것만 물어보니 말이에요? 그 사람들이 당신이 아니었어요? 미친 사람 같아!"

그렇게 해서 막내는 옳은 길로 가고 있다는 것을 알았으며 그 도시에 도착하자 죽었던 사람이 살아 돌아온 것처럼 열렬한 환영을 받았다. 왕과 공주와 궁정의 신하들은 모두 그를 그의 큰형으로 생각했다. 그도 또한 저녁이 되자 침대 가운데에 칼을 놓고 공주와 따로따로 잠을 잤다. 아침이 되어 창가에서 숲을 보고는 그가 말했다.

"저 숲에 사냥하러 가겠소."

공주는 절망에 빠졌다.

"그렇게 죽으러 가고 싶어요? 당신이 나를 얼마나 사랑하는지 알겠군요! 저는 매번 무서워서 죽을 것 같단 말이에요!"

그러나 막내는 형들을 찾으러 가고 싶어 지체없이 길을 떠났다.

그도 또한 폭풍우를 피해서 동굴로 들어갔는데 거기에 있는 인물상들을 하나하나 살펴본 끝에 소금이 된 형들을 알아보았다. 그는 생각했다.

'여기에는 뭔가 술수가 있을 거야. 정신을 바짝 차려야겠어.'

그가 불을 지펴서 새를 굽고 있는데 노파가 나타나서 항상 그랬듯이 불 좀 쬐어도 될지 물었다. 그러나 젊은이는 노파를 노려보며 말했다.

"꼼짝마, 이 추악한 마녀야. 가까이 다가오지 마."

노파는 그러한 반응에 당황한 모습으로 눈물을 글썽이며 말했다.

"이웃 사람에 대한 동정심도 없군요. 이제껏 당신이 더 좋은 저녁 식사를 할 수 있게 해 드렸잖아요. 새 구이를 더 맛있게 드시라고 소금을 드리고 말에게는 밀기울을 주고 개에게는 뼈를 줬잖아요. 그리고 무기가 녹슬지 않도록 바르는 기름까지도 드렸잖아요."

그때 젊은이가 말했다.

"교활한 노파 같으니, 나에게는 안 통해!"

그는 노파를 땅에 쓰러뜨리고 못 움직이게 무릎으로 눌렀다. 그리고 왼손으로 목을 조르고 오른손으로는 칼을 빼서 목에 대고 꾸짖듯 말했다.

"이 파렴치한 마녀야! 내 형들을 되돌려 놓겠느냐, 아니면 지금 당장 목이 잘리겠느냐!"

노파는 자기는 지금까지 아무에게도 나쁜 짓을 하지 않았다고 항변했지만 젊은이는 더욱 목을 세게 졸랐다. 결국 노파는 자기가 마법을 걸었다고 모두 털어놓았으며 자기 목숨을 살려 주면 시키는 대로 하겠다고 약속했다. 노파는 인물상에 다시 생명을 불어넣을 수 있는 약병을 주머니에서 꺼냈다. 젊은이는 노파를 풀어 주었지만 다른 생각을 못하도록 허리에 칼을 대고는 소금 상들에 약을 바르도록 했다. 소금이 된 사람들은 한 명씩 한 명씩 살아 있는 사람으로 돌아왔으며 동굴은 사람들로 가득 찼다. 잠시 후 형제들이 모두 만나게 되었고 기쁨에 차서 서로를 껴안았다. 그리고 다른 모든 사람들도 막내에게 뭐라고 감사해야 할지 모를 정도로 고마워했다. 한바탕 소동 속에서 마녀는 몰래 도망가려고 했으나 삼형제가 그것을 눈치 채는 바람에 잡히고 말았다. 삼형제는 마녀를 가차없이 죽였다. 숲의 마법이 풀렸다. 첫째는 죽은 사람을 살려내는 약병을 가지고 왔다.

왕의 도시로 돌아오는 길에 마법에서 풀려난 사람들은 서로 대화를 나누었고 삼형제도 그간 어떤 일이 있었는지에 대해 이야기했다. 그런데 장남은 두 동생들이 자기가 있던 성에서 자신인 척하고 공주와 같은 침대에서 잤다는 말에 질투심에 사로잡혀 그만 경솔하게 칼을 뽑아 동생들을 죽였다.

그러나 그러한 짓을 한 후 이내 양심의 가책이 느껴졌다. 그는 칼로 자신의 목을 찔러 죽으려고 했다. 하지만 주변의 다른 사람들이 그를 저지했다. 그때 그는 약병을 기억해 내고는 죽은 동생들의 상처에 약을 부었다. 그러자 동생들은 건강하게 일어섰다. 장남은 매우 기뻐하면서 용서를 빌었고 동생들은 형이 오해를 한 거라며 자신들은 공주와 한 침대에서 자긴 했지만 칼을 침대 가운데에 놓고 따로 잤다고 말했다.

그들은 계속 걸어서 왕의 궁전에 도착했다. 공주는 큰 소리로 울고 있다가 형제들이 자신을 부르자 울음을 뚝 그쳤지만 세 명 중에 누가 자신의 남편인지 몰라서 혼란스러웠다. 장남은 자기가 그녀의 남편이라고 밝히고, 동생들을 소개했다. 왕은 사위의 두 동생들을 마법에서 풀려난 귀족의 딸들과 결혼시키고 그들을 궁정 신하로 임명하였으며 늙은 어부 부부도 궁전으로 와서 살도록 했다.
　(몬탈레 피스토이에제)

원숭이 궁전

 옛날에 한 왕이 살았는데 그에게는 조반니와 안토니오라는 쌍둥이 아들이 있었다. 그런데 아무도 그들 중에 누가 먼저 태어났는지를 몰랐기 때문에 왕도 그들 중 누구에게 왕국을 물려주어야 할지 판단할 수 없었고 궁전에서는 권력 다툼이 일어났다. 왕은 아들들에게 말했다.
 "공정한 판단을 위해서 과제를 주겠다. 너희들은 세상을 여행하며 아내로 삼을 여자를 찾도록 해라. 가장 훌륭하고 희귀한 선물을 지참금으로 해 오는 신부를 찾은 사람에게 왕위를 물려주겠다."
 그래서 쌍둥이는 말을 타고 각각 다른 길로 떠났다.
 이틀 후 조반니는 큰 도시에 도착했다. 그는 어느 후작의 딸을 만나서 자기의 처지와 선물에 대해 말했다. 그녀는 왕에게 가져갈 선물이 담긴 봉인된 상자를 그에게 주었다. 그녀와 조반니는 공식적으로 약혼했다. 조반니에게서 상자를 받은 왕은 그 상자를 열지 않고 안토니오의 신부가 가져올 선물을 기다렸다.

안토니오는 계속해서 말을 달렸지만 도시가 나타나지 않았다. 그는 울창하고 광대한 숲으로 들어섰다. 길이 따로 나 있지 않아서 칼로 가지를 치면서 앞으로 나아갔다. 그런데 갑자기 그의 앞에 풀밭이 펼쳐졌고 그 가운데에 반짝이는 유리창이 달린 대리석 궁전이 나타났다.

안토니오는 문을 두드렸다. 그러자 문이 열렸다. 그에게 문을 열어준 것은 바로 원숭이였다. 원숭이는 집사의 제복을 입고 있었으며 그에게 절을 하더니 안으로 들어오라고 손짓했다. 다른 원숭이 두 마리가 그가 말에서 내리는 것을 도와주고 말의 고삐를 잡아 마구간으로 데리고 갔다.

안토니오가 궁전으로 들어가서 카펫으로 덮인 대리석 계단을 올라가는데 난간 손잡이에 수많은 원숭이들이 앉아서 안토니오에게 조용히 경의를 표했다. 안토니오는 카드 놀이를 할 수 있도록 모든 준비를 해 둔 탁자가 놓인 방으로 들어갔다. 원숭이 한 마리가 그를 안내하여 자리에 앉혔고 다른 원숭이들은 그의 옆에 앉았다. 안토니오는 원숭이들과 함께 카드 놀이를 하기 시작했다.

어느 정도 시간이 흐르자 원숭이들은 그에게 배고프지 않느냐는 몸짓을 해 보였다. 그는 식당으로 안내되었고 화려한 식탁과 산해진미를 보았다. 식탁 곁에 유니폼을 입은 원숭이들이 시중을 들기 위해 서 있었다. 식사에 초대된 원숭이들은 모두 깃털로 장식한 모자를 쓰고 있었다. 식사가 끝나고, 원숭이들은 횃불을 들고 앞장서서 안토니오를 침실로 안내했다.

안토니오는 그날 겪은 일들이 너무 놀라워서 경계심이 들었지만 매우 피곤했기 때문에 곧 잠이 들었다. 그런데 안토니오가 달콤하게 잠을 자고 있을 때 어둠 속에서 그를 부르는 목소리가 들렸다.

안토니오는 잠에서 깨어났다.

"안토니오."

"누구시죠?"

"안토니오, 무슨 일로 여기까지 왔습니까?"

"저는 신부를 찾고 있습니다. 제가 왕위를 물려받기 위해서는 제 형제 조반니가 데려온 신부가 가져온 선물보다 더 훌륭한 선물을 왕에게 바칠 수 있는 신부를 찾아야 합니다."

"안토니오, 만약 저와 결혼하신다면 가장 아름다운 선물을 드리겠어요. 물론 당신이 왕이 되시겠지요."

그 말에 안토니오는 가느다란 목소리로 대답했다.

"그래요? 그렇다면 당신과 결혼하겠습니다."

"좋아요. 내일 당신의 아버지에게 편지를 부치도록 하세요."

다음 날 안토니오는 아버지에게, 자기는 잘 지내고 있으며 신부와 함께 돌아갈 것이라는 내용의 편지를 썼다. 그는 그것을 어떤 원숭이에게 주었고 그 원숭이는 나무를 타고 왕의 궁전에 도착했다. 왕은 이 기이한 우편 배달부를 보고 놀랐다. 그는 안토니오의 희소식을 듣고는 기뻐하며 원숭이가 궁전에 머물도록 했다.

다음날 밤이 되어 안토니오는 다시 어둠 속에서 들리는 목소리 때문에 잠에서 깨어났다.

"안토니오, 아직도 저와 결혼할 마음에 변함이 없나요?"

"전혀 변함이 없습니다."

"좋아요! 내일 당신의 아버지에게 편지를 한 통 더 부치세요."

다음 날 안토니오는 아버지에게 잘 지내고 있다는 편지를 다시 써서 원숭이에게 가져가도록 했다. 왕은 이 원숭이도 궁전에 머물도록 했다.

그렇게 매일 밤 어둠 속에서 들리는 목소리가 안토니오에게 자신과 결혼할 생각인지 되풀이해 묻고는 편지를 쓰라고 했다. 그리고 매일 원숭이 한 마리가 편지를 가지고 왕에게 갔다. 이렇게 한 달이 지나자 어느덧 왕의 도시에 원숭이가 우글댔다. 나무 위, 지붕 위, 유적 위 할 것 없이 온통 원숭이였다. 구두공은 어깨 위에 노래하는 원숭이를 올려놓은 채 구두에 못을 박았으며 외과 의사는 자신에게 수술용 칼과 상처를 꿰매는 실을 가져다 주는 원숭이들과 함께 수술을 했다. 부인들이 산보를 나갈 때는 양산 위에 원숭이가 앉아 있었다. 왕은 어찌 해야 할지 몰랐다.

한 달이 지나자 어둠 속의 목소리가 드디어 이렇게 말했다.

"내일 왕에게 함께 가서 결혼하도록 해요."

아침이 되어 안토니오가 문으로 내려오니 문 앞에 매우 아름다운 마차가 한 대 있었다. 마부석에 앉아 있는 마부는 원숭이였으며 마차 뒤에 매달려 있는 시종들도 원숭이였다. 마차 안에는 보석으로 장식된 벨벳 쿠션 위에, 커다란 타조 깃털로 머리를 장식한 원숭이가 앉아 있었다. 안토니오는 그 옆에 앉았고 마차는 안토니오의 도시를 향해 출발했다.

도착했을 때 사람들은 지금껏 본 적이 없는 마차 주위에 한 줄로 서서, 원숭이를 신부로 맞이한 안토니오 왕자를 보고는 경악했다. 모든 사람들은 궁전의 계단에 서서 아들을 기다리고 있는 왕이 어떤 표정을 짓는지 쳐다보았다. 왕은 사람들이 생각한 것처럼 이상한 표정은 아니었다. 그는 원숭이와 안토니오가 결혼하는 것이 세상에서 가장 자연스러운 일인 것처럼 눈도 깜짝하지 않았다. 다만 이렇게 말했을 뿐이다.

"너는 네가 선택한 사람과 결혼해야 한다. 왕의 말은 번복될 수 없다."

그리고 왕은 조반니의 신부로부터 선물을 받았듯이 원숭이로부터 봉인된 상자를 받았다. 그 상자들은 다음날, 결혼식이 거행될 때 개봉될 예정이었다. 원숭이 신부는 그녀의 방으로 안내된 다음 혼자 있고 싶어했다.

다음 날 안토니오가 신부를 데리러 갔다. 원숭이 신부는 거울 앞에서 신부복을 입어보고 있다가 말했다.

"당신 마음에 드는지 보세요."

원숭이는 그렇게 말하며 몸을 돌렸다. 안토니오는 말없이 서 있다가 깜짝 놀랐다. 원숭이가 한바퀴 몸을 돌리자, 바라보기만 해도 행복해질 정도로 예쁘고 키가 크고 건강한 금발의 아가씨로 변했기 때문이다.

왕자는 믿을 수가 없어 눈을 비볐다. 그러자 그녀가 말했다.

"제가 바로 당신의 신부예요."

그리고 그들은 서로 포옹했다.

궁전 밖에 원숭이와 결혼하는 안토니오 왕자를 보기 위해 수많은 군중이 몰려왔다. 그런데 왕자와 팔짱을 끼고 나오는 신부가 매우 아름다운 소녀인 걸 보고 사람들은 입을 다물지 못했다. 조금 떨어진 곳에서는 길을 따라 모든 원숭이들이 가지와 지붕과 창턱 위에서 양쪽으로 줄지어 있었다. 왕자와 신부가 지나가자 원숭이들도 빙그르르 돌더니 사람으로 변했다. 어떤 원숭이는 망토를 걸친 귀부인으로, 어떤 원숭이는 깃털 장식과 단검을 가진 기사로, 또 어떤 원숭이들은 수도사와 농부와 하인들로 변했다. 모든 사람들이 결혼식에 참석하기 위해 왕자와 신부를 따라갔다.

왕이 선물로 받은 상자들을 열었다. 조반니의 신부가 가져온 상자를 열자 살아서 날아다니는 작은 새가 한 마리 있었는데 그 오랜 시간 동안 그 속에 갇혔던지라 그때까지 살아 있다는 것 자체가 기적이었다. 그 새는 부리에 호두를 물고 있었는데 그 호두 속에는 금덩이가 들어 있었다.

안토니오의 신부가 가져온 상자를 열자 거기에도 살아 있는 새가 있었다. 새의 입 안에는 도마뱀이 한 마리 있었는데 어떻게 거기서 살 수 있었는지 도무지 알 수가 없었다. 그리고 도마뱀의 입 안에는 개암이 있었는데 그것이 어떻게 도마뱀의 입에 들어 있는지도 알 수 없었다. 개암을 열어 보니 그 속에는 팔찌 백 개의 모양이 수놓인 얇은 비단 망사가 잘 접혀서 들어 있었다.

왕이 안토니오가 후계자가 되었다고 선포하려 하자 조반니의 표정이 어두워졌다. 그러나 왕이 말을 하기 전에 안토니오의 신부가 말했다.

"안토니오는 다른 왕국이 필요하지 않습니다. 그는 제가 지참금으로 가져온 왕국에 가서 왕이 될 겁니다. 안토니오 왕자가 저와 결혼함으로써, 제 국민들을 원숭이로 만들었던 마법도 풀렸습니다."

원숭이에서 사람으로 돌아온 사람들은 그들의 왕인 안토니오에게 환호를 보냈다. 조반니는 아버지의 왕국을 물려받았고 두 형제는 사이좋게 살았다.

(몬탈레 피스토이에제)

현명한 소녀 카테리나

한 농부가 포도밭에서 괭이질을 하다가 단단한 물체를 찍은 듯한 느낌을 받았다. 그는 몸을 굽혀서 흙을 파내고 아름다운 절구를 하나 캐 내었다. 농부는 그것을 들어올려서 겉에 묻은 흙을 모두 떼고 그것이 순금 절구라는 걸 알았다.

"이것은 왕의 물건이야! 이것을 왕에게 가져가면 나에게 선물을 주겠지!"

그는 집으로 가서 딸인 카테리나에게 금 절구를 보여 주며 그것을 왕에게 선물하겠다고 말했다.

"좋아요, 좋아. 물론 그렇게 해야겠죠. 그러나 그것을 왕에게 가져가면 왕은 무엇인가 모자란다고 불평하며 그것을 아버지 책임으로 돌릴 거예요."

"뭐가 모자란다는 거냐? 도대체 왕이 나에게 불평할 일이 뭐가 있겠니?"

그러자 카테리나가 대답했다.

절구는 훌륭하고 아름답다.
그런데 절구공이는 어디 둔 게냐?
이 천한 농부야.

농부는 어깨를 움찔하며 말했다.
"어떻게 왕이 그런 식으로 말을 할 것이라고 생각할 수 있느냐! 왕이 너처럼 분별없는 사람인 줄 아느냐?"
농부는 절구를 들고 왕의 궁전으로 갔다. 경비병들은 그를 들여보내지 않으려고 했다. 그가 놀랄 만한 선물을 왕에게 바치려고 왔다고 말하자 경비병들은 그제야 그를 왕에게 데려갔다.
"전하, 제 포도밭에서 이 순금 절구를 발견했습니다. 저에게는 이것이 궁전에 있어야만 어울릴 물건으로 보여서 전하께 선물로 가져왔습니다. 기쁘게 받아 주십시오."
왕은 그 절구를 손에 들고 돌려보며 관찰했다. 그러고는 고개를 저으며 농부에게 말했다.

절구는 훌륭하고 아름답다.
그런데 절구공이는 어디 둔 게냐?

전부 카테리나가 말한 대로였다. 다만 왕은 교양 있는 사람이었기 때문에 '천한 농부'라고 하지 않았을 따름이었다. 농부는 자기도 모르게 한 손으로 이마를 치며 말했다.
"아, 이런! 그 애가 예견한 대로잖아!"
"누가 뭘 예견했다는 것이냐?"
"죄송합니다. 제 딸애가 저에게 전하께서 절구공이를 찾으실 거라고 말했는데 저는 그 말을 귀담아 듣지 않았습니다."

"너의 딸은 예리한 지성을 갖고 있구나. 얼마나 똑똑한지 시험해 보고 싶다. 이 삼실〔大麻絲〕을 받아라. 딸에게 가서 이 삼실로 한 개 부대의 병사들이 입을 옷을 만들라고 하여라. 빨리 만들어 와야 한다."

그 명령을 듣고 농부는 꼼짝할 수 없었다. 그러나 왕의 명령에 토를 달 수는 없었다. 그는 삼실이 포장된 꾸러미를 들고 왕에게 절을 하고는 절구를 궁전에 놓아둔 채 아무런 상금도 받지 못하고 집으로 돌아왔다.

농부가 카테리나에게 말했다.

"내 딸아, 너에게 매우 불행한 일이 닥쳤구나."

그러면서 그는 왕이 명령한 것을 말해 주었다. 그러자 카테리나가 말했다.

"걱정하지 마시고 여기 꺼내 보세요."

그녀는 삼실을 잡고 흔들기 시작했다. 아무리 솜씨 좋은 장인이 빗질한 삼실이라고 해도 삼실 속에는 항상 가시가 들어 있다는 것을 그녀는 알고 있었다. 삼실에서 거의 보이지 않을 정도로 작은 가시 세 개가 땅에 떨어졌다. 카테리나는 그것을 주워서 아버지에게 말했다.

"이것을 가져가세요. 저를 대신해서 전하께 말씀해 주세요. 이 삼실로 옷을 만들어 드릴 수 있지만 제게 베틀이 없기 때문에 이 가시 세 개로 저에게 베틀을 만들어 주셔야 말씀하신 대로 할 수 있다고 말이에요."

농부는 왕에게 가서 그런 말을 할 용기가 나지 않았지만 카테리나가 계속 재촉했기 때문에 결국 가기로 결심했다.

왕은 농부의 말을 듣고 카테리나가 얼마나 영리한지를 알고는 기뻐했다. 그리고 그녀를 만나고 싶어했다.

"너의 딸은 정말 똑똑하구나! 그녀를 내 궁전으로 보내라. 그녀와 대화를 좀 나누고 싶다. 그러나 이 점을 명심해라. 그녀가 나를 만나러 올 때는 옷을 벗어서도 입어서도 안 되고, 밥을 굶고 와도 배불리 먹고 와도 안 되며, 낮에 와서도 밤에 와서도 안 되고, 걸어 와서도 짐승을 타고 와서도 안 된다. 이 점을 모두 정확히 지키지 않을 시에는 너희 둘 다 목이 달아날 줄 알아라."

농부는 거의 죽은 듯한 모습으로 집으로 돌아왔다. 그러나 그의 말을 전해 들은 딸은 아무것도 아니라는 듯이 말했다.

"제게 맡기세요. 저에게 고기 잡는 그물 하나만 구해 주시면 돼요."

아침이 되어 동이 트기 전에 카테리나는 자리에서 일어나서 그물을 몸에 걸쳤다. 그래서 벗은 것도 아니고 입은 것도 아니었다. 또 동물에게 사료로 먹이는 루핀 풀을 먹었다. 그래서 굶은 것도 아니고 배불리 먹은 것도 아니었다. 염소에 올라타고는 한쪽 발만 땅에 디딘 채 갔다. 그래서 걷는 것도 아니고 짐승을 탄 것도 아니었다. 이러한 이상한 모양새를 하고서 날이 밝아올 무렵에 왕의 궁전에 도착했다. 낮도 아니고 밤도 아니었다. 경비병들은 그녀를 미친 여자로 취급하며 들여보내지 않았다. 그러나 곧 그것이 왕의 명령에 따르는 것임을 알고는 그녀를 알현실로 안내했다.

"전하, 전하의 분부대로 여기에 왔습니다."

왕은 웃음이 터져 나오는 것을 참을 수가 없었다. 왕이 말했다.

"영리한 카테리나야! 너는 바로 내가 찾던 소녀다. 이제 나는 너와 결혼을 할 것이고 너는 왕비가 될 것이다. 그러나 한 가지 조건이 있다. 잘 기억하도록 해라. 그 조건이란 네가 내 업무에 간섭해서는 안 된다는 것이다."

왕이 이런 조건을 내건 것은 왕도 카테리나가 자신보다 더 영리한 것을 알았기 때문이었다.

그 소식을 듣고서 농부가 말했다.

"만일 왕이 너를 신부로 맞아들이고 싶어한다면 나로서는 반대할 이유가 없다. 그러나 너는 왕이 내건 조건에 주의하도록 해라. 왕은 이랬다저랬다 하는 사람이니까. 여하튼 네 옷들을 옷걸이에 계속 걸어놓으마. 만약 집으로 돌아와야 하는 경우가 생긴다면 다시 그 옷들을 입으면 될 거야."

그러나 카테리나는 마냥 기쁘기만 했다. 결혼식은 거국적인 축제를 며칠 동안 열고서야 거행되었다. 많은 사람이 모였고 왕이 있는 도시에 커다란 시장이 열렸다. 숙박할 곳을 찾지 못한 농부들은 광장에서 잠을 잤으며 심지어 궁전의 창문 아래에서도 잠을 잤다.

어느 농부가 새끼를 밴 암소를 팔러 왔는데 밤 동안에 소를 넣어둘 만한 외양간을 찾을 수가 없었다. 여관 주인은 그에게 소를 현관 입구에 있는 다른 농부의 마차 굴레에 묶으라고 말했다. 그날 밤에 암소는 송아지를 낳았다. 아침이 되자 송아지를 본 암소의 주인은 매우 기뻐하며 가축 두 마리를 몰고 가려고 했다. 그러나 마차의 주인이 밖으로 뛰어나오며 큰 소리로 외쳤다.

"암소는 당신 거야. 그건 좋아. 하지만 송아지는 두고 가. 그건 내 거니까."

"어떻게 당신 거요? 지난밤에 송아지를 낳은 것은 내 암소잖아?"

그러자 마차 주인이 대꾸했다.

"그게 아니지. 암소는 마차에 묶여 있었고 그 마차는 내 것이야. 그러므로 송아지는 내가 가져야 돼."

두 사람의 말다툼이 끝나지 않았다. 사실 그들이 하는 말은 처음과 별로 차이가 없었지만 그 둘은 마차의 버팀목을 잡고서 서로 설득하지도 못할 말을 계속했다. 소동이 일어나자 사람들이 모였고 순찰병들도 달려왔다. 순찰병들은 그 둘을 떼어 놓고 즉시 왕의 법정으로 데려갔다.

이 도시에서는 법정에 왕비도 참석해서 자신의 의견을 말하는 것이 관례였다. 그러나 카테리나는 번번이 왕의 판결에 반대하는 의견을 보여서 왕은 화가 났다.

"나는 당신에게 국가의 일에 대해 관여하지 말라고 충고했소. 지금부터는 법정에 들어오지 마시오."

그렇게 해서 농부들이 법정에 출두했을 때 그들 앞에는 왕 혼자 앉아 있었다.

두 사람의 변론을 모두 들은 후 왕이 판결을 내렸다.

"송아지는 마차 주인 것이다."

암소의 주인은 그 불공정한 판결에 승복할 수 없었지만 왕에게 항의할 수 없었다. 왕의 명령은 신성한 것이라고들 했다.

여관 주인은 풀이 죽은 농부를 보더니 왕비에게 가서 탄원하면 해결책을 줄 것이라고 조언했다.

농부는 궁전으로 가서 시종에게 접근했다.

"죄송합니다만 왕비님과 잠깐 이야기할 수 있겠습니까?"

"그건 불가능합니다. 왕께서 왕비님이 사람을 만나지 못하도록 알현을 금지시켰어요."

그래서 농부는 궁전의 정원 담장 주위를 서성이다가 왕비가 보이자 담장을 뛰어넘었다. 그는 왕비의 앞에서 울음을 터뜨리며 왕에게 불공정한 판결을 받았다고 말했다. 왕비가 말했다.

"내가 조언을 해 드리지요. 전하께서 내일 성문 밖으로 사냥을 나가실 것입니다. 거기에는 이 계절에 물 한 방울 없이 말라 버리는 호수가 있어요. 그 호수에서 당신은 어부들이 허리에 차는 조롱박을 달고, 그물을 손에 들고서 물고기를 잡는 시늉을 하세요. 전하는 마른 호수에서 고기를 잡으려는 당신을 보고는 처음에는 웃겠지만 그 다음에는 왜 물이 없는 곳에서 고기를 잡는지 물으실 것입니다. 그러면 당신은 '전하, 만일에 마차가 송아지를 낳을 수 있다면 저도 마른 호수에서 고기를 잡을 수 있을 것입니다.'라고 대답하세요."

다음 날 아침에 농부는 허리에 조롱박을 달고 손에는 그물을 들고 물 없는 호수로 갔다. 그는 호숫가에 앉아서 그물을 던졌다가 끌어올려서 그물 안에 고기가 있는지 살펴보았다. 왕이 수행원들을 데리고 지나가다가 그를 보고는 웃으면서 그에게 왜 바보 같은 짓을 하는지 물었다. 농부는 왕비가 일러준 대로 대답했다.

왕이 그 대답을 듣고 감탄하며 말했다.

"이것은 그대가 생각해 낸 것이 아니야. 왕비의 조언을 들은 것이 분명하군."

농부는 부인하지 않았다. 왕은 다시 판결을 내려서 마차 주인이 농부에게 송아지를 양도할 것을 명령한 후 카테리나를 불러서 말했다.

"당신은 그러면 안 된다는 것을 알고도 내 일에 간섭했소. 그러니 당신의 아버지가 있는 집으로 당장 돌아가시오. 궁전에서 가장 좋아하는 것을 하나 가져가도 좋소. 오늘 저녁에 당신 집으로 돌아가서 촌부가 하는 일이나 하도록 하시오."

그러자 카테리나가 공손하게 대답했다.

"전하께서 원하시는 대로 하겠습니다. 하지만 부탁하옵건대, 내일 떠나도록 해 주십시오. 밤에 떠난다면 백성들 사이에 무성한 소문이 퍼져 전하께나 저에게나 큰 수치가 될 것입니다."

"그렇게 하도록 하시오. 마지막으로 만찬을 같이 하고 내일 아침에 떠나도록."

과연 현명한 카테리나는 어떻게 했을까? 그녀는 요리사들에게 구운 고기와 햄을 비롯하여 생각할 수 있는 모든 음식을 준비하라고 지시했으며 목이 마를 경우에 대비해서 궁전 지하 저장고에서 가장 좋은 적포도주를 식탁으로 가져오게 했다. 저녁 식사 때가 되자 왕은 음식을 배가 터지도록 먹었다. 카테리나는 왕이 포도주를 한 병 한 병 비우도록 만들었다. 처음에는 왕의 눈이 흐려지더니 다음에는 혼자서 중얼거리기 시작했으며 마지막에는 소파 위에서 돼지처럼 잠이 들었다.

그때 카테리나는 하인들을 불러서 말했다.

"전하가 누워 계신 소파를 살며시 들고 나를 따라오너라. 조용히 하고 절대 말을 해서는 안 된다."

그러고는 궁전에서 나와서 성문 밖으로 나와 밤늦게 아버지인 늙은 농부의 집에 도착했다.

"문 열어 주세요. 저 왔어요."

카테리나가 소리쳤다.

늙은 농부는 딸의 목소리를 듣고 창가로 즉시 다가갔다.

"이 시간에 웬일이냐? 아, 내가 너에게 집으로 쫓겨 올 수도 있다고 말했지! 너의 헌옷들을 잘 보관하고 있다. 아직 네 방의 옷걸이에 걸려 있어."

그 말을 듣고 카테리나가 소리쳤다.

"말만 하지 말고 당장 문 열어 주세요!"

농부는 문을 열었다. 그리고 궁전의 하인들이 왕이 누운 소파를 들고 있는 것을 보았다. 카테리나는 왕을 방으로 데려가도록 했으며 그의 옷을 벗기고 그녀의 침대에 눕혔다. 그런 다음 하인들을 돌려보내고 자신도 왕의 옆에 누웠다.

자정 즈음에 왕이 잠에서 깨어났다. 왕이 느끼기에 매트리스가 평소보다 딱딱한 것 같았고 이불도 평소보다 조잡한 것 같았다. 그는 뒤척이다가 옆에 아내가 있는 것을 알았다.

"카테리나, 집으로 돌아가라고 말하지 않았소."

"예, 전하. 하지만 아직 날이 밝지 않았어요. 자, 주무세요."

왕은 다시 잠이 들었다. 아침이 되어 왕은 당나귀와 양의 울음소리에 잠에서 깨었고 지붕에 난 틈으로 햇살이 들어오는 것을 보았다. 그는 깜짝 놀랐으며 그곳이 자기 방이 아니라는 것을 깨달았다. 왕이 자기 아내에게 물었다.

"카테리나, 도대체 여기가 어디요?"

카네리나가 말했다.

"전하께서 저에게 제가 가장 좋아하는 것을 가지고 집으로 돌아가라고 말씀하셨지요? 저는 전하를 모시고 왔습니다."

왕은 크게 웃었고 그 둘은 화해했다. 그들은 왕궁으로 돌아왔고 지금까지도 그곳에서 살고 있다. 그날 이후로 왕은 항상 왕비와 함께 법정에 출두했다.

(몬탈레 피스토이에제)

태양의 딸

 어느 왕과 왕비에게 그들이 기다리고 기다리던 아기가 막 태어나기 직전 왕은 점성술사들을 불러서 아기가 아들인지 딸인지 그리고 운명은 어떻게 될 것인지 물었다. 점성술사들은 별을 관찰하더니 딸이 태어날 것이며 태양이 그 아이를 사랑하게 되어 스무 살이 되기 전에 태양의 딸을 낳게 될 운명이라고 말했다. 왕과 왕비는 그들의 딸이 태양의 딸을 낳을지라도 하늘에 있는 태양이 딸과 결혼할 수는 없을 것이기 때문에 마음이 아팠다. 그래서 그러한 운명을 피하도록 태양 빛이 바닥에 도달할 수 없을 만큼 높은 곳에 창문이 있는 탑을 쌓아 아기를 그 안에서 키웠다. 아기는 태양이 그녀를 볼 수 없고 그녀도 태양을 볼 수 없는 곳에 유모와 함께 감금되었다. 유모에게는 공주와 같은 나이의 딸이 하나 있어서 두 아기는 탑 속에서 함께 자랐다.
 그들이 스무 살이 되기 얼마 전의 일이었다. 두 아가씨는 탑의 바깥 세상에 있을 아름다운 것들에 대해 이야기하고 있었다.

"의자를 쌓으면 창문까지 오를 수 있지 않을까? 바깥에 어떤 것들이 있는지 좀 보자!"

그들은 의자들을 높이 쌓아서 창문까지 기어오를 수 있었다. 그들은 나무와 강과 날아가는 왜가리를 보았고 저 위에 있는 구름과 태양도 보았다. 그 순간 태양이 왕의 딸을 보고는 사랑에 빠져서 햇빛을 쏘아 보냈다. 햇빛이 그녀에게 닿자마자 그녀는 태양의 딸을 뺐다.

태양의 딸은 탑 속에서 태어났으며 유모는 왕의 진노가 두려워서, 왕비가 주었던 금 포대기로 정성스레 아기를 싸서 병아리콩 밭에 눕혀 놓았다. 그로부터 얼마 후, 공주는 스무 살이 되었고 왕은 위험한 시기는 지났다고 생각하고서 그녀를 탑에서 나오도록 했다. 왕은 그가 우려한 일이 이미 일어났다는 사실을 전혀 모르고 있었으며 바로 그 순간에 자신의 딸과 태양 사이에서 태어난 손녀가 콩밭에 버려져서 울고 있다는 사실도 알지 못했다.

사냥하러 왔던 다른 나라의 왕이 그 밭을 지나다가 아기 울음소리를 듣고서 콩밭에 버려진 예쁜 아기에게 보고는 동정심을 느꼈다. 그는 아기를 아내에게 데리고 갔다. 왕과 왕비는 유모를 구해서 아기를 돌보도록 했다. 그들은 궁궐에서 아기를 딸처럼 키웠는데 그들에게는 그 아기보다 조금 더 나이가 많은 아들이 있었다.

소년과 소녀는 함께 자랐으며 함께 어른이 되었고 결국 서로를 사랑하게 되었다. 왕자는 무슨 수를 써서라도 그녀와 결혼하려고 했지만 왕은 자기 아들이 콩밭에 버려진 소녀와 결혼하는 것을 원치 않았다. 왕은 소녀를 궁전에서 추방해서 멀리 떨어진 외딴 집에 유폐시켰다. 그렇게 하면 왕자가 그녀를 잊을 것이라 생각했다. 왕은 그 소녀가 태양의 딸이라고는 상상도 하지 못했으며 그녀가 마력을 지니고 있고 사람들이 알지 못하는 많은 재주를 갖고 있다는 것도 몰랐다.

소녀를 멀리 보낸 후, 왕은 왕자와 결혼할 만한 여자를 골라 결혼시켰다. 왕실과 친분이 있는 모든 사람들에게 결혼 기념품으로 사탕 과자가 배달되었는데 그 대상 중엔 콩밭에서 발견된 소녀도 포함되어 있었다. 왕의 사절들이 사탕 과자를 가지고 그녀에게 갔다.

사절들이 문을 두드리자 태양의 딸이 내려와서 문을 열었는데, 머리가 없었다. 그녀가 말했다.

"아, 죄송합니다. 제가 빗질을 하고 있었는데 머리를 깜빡하고 화장대에다 두고 왔네요. 머리를 가지러 가겠어요."

그녀는 사절들과 함께 올라가서 머리를 목에 다시 붙이고는 미소를 지었다.

"결혼 선물로 무엇을 드리면 좋을까요?"

그녀는 이렇게 말하며 사절들을 주방으로 데려갔다.

"열려라, 오븐아!"

그녀가 말하자 오븐이 열렸다. 태양의 딸이 사절들에게 미소를 지었다.

"장작아, 오븐으로 들어가!"

그러자 장작이 오븐으로 들어갔다. 태양의 딸이 사절들에게 또다시 미소를 지었다.

"불아, 타올라라. 그리고 오븐은 따뜻해지면 나를 불러라!"

그녀는 사절들을 향해 돌아서서 말했다.

"자, 그럼, 저에게 재미있는 이야기를 좀 해 주시겠어요?"

사절들은 머리칼이 곤두서고 얼굴은 시체처럼 창백해졌다. 할 말이 떠오르지 않았다. 그때 오븐이 소리쳤다.

"주인님!"

태양의 딸이 사절들에게 말했다.

"기다리세요."

그러고는 뜨거운 오븐 속으로 뛰어들더니 노릇노릇하게 잘 구워진 파이를 들고 밖으로 나왔다.

"결혼식 만찬 때 드시도록 임금님께 갖다 드리세요."

사절들은 퀭한 눈으로 궁전에 도착해서 기어 들어가는 목소리로 그들이 본 것을 이야기했지만 아무도 믿으려 하지 않았다. 그러나 왕자비는 그 소녀에게 질투를 느꼈다. 왜냐하면 모든 사람들이 콩밭의 소녀가 왕자의 연인이었다는 사실을 알고 있기 때문이었다. 왕자비는 그 소녀가 왕자와 사람들이 주의를 끄는 게 싫어서 이렇게 말했다.

"오, 저도 집에 있을 때 항상 그렇게 하죠."

그러자 신랑이 말했다.

"그렇다면 우리가 보는 여기에서 그렇게 해 보시오."

"아, 네. 그래요. 나중에 해 보겠어요."

그러나 왕자는 그녀를 곧장 주방으로 데려갔다.

"장작아, 오븐 속으로 들어가!"

신부가 말했지만 장작은 움직이지 않았다.

"불아, 타올라라!"

그러나 오븐은 여전히 차가웠다.

하인들이 장작에 불을 붙여서 오븐이 뜨거워졌을 때, 이 자존심 센 신부는 불 속으로 뛰어들었다. 그리고 불에 타서 죽고 말았다.

얼마 후에 왕자는 다른 아가씨와 결혼하게 되었다. 결혼식 날, 사절들이 사탕 과자를 가지고 태양의 딸에게 갔다. 그들이 문을 두드리자 태양의 딸이 문을 열지 않고 벽을 통해 밖으로 나왔다.

"죄송합니다. 이 문은 안쪽에서는 열리지 않아요. 저는 항상 벽을 통해 지나다니기 때문에 밖에서 문을 연답니다. 자, 들어가세요."

그녀는 그들을 주방으로 데려가서 말했다.

"그럼, 결혼하는 왕자님을 위해 무엇을 준비할까? 자, 장작아, 어서 불 속으로 들어가! 불아, 켜져라!"

사절들이 식은땀을 흘리며 서 있는 가운데 그녀는 이 모든 것들을 한순간에 해치웠다.

"프라이팬아, 불 위로 가! 기름아, 프라이팬 안으로 들어가! 튀김할 때가 되면 나를 불러라!"

잠시 후 기름이 그녀를 불렀다.

"주인님, 튀기세요!"

"그래, 갈게."

태양의 딸이 미소를 지으며 손가락을 끓는 기름 속에 넣자 손가락들은 물고기로 변했다. 열 손가락은 아주 맛있는 물고기 튀김 열 개가 되었다. 손가락들은 금세 다시 자라났기 때문에 태양의 딸은 물고기 튀김을 직접 종이에 싸서 사절들에게 그것을 주었다.

어안이 벙벙해진 사절들로부터 그 이야기를 전해 들은 새 신부도 질투와 야심에 가득 차서 말했다.

"오, 저도 그렇게 해서 물고기 튀김을 만든답니다."

신랑은 그녀의 말을 듣고는 끓는 기름이 담긴 프라이팬을 준비시켰다. 오만한 신부는 손가락을 기름에 넣었고 너무 심하게 화상을 입어서 죽었다.

왕비가 사절들에게 말했다.

"너희들은 무슨 그 따위 이야기를 하느냐! 신부들을 계속 죽일 작정이냐!"

어쨌든 왕과 왕비는 왕자의 세 번째 신부를 찾았고, 결혼식 날에 사절들이 사탕 과자를 가지고 태양의 딸에게 갔다.

사절들이 문을 두드리자 태양의 딸이 말했다.

"아, 저는 여기 있어요!"

사절들은 주위를 둘러보다가 위쪽을 쳐다보았다.

"저는 거미줄 위에서 산책을 하고 있어요. 지금 내려갈게요."

그녀는 사탕 과자를 받기 위해 거미줄 위에서 내려왔다.

"이번에는 정말로 무슨 선물을 해야 할지 모르겠어요."

그녀는 곰곰이 생각하다가 명령을 내렸다.

"칼아, 이리 와!"

칼이 날아왔고 그녀는 그것을 가지고 자기의 한쪽 귀를 잘랐다. 귀 속에 금으로 된 레이스가 연결되어 있었는데 그 레이스는 그녀의 머릿속에 말려 있기라도 한 것처럼 뽑아내는 대로 끝없이 나오는 것 같았다. 레이스가 다 나온 후, 그녀는 귀를 원래 자리에 놓았고 손가락으로 가볍게 귀를 치자 처음처럼 머리에 붙었다.

그 레이스는 너무나 아름다워서 궁전에 있는 사람들이 어디서 난 물건인지 알고 싶어했으며 사절들은 이전에 왕비가 그런 이야기를 하지 말라고 했는데도 불구하고 귀에 관한 이야기를 하고 말았다. 그러자 새로운 신부가 말했다.

"아, 저도 그런 방법으로 레이스를 만들어서 제 옷들을 장식해요."

신랑이 그녀에게 말했다.

"여기 단검이 있소, 해 보시오!"

질투심으로 판단력을 상실한 그 여자는 자신의 한쪽 귀를 잘랐고, 레이스 대신 피가 뿜어져 나와서 죽고 말았다.

  왕자는 계속해서 신부들을 잃었지만 태양의 딸을 더욱 사랑하게 되었다. 마침내 그는 병이 들어서 웃지도 않고 먹지도 않았다. 아무도 그를 살릴 수 있는 방법을 알지 못했다.

  왕과 왕비는 늙은 여자 마법사를 불러오도록 했다. 그 마법사가 말했다.

  "왕자님에게 보리죽을 먹여야 하는데, 그것은 씨를 뿌린 지 한 시간 안에 자라고 거두어 들여진 보리로 만든 죽이어야 합니다."

  왕은 그런 보리를 본 적이 없기 때문에 절망에 빠졌다. 그때 놀라운 것들을 많이 알고 있는 그 소녀를 생각해 냈고 그녀에게 사람을 보내서 방법을 물어보게 했다.

  "네, 네. 그런 보리로 그렇게요? 알았어요."

  그녀는 즉각 실행에 옮겼다. 한 시간이 지나기도 전에 보리를 심고 다 자란 보리를 거두어 들여서 그것으로 죽을 만들었다.

  그녀는 자기가 직접 왕자에게 죽을 가지고 가서, 눈을 감고 침대에 누워 있는 왕자의 앞에 죽을 내려놓았다. 그런데 보리죽은 맛없는 죽이었기 때문에 왕자는 보리죽을 한 숟가락 삼키자마자 그것을 다시 토해 버렸다. 그가 토해 낸 죽이 소녀의 한쪽 눈에도 튀었다.

  "어떻게 이럴 수 있죠? 태양의 딸이며 왕의 손녀인 내 눈에 어떻게 감히 보리죽을 튀길 수가 있어요?"

  그때 곁에 있던 왕이 그녀에게 물었다.

  "네가 정말 태양의 딸이냐?"

  "네, 그래요."

  "그리고 왕의 손녀란 말이냐?"

"네, 그래요."

"우리는 네가 고아인 줄로만 알았다! 그렇다면 왕자와 결혼해도 좋다!"

"당연하지요."

왕의 아들은 순식간에 완치되었고 태양의 딸과 결혼했다. 그날 이후로 태양의 딸은 더 이상 이상한 행동을 하지 않았다.

(피사)

예쁜 녹색 새

옛날에 남의 일에 참견하기를 좋아하는 왕이 살고 있었다. 저녁이 되면 왕은 백성들이 살고 있는 창문 밑으로 가서 집 안에서 무슨 말을 하는지 듣곤 했다. 그 당시는 혼란한 시기이어서 왕은 백성들이 자신에 대항하여 비밀리에 무슨 일인가를 꾸미고 있다고 의심했다. 왕은 해가 지자 야외에 있는 어느 집 아래에 가서 그 집의 세 자매가 발코니에서 열심히 이야기하는 소리를 들었다.

맏딸이 말했다.

"궁궐에서 일하는 빵 굽는 사람과 결혼할 수만 있다면 얼마나 좋을까. 1년 동안 궁궐에서 먹을 수 있는 빵을 하루에 만들 수 있을 텐데. 멋있게 생긴 그 젊은이가 난 너무 좋아!"

둘째가 말했다.

"난 궁궐에서 포도주를 담당하는 사람과 결혼하고 싶어. 포도주 한 잔으로 궁중의 모든 사람들을 취하게 만들 수 있을 거야. 난 그 포도주 담당자가 너무나 맘에 들어!"

그러고 나서 두 언니는 조용히 앉아 있는 막내에게 물었다.

"얘, 넌 누구와 결혼하고 싶니?"

셋 중에서 가장 예쁜 막내가 말했다.

"난 임금님과 결혼하고 싶어. 그래서 황금 머리칼을 가진 아들 둘과 역시 황금 머리칼을 지니고 이마엔 별이 있는 딸을 낳고 싶어."

두 언니는 막내를 비웃었다.

"아이고아이고, 제정신이 아니구나!"

참견하기를 좋아하는 왕은 이 모든 대화를 들었고 왕궁으로 돌아와서는 그 다음 날 사람을 보내 세 자매를 불렀다. 세 자매는 공포에 휩싸였다. 왜냐하면 그 당시는 혼란한 시기여서 무슨 일이 닥칠지 몰랐기 때문이다. 세 자매가 어쩔 줄 몰라하며 왕궁에 도착하자 왕이 말했다.

"걱정하지 마라. 어제 저녁에 너희 집 발코니에서 이야기했던 것을 나에게 다시 한번 말해 보거라."

세 자매는 너무나도 혼란스러운 나머지 이렇게 말했다.

"저, 저희들은 아무것도 모릅니다."

"너희들은 결혼하고 싶다고 하지 않았더냐?"

왕이 화가 난 듯 말하자 세 자매 중 맏딸이 하는 수 없이 어제 이야기를 털어놓았다.

"저는 빵 굽는 젊은이와 결혼하고 싶습니다."

"좋다. 허락하마."

그래서 맏딸은 빵 굽는 젊은이와 결혼했다.

둘째는 포도주 담당자와 결혼하고 싶다고 고백했다. 왕이 말했다.

"허락하마."

그래서 둘째는 포도주 담당자와 결혼했다.

"그리고 너는?"

왕은 막내에게 물었다. 얼굴이 빨개진 그녀는 왕에게 전날 저녁에 말했던 것을 반복했다.

"만일에 정말로 왕과 결혼하도록 허락한다면, 네가 말한 것을 지키겠느냐?"

"최선을 다해 지키도록 하겠습니다."

"그렇다면 나와 결혼하도록 허락하마. 그리고 세 명 중에서 누가 말한 것을 가장 잘 지키는지 보도록 하자."

운명 앞에서 막내 여동생은 일순간에 왕비가 되었다. 빵 굽는 사람과 포도주 담당자와 결혼한 언니들 사이에 질투심이 생겨났고, 어느덧 왕비가 임신을 하였다는 소리를 듣고 질투심은 더욱 커져만 갔다.

한편 왕은 반란을 일으킨 조카에 대항하여 전투에 나가야만 했다. 왕은 왕비에게 말했다.

"나에게 약속한 것을 잊지 마시오."

왕은 왕비를 처형들에게 맡기고 전쟁터로 떠났다.

왕이 전쟁터에 나가 있는 동안 왕비는 황금 머리칼을 가진 아들을 낳았다. 언니들은 무슨 생각을 했을까? 아이를 요람에서 훔친 후 그 자리에 원숭이를 두었다. 언니들은 아이를 어느 노파에게 주었고, 노파는 아이를 바구니에 넣어 강물에 던졌다.

바구니가 강물에 둥둥 떠내려 가는 것을 본 뱃사공이 물살을 타고 그 뒤를 쫓아갔다. 뱃사공은 바구니를 잡았고 대단히 예쁜 아이를 발견했으며 자신의 집으로 아이를 데려와 아내에게 돌보도록 했다.

언니들은 전쟁터에 있는 왕에게 왕비가 금발의 사내 아이 대신에 원숭이를 낳았다고 전했으며 어떻게 해야 할지 물었다.
　왕이 답장했다.
　'원숭이든 사내아이든 아기를 낳은 왕비를 보살피도록 하시오.'
　전쟁이 끝나자 왕은 왕궁으로 돌아왔다. 하지만 아내에 대해서는 예전 같지 않았다. 물론 그녀를 여전히 사랑했지만 그녀가 약속을 지키지 않았기 때문에 실망했다. 왕비가 다시 임신을 했을 때 왕은 이번에는 일이 잘 되기를 기대했다.
　한편 왕비가 낳은 황금 머리칼의 아기는 뱃사공의 집에서 크고 있었다. 어느 날 뱃사공이 아이의 머리카락을 보고 있다가 아내에게 말했다.
　"이것 좀 봐. 금 같지 않아?"
　그러자 아내가 말했다.
　"맞아요. 금이에요!"
　그들은 아이의 머리 한 다발을 잘라서 팔러 갔다. 보석상은 저울에 머리카락의 무게를 재어 금화로 지불했다. 그날 이후로 뱃사공과 그의 아내는 아이의 머리카락을 한 다발씩 잘라 팔았다. 그래서 짧은 시간에 그들은 부자가 되었다.
　한편 왕에게 대항해 조카가 다시 전쟁을 일으켰다. 임신한 부인을 놓아둔 채 왕은 전쟁터로 나갔다.
　"왕비를 잘 돌보아 주시오!"
　이번에도 왕이 멀리 떠났을 때 왕비는 황금 머리칼의 사내아이를 출산했다. 언니들은 아기를 빼앗고 그 자리에 강아지를 가져다 놓았다. 언니들은 예전에 아기를 맡겼던 노파에게 둘째 아기를 건네주었고, 그 노파는 또 아기를 바구니에 넣어 아기의 형처럼 강물에 던졌다.

"이게 도대체 무슨 일이지?"

뱃사공은 다른 사내아이가 또 강물에 떠내려 오는 것을 보고 말했다. 그리고 아기의 머리카락이 금인 것을 보고 이 아이의 머리카락으로 자신의 소득이 두 배가 될 것이라고 생각했다.

여전히 전쟁터에 있던 왕은 또 소식을 전달받았다.

'전하, 왕비께서 강아지를 낳으셨습니다. 그녀를 어떻게 해야 할지 말씀해 주십시오.'

왕은 답장을 썼다.

'낳은 것이 수캐든 암캐든 왕비를 보살피도록 하라.'

왕은 어두운 표정으로 영토로 돌아왔다. 하지만 왕비를 너무나 사랑했으므로 세 번째에는 잘 될 것이라고 희망을 버리지 않았다.

역시 이번에도 왕비가 아이를 가졌을 때 조카가 임금에게 대항하여 세 번째 전쟁을 일으켰다. 운명의 장난인가! 왕은 전쟁터에 나가야만 했다.

"다녀오겠소. 약속을 잊지 마시오. 황금 머리칼의 아들 둘을 나에게 낳아 주지 못했소. 이마에 별이 있는 딸을 낳아 주지오."

왕비는 정말로 머리칼은 황금이며 이마엔 별이 있는 딸을 낳았다. 언니들은 침대에 호랑이 새끼를 놓아두었다. 노파는 바구니를 준비해서 공주를 강물에 던졌다. 언니들은 왕에게 왕비가 호랑이를 낳았으며, 왕비를 어떻게 해야 할지 말해 달라는 편지를 썼다. 왕은 답장을 썼다.

'마음대로 하시오. 내가 돌아갔을 때 그녀를 궁궐에서 보고 싶지 않소.'

언니들은 왕비인 막내를 붙들어 창고로 데리고 갔으며 머리만 위로 나오도록 하여 땅에 묻어 두었다. 언니들은 매일 그녀에게 약간의 빵과 물 한 컵을 주었고 뺨을 한 대씩 때렸다. 이것이 왕비의 일상적인 식사였다. 왕비의 방을 벽으로 가로막자 왕비의 흔적은 남김없이 사라졌다. 전쟁이 끝나자 왕은 한 마디도 하지 않았고, 어느 누구도 그에게 말을 하지 않았다. 왕은 매일같이 슬픔에 잠겨 있었다.

한편 사내아이를 주운 뱃사공은 여자아이를 담은 바구니도 발견했다. 그래서 뱃사공은 무럭무럭 자라는 예쁜 아이들을 셋 키우고 그애들의 금발로 엄청난 부자가 되었다. 뱃사공은 말했다.

"이제 아이들을 생각할 때야. 가련하기도 하지. 아이들이 커가고 있으니 그들에게 큰 집을 지어 줘야겠어."

뱃사공은 왕궁 건너편에 왕궁보다 더 크고 세상의 진귀한 모든 것들이 있는 정원이 딸린 저택을 세우도록 했다.

세월이 흘러 남자아이들은 멋진 젊은이가 되었고, 여자아이는 예쁜 소녀가 되었다. 뱃사공과 그의 아내는 세상을 떠났고, 말할 수 없을 정도로 엄청난 부자가 된 아이들은 이 멋있는 저택에 살게 되었다. 이들은 항상 모자를 쓰고 다녔고 아무도 이들의 머리칼이 황금이라는 것을 알지 못했다.

왕궁의 창문으로 빵 굽는 사람의 부인과 포도주 담당자의 부인이 옆집의 아이들을 주시하고 있었다. 그들은 아이들이 그들의 조카라는 것을 알지 못했다. 어느 날 아침 이 이모들은 조카인 오누이들이 모자를 쓰지 않고 발코니에 앉아 서로의 머리카락을 잘라 주는 것을 보았다. 화창한 아침이어서 금발은 눈이 부실 정도로 빛났다.

금처럼 반짝이는 머리칼을 본 이모들은 이 오누이가 바로 태어나자마자 강에 버림받은 조카들이 아닌가 즉시 의심하기 시작했다. 이모들은 아이들을 몰래 관찰하기 시작했다. 아이들은 매일 아침 머리카락을 자르는데 그 다음날이면 머리가 도로 길게 자라 있는 것이었다. 그 순간부터 두 이모는 그들이 저지른 범죄를 생각하며 걱정하기 시작했다.

한편 왕도 정문을 통하여 가까운 집의 정원과 그 곳에 살고 있는 아이들을 바라보기 시작했다. 왕은 생각했다.

'내 아내가 나에게 낳아 주기로 했던 아이들이라면 좋겠어. 나에게 낳아 주기로 약속했던 바로 그 아이들 같아.'

하지만 아이들이 항상 머리를 가리고 다녔기 때문에 왕은 금발을 보지 못했다.

왕은 아이들과 대화를 나누기 시작했다.

"너희들은 참 예쁜 정원을 가졌구나!"

소녀가 대답했다.

"전하. 이 정원에는 세상의 온갖 예쁜 것들이 다 있습니다. 이곳으로 산책하러 오신다면 영광이겠습니다."

"그렇게 하마."

그리하여 왕은 아이들과 친분을 쌓게 되었다.

왕이 말했다.

"우리가 친구가 되었으니 내일 나에게 식사하러 오지 않겠느냐?"

아이들이 대답했다.

"아. 전하. 궁궐에 계신 모든 분들에게 너무 폐를 끼칠 것 같습니다."

"괜찮다. 나에겐 좋은 일이다."

"그렇다면 전하의 고마운 생각을 받아들이겠습니다. 내일 전하께 가도록 하겠습니다."

아이들을 초대한다는 소식을 접한 이모들은 예의 그 노파에게로 달려갔다.

"할망구, 그 아이들을 어떻게 했지?"

노파가 말했다.

"바구니에 넣어 강물에 던졌지. 그뿐이야. 하지만 바구니는 가벼워서 물에 떠 있었어. 가라앉았는지 어쨌는지는 안 봐서 모르겠는데."

그러자 이모들이 소리쳤다.

"나쁜 할망구같으니! 그 아이들이 살아 있어. 왕이 그들을 만났어. 만일에 왕이 그들을 알아본다면 우린 끝장이야. 아이들이 궁궐에 오는 것을 막아야만 해. 그리고 그들을 정말로 죽여야 해."

"내가 알아서 하지."

노파는 그렇게 말한 후 거지로 변장하고 아이들이 살고 있는 집 정원의 문으로 갔다. 바로 그때 황금 머리칼의 소녀는 주위를 바라보면서 습관처럼 말했다.

"이 정원에 없는 것이 뭐지? 더 이상 필요한 것이 없어! 세상의 아름다운 것은 다 있어!"

소녀의 말을 듣고 노파가 말했다.

"아. 아무것도 부족한 것이 없다고 말했니? 내 생각에는 부족한 것이 한 가지 있구나. 애야."

"뭐죠?"

"춤추는 물이지."

"춤추는 물이요?"

소녀가 말했다. 하지만 노파는 사라지고 없었다. 소녀는 울기 시작했다.

"난 우리 정원에 부족한 것이 아무것도 없는 줄 알았어. 그런데 춤추는 물이 없어. 춤추는 물. 얼마나 아름다울까!"

집에 돌아온 오빠들은 낙담한 누이동생을 보고 물었다.

"무슨 일이지? 왜 그래?"

"오. 제발 저를 그냥 놔둬요. 여기 앉아서 이 정원에는 부족한 것이 하나도 없다고 말하고 있는데 한 노파가 문에 나타나서 말했어요. '넌 이곳에 모든 것이 다 있다고 말하지만 이곳엔 춤추는 물이 없어.' 라고요."

"그게 전부야? 내가 그걸 찾아다 줄게. 그럼 넌 행복해질 거야."

큰오빠가 말했다.

큰오빠는 손가락에 반지를 끼고 있었는데 그 반지를 누이동생의 손가락에 끼워 주며 말했다.

"만일에 보석 색깔이 바뀌면 내가 죽었다는 표시야."

큰오빠는 말을 타고 달려갔다. 어느덧 먼길을 달려왔는데 길에서 만난 한 수도승이 큰오빠에게 물었다.

"어디 가는 거요, 멋있게 생긴 젊은이?"

"춤추는 물을 찾아가고 있습니다."

수도승이 말했다.

"참 안됐군! 누군지 몰라도 젊은이를 죽이려는 거야! 위험하다는 것을 알지 못하겠는가?"

"그렇더라도 저는 춤추는 물을 찾아야만 합니다."

"그렇다면 내 말 좀 들어보게. 저 산 보이지? 저 산 정상에 가면 대평원이 있고 그 가운데 멋있는 저택이 있는 것을 발견할 거야. 그 저택의 정문 앞에는 거인 넷이 손에 칼을 들고 서 있어. 조심해야 해. 거인들이 눈을 감고 있을 때는 지나가면 안 돼. 알았지? 거인들이 눈을 뜨고 있을 때 지나가야만 해. 그러면 정문이 있어. 정문이 열려 있을 때 지나가면 안 돼. 정문이 닫혀 있을 때 밀고 지나가야 해. 사자가 네 마리 있을 거야. 사자들이 눈을 감고 있을 때는 지나가면 안 되고 눈을 뜨고 있을 때 지나가야 해. 그러면 춤추는 물을 발견할 수 있을 거야."

젊은이는 수도승에게 인사를 하고 산으로 향했다.

산 위에서 젊은이는 정문이 열려 있는 저택과 눈을 감고 있는 거인 네 명을 발견했다.

'잠시 기다리자.'

젊은이는 기다렸고 그곳에서 망을 보기 시작했다. 거인들이 눈을 뜨자마자 정문이 닫혔다. 젊은이는 그곳을 지난 후 사자들이 눈을 뜨기를 기다려서 그곳을 더 지나갔다. 그곳에 춤추는 물이 있었다. 젊은이는 병을 하나 가지고 있었고 병에 물을 가득 채웠다. 사자들이 눈을 감자마자 젊은이는 도망쳐 나왔다.

오빠가 춤추는 물을 가지고 돌아 왔을 때, 그간 매일 걱정하며 반지를 바라보던 누이동생이 얼마나 기뻐했을지 여러분은 상상할 수 있을 것이다. 남매는 포옹을 하였고 입을 맞추었으며 금으로 만들어진 대야 두 개를 정원 한가운데 놓고 그곳에 춤추는 물을 담았다. 소녀는 기쁨에 넘쳐 춤추는 물을 바라보며 이 정원에는 세상의 모든 아름다운 것이 있다고 확신하였다.

왕이 와서는 아이들에게, 오랫동안 기다렸는데 왜 식사를 하러 오지 않았는지 물었다. 소녀는 왕에게, 춤추는 물이 정원에 없어서 큰오빠가 그것을 가지러 갔다왔다고 설명했다. 왕은 춤추는 물을 보더니 감탄하며 다음날 오도록 초대했다.

이모들이 보낸 노파는 다시 정원에 돌아와서 춤추는 물이 있는 것을 발견했다.

"이젠 춤추는 물을 가졌구나. 그래도 연주하는 나무는 아직 가지고 있지 않구나."

노파는 소녀에게 말하고 가 버렸다.

오빠들이 왔다.

"오빠들, 저를 사랑하신다면 제게 연주하는 나무를 가져다 주세요."

이번에는 둘째 오빠가 말했다.

"그래. 애야. 내가 가져다 줄게."

둘째 오빠는 누이에게 반지를 주고 말에 올랐고 자신의 형을 도와주었던 수도승을 만날 때까지 달려갔다.

수도승이 말했다.

"아! 연주하는 나무는 아주 대단한 물건이지. 무엇을 해야 하는지 알려 줄 테니 내 말 잘 듣게. 산에 올라가면 거인들과 정문, 사자들을 보게 될 거야. 자네 형이 했던 것처럼 하게. 그 다음에 가위가 놓여 있는 조그마한 회랑을 보게 될 거야. 만일에 가위가 닫혀 있으면 지나가지 말고 가위가 벌어져 있으면 지나가게. 그럼 모든 앞으로 연주를 하는 거대한 나무를 보게 될 거야. 나무에 올라가서 가장 꼭대기에 있는 가지를 잘라 그 가지를 정원에 심으면 뿌리를 내릴 거야."

젊은이는 산 정상까지 올라갔고, 순조롭게 표식들을 발견해서 안으로 들어갔다. 연주를 하는 나뭇잎들 사이로 나무를 타고 올라가서 가장 높은 곳에 있는 가지를 잡았다. 젊은이는 가지의 노래를 들으며 집으로 돌아왔다.

가지를 심자 그 가지는 정원에 있는 나무 중에서 가장 아름다운 나무가 되었고 정원을 온통 자신의 음악 소리로 채웠다.

왕은 아이들이 또다시 초청 약속을 지키지 않았기 때문에 약간 화가 났다. 하지만 왕은 나무가 연주하는 소리를 기쁘게 들었고 오누이를 다시 초청했다.

이모들은 즉시 노파를 정원에 보냈다.

"내가 알려 준 물건들이 어떠냐? 춤추는 물, 연주하는 나무! 이젠 다 가졌으니 좋겠구나. 예쁜 녹색 새만 가지면 세상의 모든 것을 가진 셈이겠구나."

노파가 이렇게 말한 후 소녀가 예쁜 녹색 새를 생각하고 있는데 오빠들이 돌아왔다.

"예쁜 녹색 새를 잡으러 어느 오빠가 가실 거예요?"

"내가 가지."

큰오빠가 말하고 길을 떠났다.

수도승이 말했다.

"이것 참 큰일인데. 그곳에 간 사람들은 모두 돌아오지 못했어. 산꼭대기에 올라가서 저택으로 들어가. 그곳에 대리석 조각상으로 가득한 정원이 있을 거야. 그 조각상들은 예쁜 녹색 새를 잡으러 왔던 고귀한 기사들이지. 그 정원의 나무에는 수많은 새들이 날아다니고 있어. 예쁜 녹색 새는 말을 하는 새야. 자네에게 말을 할 거야. 하지만 자네는 절대로 그 말에 응해서는 안 돼."

젊은이는 대리석상과 새들로 가득한 정원에 도착했다. 예쁜 녹색 새는 젊은이의 어깨에 앉아서 젊은이에게 말했다.

"왔어요, 기사님? 저를 잡을 수 있다고 믿으세요? 틀리셨어요. 기사님의 이모들이 기사님을 죽이려고 하는 것이에요. 이모들이 당신의 어머니를 벽 속에 산 채로 가두었어요."

"내 어머니가 산 채로 벽 속에 갇혀 있다고?"

젊은이가 말하자마자 다른 이들처럼 대리석상이 되었다. 계속 반지를 쳐다보고 있던 여동생은 보석의 색깔이 변한 것을 보고 소리쳤다.

"도와줘요. 큰오빠에게 일이 생겼어요."

그러자 작은오빠가 즉시 말을 타고 출발했다.

작은오빠도 수도승을 만난 후 저택의 정원에 도착했고 예쁜 녹색 새가 그에게 말했다.

"기사님의 어머니가 벽 속에 산 채로 갇혀 있어요."

"뭐라고? 내 어머니가 산 채로 벽 속에 갇혀 있다고?"

그가 소리치자마자 형처럼 대리석상으로 변했다.

여동생은 작은오빠의 반지를 보고 있다가 색깔이 변하는 것을 보았다. 여동생은 정신을 차리고 기사 복장을 갖춘 후 춤추는 물 한 병과 연주하는 나무 가지를 가지고 가장 좋은 말을 타고 출발했다.

예쁜 녹색 새는 기사 복장을 한 소녀를 보자마자 어깨에 앉아 말했다.

"아가씨도 이곳에 왔군요. 이제 당신도 오빠들처럼 될 거예요. 오빠들 보이죠? 하나, 둘 그리고 아가씨까지 셋. 당신의 아버지는 전쟁터에 나갔고, 어머니는 벽 속에 산 채로 갇혀 있죠. 그리고 이 모들은 웃고 있어요."

그녀는 새가 떠들도록 내버려 두었다. 새는 소녀의 귀에 같은 말을 계속 반복했다. 새가 빨리 날아가지 않자 소녀는 그 새를 잡고 날개에서 깃털을 한 개씩 뽑아 춤추는 물에 적셨다. 그리고 돌이 된 오빠들의 코 밑으로 깃털을 가져갔다. 그러자 오빠들이 움직이기 시작했다. 그들은 서로를 얼싸안았다. 다른 대리석상들에도 그렇게 똑같이 하자 고귀한 기사들과 남작들, 군주들, 왕자들이 깨어났다.

그들이 거인들에게도 깃털의 냄새를 맡도록 하자 거인들이 깨어났다. 사자들에게도 똑같이 했다. 예쁜 녹색 새는 새장 속에 넣어 연주하는 나무의 가지에 앉혀 두었다. 모든 사람들이 함께 긴 행렬을 이루어 산에 있는 저택을 나서자 마법은 풀렸다.

아이들의 정원에 춤추는 물과 연주하는 나무, 예쁜 녹색 새가 있고 세 오누이가 모든 군주들과 남작들과 어울려 잔치를 벌이는 것을 궁궐에서 본 왕은 모든 사람들을 점심 식사에 초대하였다.

손님들이 궁궐에 도착했다. 소녀는 어깨 위에 예쁜 녹색 새를 얹고 왔다. 그들이 식탁에 막 앉으려고 할 때 예쁜 녹색 새가 말했다.

"한 사람이 부족해!"

그러자 모두 움직임을 멈추었다.

왕은 누가 없는지 알아보기 위해 궁정의 모든 사람들을 일렬로 세웠다. 하지만 예쁜 녹색 새는 계속 말했다.

"한 사람이 부족해!"

누구를 또 오라고 해야 할지 아무도 생각하지 못했다. 그러다가 어느 순간 사람들은 기억해 냈다.

"전하, 왕비님이 벽 속에 산 채로 갇혀 계시잖습니까?"

그러자 왕은 즉시 벽을 허물도록 명령했다. 자녀들은 어머니를 껴안았고, 이마에 별이 있는 소녀가 어머니로 하여금 춤추는 물이 든 통 속에서 목욕하도록 하자 왕비는 아무 일도 없었던 것처럼 건강한 모습을 되찾았다.

옷을 차려 입고 상석에 앉은 왕비와 같이 식사하려고 사람들이 앉아 있는 모습을 보자, 질투심이 강한 언니들은 얼굴이 노랗게 변해 마치 황달에 걸린 것 같았다.

사람들이 막 음식을 입으로 가지고 가려고 할 때 예쁜 녹색 새가 말했다.

"부리로 찍는 것만 드세요!"

왜냐하면 왕비의 언니들이 음식에 독을 넣었기 때문이었다. 손님들은 예쁜 녹색 새가 부리로 찍는 음식만 먹었기 때문에 모두 살 수 있었다.

왕이 말했다.

"이제 예쁜 녹색 새가 무슨 말을 하는지 들어 보자."

예쁜 녹색 새는 왕 앞에 있는 식탁으로 가 말했다.

"전하, 이 아이들은 당신의 자녀들입니다."

아이들은 모자를 벗었고 모든 사람들은 아이들의 황금 머리칼, 소녀의 이마에 있는 별을 보았다. 예쁜 녹색 새는 모든 이야기를 털어놓았다.

왕은 자녀들을 포옹하였고 아내에게는 용서를 구했다. 그러고 나서 두 처형과 노파를 자신 앞에 오도록 하고는 예쁜 녹색 새에게 말했다.

"새야, 네가 모든 것을 밝혔으니 형벌을 내리도록 하여라."

그러자 새가 말했다.

"처형들에게는 타르로 만든 셔츠와 불로 만든 외투를 입히고 노파는 창문 밑으로 던지십시오."

왕이 그 말에 따르자 모든 일이 끝났다. 왕과 왕비 그리고 자녀들은 영원히 행복하고 즐겁게 살았다.

(피렌체)

저주받은 여왕의 저택

옛날 옛적에 실을 짜서 생계를 잇는 나이 많은 과부가 살고 있었다. 그 과부에게는 딸이 셋 있었는데 그들 또한 실을 짜는 일을 업으로 삼고 있었다. 아침부터 저녁까지 실을 짜느라 매우 힘들었지만 세 자매는 한푼도 저금할 수 없었다. 버는 거라고 해야 한두 가지 필요한 물품을 사고 나면 하나도 남는 것이 없을 정도였기 때문이다.

어느 날 과부가 열병에 걸려 사흘이 지나자 거의 죽을 정도에 이르렀다. 과부는 슬퍼하는 딸들을 침대 옆으로 불렀다.

"울지 마라. 난 더 이상 몸을 지탱할 수 없을 정도로 늙었어. 얼마 안 가서 세상을 떠나게 될 듯하구나. 너희들을 가난 속에 두고 떠나게 되어 매우 슬프지만 어쨌든 너희들은 직업이 있으니 살아갈 수 있을 게다. 너희들을 도와주십사 신께 기도하마. 너희들에게 줄 유산이라곤 장롱 속에 있는 대마사 타래 셋 뿐이구나."

이 말을 남기고 어머니는 숨을 거두었다.

장례를 치른 후 며칠 뒤에 자매들은 서로 이야기를 나누고 있었다.

"이번 일요일이 부활절인데, 우리에게는 제대로 식사를 차릴 만한 것이 없어."

그러자 첫째인 마리아가 말했다.

"내 실타래를 팔겠어. 그러면 점심식사를 준비할 수 있을 거야."

그리고 마리아는 부활절 아침에 실타래를 시장에 가지고 갔다. 그것은 대마로 만든 실이어서 마리아는 높은 값에 실을 팔았다. 그 돈으로 빵과 양고기와 포도주를 사서 집으로 돌아오고 있을 때 개 한 마리가 그녀에게 달려들어 양고기와 빵을 이빨로 물었고 포도주 병을 깨뜨렸다. 그리고 무서워서 기절할 뻔한 그녀를 놓아둔 채 달아났다. 마리아는 집으로 돌아와서 무슨 일이 일어났는지 동생들에게 이야기했고, 그날은 검은 빵을 조금 먹는 것으로 배고픔을 달랬다.

"내일은 내가 가 보겠어. 개가 날 괴롭히는지 두고 보자고."

둘째인 로사가 말했다.

로사는 자신의 실타래를 팔아서 내장과 빵과 포도주를 구입해서 언니가 왔던 길과는 다른 길을 통해 집으로 향했다. 그런데 개가 달려들어 내장과 빵을 먹었고 포도주 병을 깨고는 도망쳐 버렸다. 마리아보다 용감한 로사는 개 뒤를 쫓아갔지만 개를 붙잡을 수 없었고 숨을 헐떡거리며 집으로 돌아와서는 언니와 동생에게 무슨 일이 일어났는지 이야기하였다. 그날도 자매들은 검은 빵으로 점심을 먹었다.

"내일은 내가 가겠어요. 개가 나에게도 그렇게 할 수 있을지 보자고요."

막내인 니나가 말했다.

다음 날 아침 니나는 다른 날보다 일찍 그녀의 실타래를 들고 가서 팔았고 장을 보았다. 그녀가 언니들과는 다른 길로 집으로 돌아오고 있을 때 개가 그녀에게 달려들어 포도주 병을 깨뜨리고 나머지 모든 것을 빼앗아 달아났다.

니나는 개 뒤를 쫓아서 뛰기 시작했고, 한참을 뛰어서 개가 어느 저택으로 들어가는 것을 보았다. 니나는 '내가 만일 이 저택 안에서 누군가를 만나면 그 사람에게 개가 사흘 동안 양식을 훔쳐갔으니 돈을 내라고 해야겠다.' 라고 생각하면서 저택으로 들어섰다.

그녀가 계단을 올라가니 그곳에는 화로에 불이 켜진 깔끔한 부엌이 있고 프라이팬과 냄비에서 음식들이 끓고 있었으며 양고기 꼬치구이가 잘 구워져 있었다. 니나는 프라이팬 뚜껑을 열었고 그 속에 자신이 조금 전에 샀던 고기가 들어 있는 것을 보았다. 냄비를 들여다보니 내장이 요리되고 있었다. 선반에는 빵 세 개가 놓여 있었다. 니나는 계속해서 집 안을 돌아다녀 보았으나 살아 있는 것은 보이지 않았다. 그러나 식당의 식탁에 세 사람이 먹을 자리가 식기와 함께 마련되어 있었다.

'우리를 위해 식사를 준비해 놓은 것 같아. 게다가 우리가 구입한 것으로. 언니들이 같이 있다면 식사를 할 수 있을 텐데.'

그 순간 마차가 지나가는 소리가 들렸다. 니나는 창가로 다가갔다. 마침 마부가 니나도 아는 사람이어서 그에게 자신이 그곳에서 언니들을 기다리고 있으며, 맛있는 식사가 준비되어 있다고 언니들에게 전해 주기를 간청했다.

언니들이 도착하자 니나는 언니들에게 모든 이야기를 하고는 말했다.

"식사하죠. 만일에 주인이 오면 우리 것을 먹는다고 하면 돼요."

언니들은 썩 마음이 내키지 않았으나 배가 너무나 고파서 식사를 시작했다. 세 자매는 저녁이 되자 갑자기 창문이 닫히고 등불이 켜지는 것을 보았다. 식사가 식탁 위에 저절로 차려지는 것을 보았을 때 그들은 더욱 놀랐다. 니나가 말했다.

"우리의 수고를 덜어 준 사람이 누구이든 그 사람에게 고마워해야 돼. 자, 이제 맛있게 먹자고요."

그러고 나서 니나는 양고기를 씹기 시작했다.

언니들은 두려워서 제대로 씹지를 못했고 어느 순간에 괴물이 튀어나올지 몰라 주위를 둘러보았다. 하지만 니나는 말했다.

"만일에 우리가 이곳에서 식사하는 것을 원하지 않는다면 우리를 위해 상을 차리지 않았을 것이고, 등불도 켜지 않고 음식을 준비하지도 않았을 거예요."

저녁 식사가 끝나자 졸음이 왔다. 니나는 언니들을 데리고 집 안을 돌아다니다가 잘 정돈된 침대 세 개가 놓인 방을 발견하였다.

"자, 이젠 자요."

니나가 말했다.

"아냐. 집으로 돌아가자. 우린 여기가 겁나."

언니들이 말했다.

"바보들! 잘 살 수 있는 곳을 발견하면 그곳에 가야 되는 거라고요. 난 잠자러 가겠어요. 될 대로 되겠지."

니나가 말했다.

그래서 자매들이 이 집에 머물기로 거의 마음을 굳혔을 때 계단 끝에서 목소리가 들려왔다.

"니나, 나에게 등불을 가져다 주렴."

언니들은 깜짝 놀랐다.

"오, 신이여. 누굴까? 가지 마, 니나."

하지만 니나는 등불을 들고 계단을 내려갔다. 그리고 쇠사슬에 묶여서 입과 귀 그리고 코에서 불을 토해 내는 귀부인이 있는 방을 발견했다.

"니나, 말해 보렴. 부자가 되고 싶니?"

귀부인이 불꽃 사이로 말했다.

"예."

"하지만 네 언니들도 너를 도와야 한단다."

"언니들에게 그렇게 말할게요."

"너희들은 굉장히 무서운 일을 해야 한다는 것을 명심해라. 만일 두려워하면 죽게 될 것이다."

"언니들을 설득할게요."

"좋아. 이 서랍 세 개를 열어라. 그 속은 황금과 보석으로 만든 옷으로 가득 차 있단다. 난 스페인의 여왕이지만 이 도시에 살고 있는 어느 젊은이와 사랑에 빠졌고 그 젊은이의 잘못으로 저주를 받게 되었지. 그 젊은이는 나에게 몹쓸 짓을 하고 이제는 다른 여자와 결혼하려고 해. 난 그가 나와 함께 고통을 받는 것이 옳다고 생각한다. 넌 내일 내 옷을 입고 나와 똑같이 치장을 하고는 손에 책을 들고 난간에 서 있어라. 시간이 되면 그 젊은이가 지나가며 네게 말을 걸 것이다. '부인, 제가 방문해도 괜찮겠습니까?' 하고 말이다. 너는 그에게 좋다고 대답하고, 커피를 한 잔 하라고 그를 초대해서 독이 들어 있는 이 잔에 커피를 담아 주도록 해라. 그가 죽으면 그를 이 밑으로 데려와서 서랍을 열고 그를 서랍 속에 집어던진 다음 그 주위에 촛불을 네 개 켜도록 해라. 나는 굉장한 부자였단다. 이것은 내 재산 목록을 적은 책이다. 네가 이 책을 가지면 나로부터 모든 것을 챙긴 관리인들의 손에서 내 재산들을 다시 얻을 수 있을 것이다."

니나는 위로 돌아와서 언니들에게 모든 이야기를 하였다.

"절 도와주겠다고 맹세해요. 그렇지 않으면 언니들에게 좋지 않은 일이 일어날 거야."

니나는 다음 날 아침 여왕의 옷을 입고는 정말로 여왕와 비슷하게 치장을 한 후 책장을 넘기면서 난간에 서 있었다. 어느 시간이 되자 말굽 소리가 들렸다. 한 멋있는 젊은이가 와서 그녀를 바라보기 위해 멈추어 섰다. 니나는 그에게 인사를 하였다. 그가 물었다.

"제가 방문해도 되겠습니까, 부인?"

"그러세요"

그러자 젊은이는 말에서 내려 계단으로 올라왔다.

"커피 드시겠어요?"

"좋습니다."

젊은이는 독이 들어 있는 커피를 마시고 숨을 거두었다.

니나는 시체를 밑으로 옮기는 걸 도와달라고 언니들을 불렀다. 언니들이 거절하자 니나가 말했다.

"오지 않으면 내가 언니들도 죽일 거야!"

니나는 시체의 윗부분을 붙들고 언니들은 시체의 다리를 붙들고 계단을 내려왔다. 그곳에는 주위에 촛불이 켜진 채 닫혀 있는 서랍이 있었다. 언니들은 벌벌 떨었고 시체를 놓아두고 도망치려고 하였다.

"도망치려고 해 봐. 그럼 내가 언니들에게 어떻게 하는지 두고 봐!"

언니들은 이미 막내가 어떻게 하는지를 보았기 때문에 농담이 아닌 걸 알고 막내의 말에 따랐다.

니나는 서랍을 열었다. 그 속엔 스페인의 여왕이 불꽃으로 만들어진 옥좌에 앉아 있었다. 자매들은 시체를 여왕 가까이 놓았다. 그러자 여왕은 시체를 붙들고 말했다.

"나와 같이 지옥에 가자. 나쁜 놈. 그럼 나를 버리지 못하겠지."

그러자 그 순간 서랍이 다시 닫혔고 굉음을 내면서 땅 속으로 떨어졌다.

니나는 기절한 언니들을 윗층으로 데려와 정신이 들도록 했다. 그리고는 관리인들의 손에서 여왕의 모든 재산을 다시 인수하여 주인이 되었다. 몇 년 후에 언니들이 결혼하자 니나는 언니들에게 엄청난 재산을 나누어 주었다. 그러고 나서 니나 또한 결혼을 했고 여왕처럼 살았다.

(시에나)

나폴리 군인

군인 세 명이 연대에서 낙오하여 들판을 방황하고 있었다. 한 명은 로마 출신이었고 다른 한 명은 피렌체 출신이었으며 가장 나이 어린 군인은 나폴리 출신이었다. 평원을 여기저기 돌아다닌 그들은 어느 숲에 도착했다. 가장 나이 많은 로마 군인이 말했다.

"제군들, 우리는 여행하는 것이 아니라 때문에 세 명 모두 잠들어서는 안 된다. 한 시간에 한 명씩 보초를 서도록 한다."

그가 먼저 보초를 서기 시작했고 나머지 둘은 군장을 내려놓고 담요를 펼쳐서 잠자리에 들었다. 거의 한 시간 정도 보초를 섰을 때 숲 속에서 한 거인이 나타났다. 거인이 그 군인에게 물었다.

"여기서 뭐하고 있는 거냐?"

그러자 로마 군인은 거인의 얼굴을 쳐다보지도 않고 말했다.

"너에게 내가 무엇을 하는지 보고할 필요는 없어."

거인이 로마 출신 군인에게 덤벼들었지만 군인은 민첩하게 칼을 꺼내서 거인의 목을 잘랐다. 그런 다음 머리를 한 손에 들고 몸통을 다른 손에 들고서 우물로 가서 그것들을 우물에 던졌다. 그는 칼을 다시 칼집에 잘 꽂고는, 교대할 동료를 깨우러 갔다. 하지만 동료를 깨우기 전에 생각했다.

'아무것도 이야기하지 않는 게 좋겠군. 그렇지 않으면 이 피렌체 군인은 무서워서 도망쳐 버릴 거야.'

피렌체 군인이 깨어나서 그에게 물었다.

"뭔가 봤어?"

"아니. 사방이 조용해."

그렇게 대답하고서 로마 군인은 잠들었다.

피렌체 군인이 보초를 선 지 한 시간이 다 될 무렵 거인이 나타나서 그에게 물었다.

"흠, 여기서 대체 무얼 하고 있는 거야?"

"너는 물론이고 다른 누구에게도 그런 걸 보고할 의무가 내겐 없어."

거인이 덤벼들었지만 그 군인은 거인보다 재빠르게 칼을 뽑아서 단칼에 목을 잘랐다. 그런 다음 머리와 몸통을 들고 우물에 던졌다. 교대 시간이 되어서 그는 생각했다.

'저 나폴리 겁쟁이에게 아무것도 말하지 않는 것이 좋겠어. 이런 일이 일어난 것을 알게 된다면 그는 말도 없이 떠나 버릴 거야.'

나폴리 군인이 깨어나서 그에게 물었다.

"아무 일도 없었어?"

"아무것도 없어. 걱정할 필요 없을 거야."

그렇게 대답하고 그는 잠이 들었다.

나폴리 군인이 거의 한 시간 동안 보초를 서고 있을 때까지 숲은 조용했다. 그런데 갑자기 수풀 사이로 걸음 소리가 들리더니 거인이 나타났다.

"여기서 무얼 하고 있나?"

"내가 무엇을 하건 무슨 상관이야?"

나폴리 군인이 말했다. 거인은 한 손을 들어서 그를 뭉개 버리려 했지만 그 군인은 재빨리 검을 들어서 거인의 목을 싹둑 베었다. 이제 다시 로마 군인을 깨울 차례였지만 그는 로마 군인을 깨우지 않고 생각했다.

'먼저 저 거인이 어디서 왔는지 알아보도록 하자.'

그리고 그는 숲을 수색하기 시작했다. 멀리서 희미한 빛을 발견한 그는 빛을 따라 작은 집으로 다가갔다. 그가 열쇠 구멍에 눈을 대고 보니 집 안에서 노파 셋이 모닥불 주변에 둘러앉아서 이야기하고 있었다.

첫째 노파가 말했다.

"자정이 되었는데 우리 남편들이 보이지 않는군."

둘째 노파가 말했다.

"그들에게 무슨 일이라도 일어난 것일까?"

셋째 노파가 말했다.

"잠깐 그들을 만나러 가 봐야겠군, 어때?"

첫째 노파가 말했다.

"당장 가 보자. 나는 100마일 밖을 볼 수 있는 등을 가지고 갈게."

둘째 노파가 말했다.

"나는 한 번 휘둘러서 일개 부대를 전멸시킬 수 있는 검을 가지고 가겠어."

셋째 노파가 말했다.

"나는 왕의 궁전에 있는 암늑대를 죽일 수 있는 총을 가지고 갈게."

그렇게 말하며 그녀들은 문을 열었다.

나폴리 군인은 훈제된 생선을 들고서 문설주 뒤에 서서 그녀들을 기다렸다. 첫째 노파가 손에 등불을 들고 나오자 생선으로 그녀를 무자비하게 쳐서 죽였다. 둘째가 나왔을 때 그녀를 때리자 그녀는 맥없이 쓰러졌다. 셋째가 나오자 군인은 그녀도 쳐서 죽였다.

군인은 이제 마녀의 등불과 검과 총을 갖게 되었고 그것들을 당장 써 보고 싶어졌다.

'이 할멈들이 말한 것이 사실인지 보자.'

그는 등을 들어서 100마일 밖을 보았는데 창과 방패를 든 군 부대 하나가 성(城) 하나를 지키고 있는 모습이 보였다. 성의 복도에는 암늑대 한 마리가 안광을 번득이며 사슬에 묶여 있었다.

"아, 궁금하군."

그 군인은 검을 들어서 공중에 한 번 휘둘렀다. 그런 다음 등불을 들어서 보니 모든 군인들이 죽은 채 땅에 넘어져 있고 창도 모두 부러졌으며 말들도 죽어서 나자빠져 있었다. 그리고 총을 들어서 암늑대를 향해 쏘자 한 방에 늑대가 죽었다.

"이제 가까이 가 보자."

그는 걷고 또 걸어서 성에 도착했다. 문을 두드리고 사람을 불러 보았지만 아무도 대답하지 않았다. 그는 성에 들어가서 거의 모든 방을 돌아다녀 보았지만 살아 있는 생물이라고는 찾아볼 수가 없었다. 그러나 가장 아름다운 방 안에는 아름다운 소녀가 벨벳 소파에 앉은 채 잠들어 있었다.

군인은 그녀에게 다가갔지만 그녀는 계속해서 잤다. 그녀가 신고 있던 슬리퍼 한 짝이 발에서 빠져 있었다. 군인은 그 슬리퍼를 주워서 주머니에 넣었다. 그런 다음 그녀에게 입을 맞추고는 살며시 떠났다.

그가 가자마자 그 소녀가 깨어났다. 그녀는 옆방에 잠들어 있던 시녀들을 불렀다. 시녀들은 잠에서 깨어나 상황을 이해했다.

"마법이 풀렸다, 마법이 풀렸어! 우리가 깨어났다! 공주님께서 깨어나셨다! 우리를 구해 준 기사님은 누구실까?"

공주가 말했다.

"서둘러라. 창 밖으로 얼굴을 내밀고 누군가 보이는지 살펴보아라."

시녀들이 얼굴을 내밀고는 전멸 당한 군대와 죽어 있는 암늑대를 보았다. 그때 공주가 말했다.

"빨리 내 아버님께 달려가서, 한 용감한 기사님이 오셔서 나를 구속하던 군대를 전멸시키고 나를 감시하던 늑대를 죽이고 나에게 입을 맞추어 내게 걸린 마법을 풀었다고 전하여라."

그녀는 자신의 발을 보더니 이렇게 말했다.

"그리고 내 왼쪽 발에서 슬리퍼를 가져갔다고 전하도록 해라."

왕은 매우 기뻐하며 온 나라에 다음과 같은 벽보를 붙이게 했다.

'내 딸을 구한 사람이 나타난다면 그가 왕자이건 거지이건 상관없이 내 딸과 결혼시키겠다.'

한편 나폴리 병사가 동료들에게 돌아왔을 때는 이미 날이 밝았다. 그는 동료들을 깨웠다.

"왜 우리를 미리 깨우지 않았어? 도대체 너 혼자 보초를 몇 시간이나 선 게야?"

나폴리 병사는 자신이 겪은 그 모든 것들을 말하고 싶지 않아서 그냥 이렇게 말했다.

"잠이 오지 않아서 내가 계속 보초를 섰어."

한편 며칠이 지났지만 자신이 공주를 구했노라고 주장하는 사람이 한 사람도 왕궁에 나타나지 않았다. 왕이 물었다.

"어떻게 하면 좋을까?"

그때 공주에게 한 가지 좋은 생각이 떠올랐다.

"이렇게 하도록 해요. 평원 한가운데에 침실이 딸린 음식점을 하나 개점해서 간판에다 '여기에서는 사흘 동안 무료로 먹고 마시고 잘 수 있습니다.' 라고 써놓는 거예요. 많은 사람들이 거기에 들를 것이고 그들을 통해 무엇인가 알게 되겠죠."

그렇게 해서 왕의 딸이 음식점의 여주인이 되었다. 그때 세 병사는 오랫동안 굶은 상태였다. 그들은 늘 하던 것처럼 노래를 부르며, 허기를 달래기 위해 허리띠를 졸라매고 길을 가다가 그 간판을 읽게 되었는데 그때 나폴리 병사가 말했다.

"친구들, 여기서는 공짜로 먹고 잘 수 있다고 하는군."

그러자 동료들이 말했다.

"저 말을 믿는다는 말이야? 지나가는 사람들을 속이려고 저렇게 써놓은 거라고."

그러나 음식점 문에 여주인인 공주가 나타나서 그들에게 들어오라고 말하면서 간판 그대로 공짜라고 말했다. 세 병사는 안으로 들어갔고 공주는 그들에게 훌륭한 만찬을 대접했다. 그런 다음 그들은 식탁에 둘러앉아서 이야기했다.

"자, 당신들은 바깥세상에서 오셨으니 뭔가 새로운 이야기를 들려주실 수 있겠죠? 평원 한가운데에 있는 저는 무슨 일이 일어나는지 도무지 알 수가 없어요."

로마 병사가 말했다.

"무슨 이야기를 해 드릴까요, 여주인님?"

그러고는 겸손한 척하며, 보초를 섰던 것과 거인의 목을 베었던 일을 이야기해 주었다. 그러자 피렌체 병사가 말했다.

"뭐! 내게도 똑같은 일이 일어났어."

그러면서 그도 또한 거인에 대해 이야기했다.

공주는 나폴리 병사에게 물었다.

"그럼 당신은요? 당신에게는 아무 일도 일어나지 않았나요?"

동료들은 그를 비웃기 시작했다.

"그에게 무슨 일이 일어났을 거라 생각해요? 이 친구는 겁쟁이라서 나뭇잎 움직이는 소리만 들려도 도망쳐서 일주일 동안 돌아오지 않을 거요."

"왜 그렇게 말하죠?"

젊은 여인은 그에게도 얘길하라고 고집을 부렸다.

그래서 나폴리 병사가 말했다.

"당신이 알고 싶다면 말씀드리지요. 이 친구들이 자는 동안 나에게도 거인이 나타나서 내가 그를 죽였지요."

"펑!"

동료들은 거짓말이 터졌다는 뜻으로 폭음을 내며 그를 비웃었다.

"너는 거인을 보기만 해도 무서워서 죽어 버렸을걸! 됐어. 더 이상 네 이야기 듣고 싶지 않아. 자러 가자."

동료들은 그를 여주인과 함께 남겨 두고 잠자리로 갔다.

여주인은 나폴리 병사에게 술을 먹이며 이야기를 계속하도록 했다. 그래서 그는 조금씩 조금씩 이야기를 하다가 결국 세 노파와 등불과 총과 검을 얻고 잠자고 있는 미녀에게 입을 맞춘 것과 그녀의 슬리퍼 하나를 가져간 것 등을 모두 다 이야기했다.

"아직도 그 슬리퍼를 갖고 계세요?"

"여기 있습니다."

그 병사는 그렇게 말하며 슬리퍼를 주머니에서 꺼냈다.

그때 공주는 매우 기뻐하며 그가 곯아떨어질 때까지 술을 주었다. 그런 다음 급사에게 말했다.

"내가 특별히 준비하도록 명령했던 방으로 이 사람을 옮겨 놓고 옷을 벗긴 다음 왕의 옷을 의자 위에 올려놓도록 해."

나폴리 병사는 아침에 잠에서 깨어나서 자신이 온통 금과 수가 놓여진 비단으로 장식된 방 안에 있다는 것을 알게 되었다. 그는 자기 옷을 찾으려 하다가 왕의 옷을 발견했다. 그가 꿈을 꾸는 게 아닌지 꼬집어 보며 어리둥절해 있는데 종소리가 울리며 제복을 입은 시종 네 명이 들어와서 그에게 큰절을 하며 말했다.

"편히 쉬셨습니까, 전하. 분부를 내려주십시오."

나폴리 병사는 눈이 휘둥그레졌다.

"당신들 미친 거 아냐? 무슨 놈의 전하야? 이 따위 희극은 때려치우고 내가 입은 군복을 줘."

"진정하십시오, 전하. 저희가 면도와 빗질을 해 드리겠습니다."

"내 동료들은 어디 있어? 내 물건들은 어디 둔 거야?"

"동료 분들은 지금 오는 중이고, 물건들은 잘 보관되어 있습니다. 그러니 전하께 옷을 입히도록 해 주십시오, 전하."

병사는 옷이 벗겨진 것 이외에는 다른 일이 없음을 알고는 그들이 일을 하도록 했다. 그들은 면도를 해 주고 빗질을 해 주고 왕의 옷을 입혀 주었다. 그런 다음, 그에게 초콜릿과 파이와 과자를 가져다 주었다. 아침 식사가 끝나고 그가 말했다.

"그런데 내 동료들을 만날 수는 있겠지?"

"지금 바로 만나실 수 있습니다, 전하."

시종들이 로마 병사와 피렌체 병사를 들어오게 하자 그들은 나폴리 병사가 왕이나 입는 옷을 입고 있는 것을 보고는 입이 떡 벌어졌다.

"너 어떻게 변장한 거야?"

"너희들도 어떻게 된 일인지 몰라? 나도 모르겠어."

"너 도대체 무슨 일을 꾸민 거야! 어제 저녁 여주인에게 무슨 거짓말을 한 거냐고!"

"거짓말 같은 건 한 적이 없어. 이게 어떻게 된 일이지?"

그때 왕이 들어왔는데, 그는 가장 값진 망토를 입은 공주와 함께 있었다. 왕이 그들에게 말했다.

"내가 어떻게 된 일인지 말해 주겠다. 마법에 걸린 내 딸을 저 젊은이가 구해 주었다."

질문하고 대답하는 동안 그들은 무슨 일이 일어났는지 모두 알게 되었다. 왕이 말했다.

"그러니 자네를 내 딸과 결혼시키고 자네를 내 후계자로 삼겠네. 그리고 자네들 둘은 걱정할 필요가 없어. 자네들이 다른 두 거인을 죽이지 않았다면 내 딸이 구출되지 못했을 것이므로 자네들에게 공작의 작위를 내리겠네."

공주와 나폴리 병사는 모든 사람들의 축복 속에 결혼식을 올렸다.

(로마)

이의 가죽

옛날에 한 왕이 살고 있었다. 하루는 그가 천천히 산보를 하던 중, 자신의 몸에서 이를 발견했다. 왕은 왕의 몸에 있는 거라면 이도 존중받아야 한다고 생각했다. 그래서 그 이를 잡아 죽이지 않고 조심스럽게 왕궁으로 가져가서 이를 기르기 시작했다.

그 이는 고양이만큼 커져서 하루 종일 의자 위에서 붙어 있곤 했다. 그러다가 이가 돼지만큼 커지자 사람들은 그것을 소파 위에 두어야만 했다. 그리고 이가 송아지만큼 커지자 외양간에 두어야 했다. 그러나 이는 계속해서 자라났고 외양간에도 둘 수 없게 되었다. 하는 수 없이 왕은 이를 죽이라고 명령했다. 왕은 이를 죽여서 껍질을 벗긴 뒤 그 가죽을 궁전 문 위에 걸어 놓게 했다. 그런 다음 그 가죽이 어떤 짐승의 가죽인지 알아맞히는 자는 자신의 딸과 결혼시킬 것이지만 알아맞히지 못할 시에는 사형에 처할 것이라는 포고를 내렸다.

왕이 포고문을 발표하자마자 그것이 무슨 가죽인지 설명하려는 사람들의 행렬이 왕궁으로 이어졌고 모두들 그것에 목숨을 걸었다. 사형 집행인은 하루종일 일을 해야만 했다.

한편 왕의 딸은 아버지 몰래 애인을 사귀고 있었는데, 그녀는 모든 일을 알고 있는 하녀들을 통해 그것이 이의 가죽이라는 사실을 알아내고는 매우 기뻤다. 저녁이 되어 연인이 평소처럼 그녀의 창문 아래에 오자 그녀는 그에게 작은 목소리로 말했다.

"내일 아버지한테 가서 그 가죽이 이피도키오, pidocchio 의 가죽이라고 말하세요."

그러나 공주의 연인은 금방 이해하지 못했다.

"무릎지노키오, ginocchio 가죽이라고요?"

그러자 공주가 더 크게 말했다.

"아뇨, 이의 가죽이라고요!"

"화양풀피노키오, finocchio 가죽이라고요?"

이제 그녀는 소리를 질렀다.

"이라고요! 이!"

"아, 알았어! 내일 봅시다."

그렇게 말하고 그는 돌아갔다.

그런데 공주의 창문 아래에 작은 작업장을 가진 작은 곱사등이가 살고 있었고 그는 그들의 대화를 모두 들었다.

'어디, 나와 저 남자 중 누가 공주와 결혼할지 볼까?'

그는 생각한 것을 곧바로 실행에 옮겼다. 그래서 주저함 없이 왕에게 갔다.

"전하, 저는 감히 그 가죽이 무슨 가죽인지 알아맞히기 위해 왔습니다."

"한번 맞혀 보아라. 이미 많은 사람들의 목이 잘렸다."

"제 목도 잘릴지 한번 보도록 하지요."

왕은 가죽을 가져오게 했다. 곱사등이는 그것을 유심히 관찰하고 냄새도 맡고 그것이 무엇인지 생각해 내려고 애쓰는 표정을 지었다.

"전하, 이 가죽은 어떤 짐승의 가죽이라고 생각할 수가 없습니다. 이것은 이의 가죽이옵니다."

왕은 그 곱사등이가 얼마나 영리한지 보며 숨을 죽였다. 왕의 말은 번복될 수가 없는 것이기에 그는 딸을 불렀고 곱사등이와 공주가 결혼할 것임을 그 자리에서 발표했다. 내일이면 자신의 연인과 결혼할 수 있을 것이라 믿었던 가련한 공주는 끝없는 절망 속으로 빠졌다.

곱사등이는 왕이 되었고 공주는 왕비가 되었다. 하지만 왕비는 곱사등이와 산다는 것이 죽고 싶을 정도로 슬펐다. 왕비에게는 그녀를 웃게 할 수 있는 나이 든 시녀가 있었다. 어느 날 아침 시녀가 왕비에게 말했다.

"왕비님, 저는 마을을 돌아다니면서 노래하고 연주하고 춤을 춰서 사람들을 포복절도하게 만드는 곱사등이 셋을 보았습니다. 그들을 왕궁으로 불러서 조금이나마 즐기시는 것이 어떻겠는지요?"

"뭐라고? 자네 제정신인가?"

왕비가 말했다.

"곱사등이 왕이 있는 곳에 곱사등이들을 오게 하면, 왕은 자기를 놀리기 위해 우리가 그들을 불렀다고 믿을 것 아닌가!"

"염려하지 마십시오. 왕께서 오시면 광대들을 서랍장 속에 숨기면 됩니다."

그래서 노래하는 곱사등이 셋이 궁궐로 올라왔고 왕비를 재미있게 해 주려고 재주를 부렸다. 왕비는 배꼽이 빠질 정도로 웃었다.

놀이가 최고에 다다랐을 때 커다란 종소리가 들리면서 곱사등이 왕이 등장했다.

시녀는 곱사등이 셋의 목덜미를 잡아서 큰 서랍장에 넣고 자물쇠를 채웠다.

"예, 갑니다, 가요!"

시녀는 왕에게 문을 열어 주러 갔다. 그들은 저녁 식사를 하였고, 식사 후에 산보를 나갔다.

그 다음날은 사람들이 왕비를 알현하는 날이었다. 왕비와 시녀는 광대들을 까맣게 잊고 있었다. 곱사등이들이 갇힌 지 사흘째 되는 날 왕비가 시녀에게 말했다.

"그런데 그 광대 세 명은 어찌 되었지?"

시녀는 손으로 이마를 탁 치면서 말했다.

"오! 왕비님, 깜박했습니다! 그들은 아직도 서랍장 속에 있습니다!"

그들은 즉시 서랍장을 열었다. 무엇을 발견했을까? 곱사등이들은 굶주리고 숨이 막혀 괴로운 표정을 하고 죽어 있었다.

"이젠 어떻게 하지?"

매우 놀란 왕비가 말했다.

"걱정하지 마십시오. 제가 알아서 하겠습니다."

시녀는 곱사등이 한 명을 들어서 자루 속에 넣었다. 그러고는 짐꾼을 불렀다.

"들어보게. 이 자루 속에는 왕궁의 보물을 훔치다가 내 손에 맞아서 죽은 곱사등이 도둑이 들어 있네."

시녀는 보자기를 열어서 죽은 곱사등이를 짐꾼에게 보여 주었다.

"이젠 이 자루를 어깨에 메고 아무도 모르게 강물에 갖다 버리게. 자네가 돌아오면 내가 보답을 하겠네."

짐꾼은 자루를 들고 강으로 갔다. 한편 꾀 많은 시녀는 다른 곱사등이를 자루 속에 넣어 문 옆에 두었다. 짐꾼이 돈을 받으려고 돌아오자 시녀가 그에게 말했다.

"곱사등이가 아직도 이곳에 있는데 계산을 해 달라고?"

"네? 뭐라고요? 도대체 무슨 장난입니까?"

짐꾼은 어이가 없었다.

"저는 바로 지금 강에 곱사등이를 버렸어요."

그러자 시녀가 말했다.

"자네가 제대로 버리질 않았어. 제대로 버렸다면 이곳에 있을 리가 없잖아."

짐꾼은 머리를 갸우뚱거리고 투덜대면서 다시 자루를 들고 나갔다. 다시 왕궁에 돌아왔을 때 짐꾼은 또다시 곱사등이가 들어 있는 자루와 매우 화가 난 시녀를 발견하였다. 시녀가 그에게 말했다.

"자네는 곱사등이를 강에 버릴 줄 모르는 게로군. 곱사등이가 다시 돌아온 것이 안 보이나?"

"하지만 이번에는 자루에 돌도 한 개 매달았는데!"

"돌 두 개를 매달아야지! 다시 한번 자루가 이곳에 돌아오기만 하면 돈을 안 주는 건 물론이고 몽둥이를 들어 제대로 하도록 가르쳐 주겠네."

짐꾼은 다시 자루를 메고 강으로 갔고, 돌 두 개를 매달아서 세 번째 곱사등이를 강물에 던졌다. 그리고 다시 떠오르지 않는지 잘 관찰한 후 왕궁으로 돌아왔다.

그런데 짐꾼이 왕궁의 계단을 오를 때 곱사등이 왕이 왕궁에서 나오고 있었다. 짐꾼은 그를 보고 생각했다.

'이게 어찌된 일이야! 곱사등이가 다시 도망쳤어. 이젠 그 마녀 같은 여자가 나에게 몽둥이질까지 하겠군!'

그는 눈물이 나올 정도로 화가 나서 더 이상 아무것도 생각지 않고 다짜고짜 곱사등이에게 달려들어 목을 세게 붙잡고 소리쳤다.

"사악한 곱사등이 같으니! 세 번씩이나 강에 던진 것으로도 부족한 거야? 돌 한 개를 매달아서 던졌는데도 다시 떠올랐고, 돌 두 개를 매달아서 던졌는데도 다시 떠오르다니! 되돌아오는 영혼을 가진 거야? 이젠 내가 알아서 처리하지."

그러고는 혀가 밖으로 조금도 나오지 못할 정도로 세게 곱사등이 왕의 목을 조른 다음 곧장 강으로 가서 발에 돌 네 개를 매달고 강물에 던졌다.

왕비는 자신의 남편이 다른 세 곱사등이와 같은 종말을 맞았다는 소식을 들었을 때 짐꾼에게 보석, 햄, 치즈, 포도주 등 수많은 선물을 하였다. 그리고 옛 애인과 결혼하였으며 그날부터 즐겁고 행복하게 살았다.

(로마)

치 코 페 트 릴 로

옛날에 딸 하나를 둔 부부가 살고 있었다. 어느덧 딸이 자라 결혼을 하게 되었다. 그들은 친척을 초대했다. 성대한 결혼식이 끝난 후 모두 식탁 앞에 모여 앉았는데 가장 훌륭하게 준비한 점심 식사에서 포도주가 모자라게 되었다. 아버지가 신부 딸에게 말했다.

"창고에 가서 포도주 좀 가져오렴."

신부는 창고에 가서 포도주 통 밑에 병을 놓고 마개를 열고는 병에 포도주가 차기를 기다렸다. 그렇게 기다리는 동안 신부는 생각했다. '난 오늘 결혼했어. 지금부터 아홉 달이 지나면 아들을 낳겠지. 난 아이의 이름을 '치코 페트릴로'라고 지을 거야. 나는 그애에게 옷도 입혀 주고 양말도 신겨 줄 거야. 무럭무럭 자라겠지! 그런데…… 만약에 내 아들이 죽으면 어떻게 하지? 아, 불쌍한 아이 같으니!'

여기까지 생각한 신부는 말할 수 없을 정도로 서럽게 울기 시작했다.

한편 포도주 통 마개는 계속 열려 있었고 포도주가 병을 채우고 넘쳐 창고에 흐르게 되었다. 점심 식사를 하고 있던 사람들은 신부를 기다리고 또 기다렸으나 신부는 나타나지 않았다. 아버지가 아내에게 말했다.

"혹시 간혹 그랬듯이 딸아이가 잠들지나 않았는지 창고에 좀 가보구려!"

어머니는 창고로 향했고, 창고에서 자신의 딸이 어떻게 할 수 없을 정도로 울고 있는 것을 보았다.

"어찌된 일이냐, 얘야? 무슨 일이야?"

"아, 엄마, 저는 오늘 결혼했고, 아홉 달 후에는 아들이 태어날 테니 그 애 이름을 '치코 페트릴로'라고 지어야지 하고 생각하고 있었어요. 그런데 그 아이가 죽으면 어떻게 하지요?"

"오, 불쌍한 내 손자!"

"오, 불쌍한 내 아들!"

엄마와 딸은 함께 대성통곡하기 시작했다. 그리고 창고엔 포도주 파도가 치기 시작했다.

사람들은 식탁에서 포도주를 기다리고 또 기다렸으나 포도주는 오지 않았다. 아버지가 말했다.

"두 사람 모두에게 무슨 일이 있는 것 같아. 창고에 가 봐야겠어."

아버지는 창고로 갔고 그곳에서 아내와 딸이 마치 이제 막 태어난 아기처럼 울고 있는 것을 보았다. 아버지는 말했다.

"도대체 무슨 일이야?"

"아, 여보, 우리 딸이 이제 결혼을 했으니 곧 아들을 낳을 테죠. 그 아이를 치코 페트릴로라고 부르기로 했어요. 그런데 만약에 치코 페트릴로가 죽으면 어떻게 하죠?"

그러자 아버지는 비통하게 소리쳤다.

"아! 불쌍한 치코 페트릴로!"

그리고 나서 세 사람 모두 포도주 가운데서 울기 시작했다.

아무도 돌아오지 않자 신랑이 손님들에게 말했다.

"도대체 창고에서 무슨 일이 있는지 제가 가서 보겠습니다."

창고로 내려간 신랑은 울음소리를 듣고 말했다.

"도대체 무슨 일이에요? 왜 울고 있죠?"

그러자 신부가 말했다.

"아, 여보, 우리가 이제 결혼했으니 아들을 낳을 것이고, 저는 아이를 치코 페트릴로라고 부르려고 생각하고 있었어요. 그런데 치코 페트릴로가 죽으면 어떻게 하지요?"

신랑은 처음에 그들이 장난하는 것으로 여겼으나, 진지하게 그러는 것을 보고는 기분이 나빠졌고 곧 큰 소리로 말했다.

"당신들이 좀 어리석다고는 진작에 생각하고 있었어요. 하지만 이 순간까지 그러리라고는 정말 생각하지 않았습니다."

그리고 너무 기가 막혀서 신부의 식구를 향해 퍼부어 댔다.

"이 바보들과 함께 지낸다니 시간 낭비지 무엇인가! 꿈도 꾸지 마십시오! 난 떠나겠어요! 사랑하는 그대여, 당신은 나를 더 이상 볼 수 없을 테니 마음을 편안하게 가지시오. 세상을 돌아다니면서 당신들보다 더 바보 같은 세 명을 만나기가 힘들 것 같소이다."

신랑은 그렇게 말하고 집을 나섰고 뒤도 돌아보지 않았다.

신랑은 어느 강에 다다랐는데 그곳에서는 한 남자가 배에서 쇠스랑으로 도토리를 집으려 하고 있었다.

"아저씨, 그 쇠스랑으로 무엇을 하려고 하죠?"

"도토리를 집으려고 얼마 전부터 시도해 보았는데 한 개도 집질 못했어."

"그래요! 삽으로 퍼 보시죠?"

"삽으로? 그걸 생각하지 못했군."

신랑은 말했다.

"한 명! 이 남자는 내 아내의 가족보다 더 멍청해."

신랑은 또 다른 강에 도착할 때까지 걸었다. 그곳에는 황소에게 수저로 물을 주려고 애쓰고 있는 한 농부가 있었다.

"도대체 뭐하시는 거죠?"

"난 이곳에 세 시간째 있는데, 내 황소 두 마리는 아직도 물을 충분히 먹지 못했어!"

"황소들이 입을 물 속에 넣도록 두는 것이 어떨까요?"

"입을? 말 한번 잘했네. 내가 그 생각을 못했어."

"두 명!"

신랑은 그렇게 말하고 앞으로 나아갔다.

신랑은 걷고 또 걸었고, 어느 한 여인이 뽕나무 꼭대기에 올라선 채 바지 한 벌을 손에 들고 있는 것을 보았다.

"그 위에서 무엇을 하고 계십니까, 아주머니?"

그 여인이 신랑에게 말했다.

"오, 제 남편이 세상을 떠났는데 신부(神父)님께서 제 남편이 천당으로 올라갔다고 말씀하셨어요. 그래서 저는 제 남편이 아래로 내려와 바지 속으로 들어가기를 기다리고 있어요."

"세 명! 내 아내보다 더 우둔한 사람들을 만나지 못할 것 같았는데. 집으로 돌아가는 것이 더 나을 것 같군!"

신랑은 그렇게 했고 이후 만족했다. 왜냐하면 가장 나쁜 일은 결

코 사라지지 않기 때문이다.[1]

(로마)

●──주

[1] 이탈리아 속담. 언제나 더 나쁜 경우를 생각하고 자족하라는 뜻. "Si dice che il peggio non è mai morto."

네로 황제와 여인 베르타

베르타는 실을 뽑는 일 외에는 다른 일을 할 줄 모르는 가난한 여인이었다. 그녀의 솜씨는 매우 뛰어났다.

한번은 베르타가 길을 가다가 네로 황제를 만났다. 그녀는 황제를 향해 축원했다.

"신께서 전하께 천수를 누릴 건강을 주시길 빕니다."

네로 황제는 대단한 폭군이었으므로 아무도 그를 똑바로 볼 수조차 없었는데 누군가가 자신에게 만수무강을 비는 소리를 듣고 멈추어 대답했다.

"왜 나에게 그런 말을 하는 것이냐?"

"나쁜 사람이 사라지면 그 다음에는 항상 그보다 더 나쁜 사람이 나타나기 때문입니다."

그러자 네로 황제가 그녀에게 말했다.

"그래. 지금부터 내일 아침까지 네가 뽑은 실을 궁궐로 가져오너라."

그리고 나서 황제는 떠났다.

실을 뽑으면서 베르타는 혼자서 중얼거렸다.

"내가 뽑은 실로 황제는 대체 무엇을 하려는 거지? 글쎄, 뭐, 내일 실을 가져갔을 때 나를 교수형시킬 밧줄로만 사용하지 않으면 되지! 오, 하지만 그 폭군이 무슨 짓을 할지!"

아침이 오자 베르타는 정확히 네로 황제의 궁궐에 출석하였다. 네로 황제는 베르타를 들어오도록 했고 그녀가 뽑은 모든 삼베 실을 달라고 했다. 그리고 나서 그녀에게 말했다.

"실타래의 첫 부분을 궁궐 문에 묶고 실이 얼마나 긴지 걸어 보도록 해라."

그리고 나서 네로 황제는 궁궐의 집사를 불러 말했다.

"실의 길이만큼, 길의 양쪽에 있는 평야는 모두 이 여인의 소유이다."

베르타는 네로 황제에게 고마움을 표시하고 매우 만족해서 집으로 돌아갔다. 그날 이후로 베르타는 귀부인이 되어 더 이상 실을 뽑을 필요가 없게 되었다.

이러한 일이 로마에 알려지게 되자 점심과 저녁 식사 때에 모였던 모든 여인들은 네로 황제가 베르타에게 했던 것과 같은 선물을 그들도 받기를 희망하면서 네로 황제에게 갔다.

하지만 네로 황제는 대답했다.

"더 이상 베르타가 실을 뽑던 호시절이 아니다"

(로마)

여관집 주인 벨라 베네치아

옛날에 길을 가던 왕과 군주들이 머물곤 하는 고풍스런 여인숙을 운영하는 엄마와 딸이 살고 있었다. 여관 주인의 이름은 벨라 베네치아였다. 그녀는 여행자들이 식사를 하는 동안 말을 걸곤 했다.

"어디서 오시는 길이세요?"

"밀라노에서요."

"밀라노에서 저보다 더 예쁜 여자 보셨어요?"

"아뇨. 당신보다 더 예쁜 여자는 결코 보질 못했어요."

그러면 손님이 계산을 할 때 벨라 베네치아는 이렇게 말했다.

"10스쿠디를 내셔야 되는데, 5스쿠디만 내세요."

왜냐하면 그녀는 자신보다 더 예쁜 여자를 보지 못했다고 하는 사람에게는 반값만 내도록 했기 때문이다.

"어디서 오는 길이세요?"

"토리노에서요."

"토리노에 저보다 더 예쁜 여자 있나요?"

"아뇨. 저는 당신보다 더 예쁜 여자를 본 적이 없습니다."

그러고 나서 계산할 때가 되면 그녀는 말했다.

"6스쿠디 내셔야 되는데, 3스쿠디만 내세오."

어느 날 한 여행객이 묵고 식사를 하고 가는데 벨라 베네치아가 역시 질문을 했다.

"당신은 저보다 더 예쁜 여자를 보신 적이 있으세요?"

그때 여관 주인의 딸이 지나갔다.

여행객이 말했다.

"예, 보았습니다."

"누구죠?"

"당신 딸이요."

그러자 손님이 계산을 할 때 벨라 베네치아가 말했다.

"원래는 8스쿠디였지만 16스쿠디를 내셔야겠군요."

저녁이 되자 여관 여주인은 하인을 불러서 말했다.

"바닷가에 가서 조그만 창문 하나만 있는 오두막을 짓고 그 속에 내 딸을 가두게."

그리하여 벨라 베네치아의 딸은 바닷가에 있는 오두막에 갇혀서 매일 음식을 가져오는 하인 이외에는 아무도 보지 못하고 파도 소리만을 들으면서 세월을 보내게 되었다. 비록 소녀는 오두막 속에 갇혀 있었지만 날이 갈수록 더 예뻐졌다.

어느 날 한 이방인이 말을 타고 바닷가를 지나다가 완전히 밀폐된 오두막을 발견하고 다가갔다. 그 이방인은 창문 근처에 갔다가 어둠 속에서 소녀의 얼굴을 보았다. 이방인은 약간 겁을 먹고 말에 박차를 가해 달아났다.

저녁이 되자 그 이방인은 벨라 베네치아의 여관에 머물게 되었다.

"어디서 오는 길이세요?"

여관 주인이 물었다.

"로마에서 오는 길입니다."

"저보다 더 예쁜 여자를 보셨나요?"

"예, 보았습니다."

이방인이 말했다.

"어디서요?"

"바닷가에 있는 오두막에 갇혀 있어요."

"여기 계산서가 있습니다. 원래 10스쿠디인데 당신은 30스쿠디 내세요."

저녁이 되자 벨라 베네치아는 하인에게 물었다.

"나와 결혼하고 싶어?"

하인은 여주인과 결혼할 수 있다는 것이 믿어지지 않았다.

"만일에 그렇다면 내 딸을 숲 속으로 데려가서 죽여. 나에게 그녀의 눈과 그녀의 피가 가득 든 병을 가져오면 당신과 결혼하겠어."

하인은 여주인과 결혼하고 싶었다. 하지만 착하고 예쁜 소녀를 죽인다는 것은 내키지 않았다. 그리하여 하인은 소녀를 데리고 숲 속으로 가긴 했지만 그녀를 그냥 살려 두고 벨라 베네치아에게 눈과 피를 가져가기 위하여 죄 없는 양을 죽였다. 그래서 벨라 베네치아는 그와 결혼했다.

숲 속에 홀로 남게 된 소녀는 울며 소리쳤지만 아무도 그 소리를 듣지 못했다. 저녁이 되자 숲 아래로 불빛이 보였다. 그녀는 가까이 갔고 많은 사람들이 이야기하는 소리를 들었다. 하지만 겁에 질려 나무 뒤로 숨었다. 그곳은 바위가 많고 황폐한 지역이었고 그 사람들은 도둑이었다. 도둑 열두 명이 흰 바위 앞에 멈추어 섰다.

그중 한 명이 말했다.

"열려라, 사막아!"

그러자 흰 바위가 출입문처럼 열렸고 그 안은 마치 커다란 저택처럼 환했다. 도둑이 그곳으로 들어갔고, 마지막으로 들어간 도둑이 말했다.

"닫혀라, 사막아!"

그러자 바위가 그의 어깨 뒤로 닫혔다. 소녀는 나무 뒤에 숨어서 기다렸다. 얼마 후 안에서 목소리가 들렸다.

"열려라, 사막아!"

문이 열렸고 도둑 열두 명이 줄을 지어 나왔다. 맨 마지막 도둑이 말했다.

"닫혀라, 사막아!"

도둑들이 멀리 사라졌을 때, 소녀는 흰 바위 앞으로 다가가서 말했다.

"열려라, 사막아!"

그러자 바위 문이 활짝 열렸다. 그녀는 안으로 들어가서 말했다.

"닫혀라, 사막아!"

그 안에는 열두 명을 위한 그릇 열두 개와 빵 열두 덩어리와 포도주 열두 병이 마련된 식탁이 있었다. 그리고 부엌에는 구이를 할 닭이 열두 마리 꽂혀 있는 꼬챙이가 있었다. 소녀는 구석구석 다 청소하고 침대 열두 개를 정리하고 닭 열두 마리를 구웠다. 그러자 배가 몹시 고팠기 때문에 그녀는 모든 닭에서 한 쪽 날개를 떼어 먹고, 모든 빵에서 한 입씩 베어 먹고, 모든 병에서 포도주를 조금씩 마셨다. 소녀는 도둑들이 돌아오는 소리를 듣고 침대 밑으로 숨었다. 도둑 열두 명은 집 안이 깨끗하고 침대가 정리되어 있고 닭이 구워져 있는 것을 보고 어쩔 줄을 몰라했다. 그러고는 모든 닭에서 날개가 하나씩 없어지고, 모든 빵이 한 입씩 없어졌고, 모든 포도주 병에서 포도주가 조금씩 없어진 것을 보고는 말했다.

"이곳에 누군가가 들어왔던 것이 틀림없어."

그러고는 그 다음 날 한 명이 보초를 서기로 결정했다.

도둑들 중에 가장 나이가 어린 도둑이 남았으나 그는 밖에서 보초를 섰다. 한편 소녀는 침대 밑에서 나와 모든 것을 정리해 놓고 닭 날개 열두 개와 빵 열두 입을 먹고 포도주를 조금씩 열두 번 마셨다.

"쓸모없는 자식!"

도둑의 우두머리는 집에 또 누군가가 왔던 것을 보고 보초를 야단치며 다른 도둑을 보초로 세웠다. 하지만 그 다음날도 도둑은 밖에서 보초를 섰고, 그러는 동안 소녀는 집 안에서 청소하고 먹고 마셨다. 도둑들은 매번 자신들이 멍청하다고 생각했으며, 도둑들 모두가 열하루째 번갈아 보초를 섰으나 소녀를 발견하지 못했다.

열두 번째 되는 날 도둑의 우두머리가 보초를 서고자 했다. 도둑의 우두머리는 밖에서 보초를 서지 않고 집 안에 남아 있다가 침대 밑에서 소녀가 나오는 것을 발견했다. 도둑의 우두머리는 소녀의 팔을 붙잡고 말했다.

"겁내지 마라. 이미 이곳에 왔으니 머무르려무나. 우리가 널 누이동생처럼 대할 테니."

그리하여 소녀는 도둑들과 같이 있게 되었고 그들의 시중을 들었으며, 도둑들은 그녀에게 매일 저녁마다 보석과 금화, 반지, 귀걸이 등을 가져다 주었다.

도둑들 중에서 가장 나이 어린 도둑은 도둑질을 하기 위해 옷을 귀족처럼 입고 아주 좋은 여관에 머무는 것을 좋아했다. 그러던 중 어느 날 저녁 벨라 베네치아가 경영하는 여관에 저녁 식사를 하러 갔다.

"어디서 오는 길이세요?"

벨라 베네치아가 물었다.

"숲에서요."

도둑이 말했다.

"저보다 더 예쁜 여자를 본 적이 있으세요?"

"물론 보았지요."

도둑이 말했다.

"그게 누구죠?"

"우리와 같이 있는 소녀요."

그래서 벨라 베네치아는 자신의 딸이 아직 살아 있다는 것을 깨달았다.

여관에 매일 동냥을 구하러 오는 노파가 있었는데 이 노파는 마녀였다. 벨라 베네치아는 마녀에게 만일 자신의 딸을 찾아서 죽인다면 자신이 지닌 재산의 절반을 주겠다고 약속하였다.

어느 날 도둑들이 집을 비운 사이 소녀는 창가에서 노래를 부르고 있었다. 그때 한 노파가 지나가며 말했다.

"핀 팔아요! 핀 팔아요! 예쁜 아가씨, 들어가도 되겠죠? 아주 멋있는 머리핀을 보여 드릴게요."

소녀는 노파를 들어오도록 했고, 노파는 커다란 핀이 머리에 잘 어울리는지 보여 주는 척하다가 핀을 그녀의 머리에 찔러 넣었다. 소녀는 숨이 멎었다.

집에 돌아 온 도둑들은 죽은 그녀를 발견했고, 비록 자비심이 없는 도둑들이었지만 모두 울음을 터뜨렸다. 도둑들은 몸통에 구멍이 난 커다란 나무를 발견하고 그 안에 소녀를 넣었다.

그런데 그때 마침 왕자가 사냥을 하고 있었다. 왕자는 개들이 짖는 소리를 듣고 그 곳으로 왔다. 모든 개들이 한 나무의 몸통을 발톱으로 긁고 있었다. 왕자는 그 안을 보고 매우 아름다운 소녀를 발견했다.

"만일 당신이 살아 있다면 난 당신과 결혼하겠습니다. 비록 당신이 죽었지만 당신에게서 떠날 수 없군요."

왕자는 그녀에게 말했다. 왕자는 나팔을 불어서 사냥꾼들을 집합시켰고 그녀를 왕궁으로 데려가도록 했다. 왕자는 그녀를 방 안에 가두어 놓고는 자신의 어머니인 왕비조차 아무것도 모르도록 한 채 하루 종일 그 방 안에서 예쁜 소녀의 죽은 모습을 보면서 시간을 보냈다.

의심을 품은 왕비가 갑자기 방 안으로 들어왔다.

"아! 이래서 밖에 나오질 않았구나! 왕자야, 이 아인 죽었단다. 어찌하려는 것이냐?"

"죽었든 살았든 전 그녀로부터 떨어져서 살 수 없습니다!"

"그렇다면 빗질이라도 시켜라!"

왕비는 그렇게 말하고 궁중 미용사를 부르게 하였다. 궁중 미용사는 소녀의 머리칼을 빗질하기 시작하였는데 얼마 못 가 빗이 부러졌다. 궁중 미용사는 또 다른 빗을 집었으나 역시 부러졌다. 그렇게 빗 일곱 개가 계속 부러졌다.

"그런데 이 아가씨의 머리에 있는 것이 뭐죠?"

미용사가 물었다.

"좀 봐야겠어요."

그래서 머리칼 속을 더듬었더니 핀의 머리 부분이 있었다. 궁중 미용사는 핀을 천천히 잡아 당겼고, 머리핀이 빠지자 소녀의 얼굴에 혈색이 돌기 시작했다. 소녀는 눈을 떴으며 한숨을 쉬고 나서 말을 했다.

"오!"

그리고 나서 소녀는 일어섰다.

왕자와 소녀는 결혼식을 올렸다. 거리에서도 잔치가 열렸다. 먹고 싶은 사람은 먹고, 먹기 싫은 사람은 먹지 않았다.

아, 신이여!

죄 지은 자에게는 암탉을!

큰 죄를 지은 저에게는 암탉과 버릇없는 수탉을!

(아브루초)

만도를린 피오레

옛날에 아내와 남편이 살고 있었다. 어느 날 그들의 아이가 막 태어나려고 하고 있어서 아버지는 밖에 누가 지나가는지 보기 위해 문으로 갔다. 왜냐하면 그들의 아들도 처음 지나가는 사람처럼 될 것이기 때문이었다.

마음씨가 나쁜 여자들이 지나가자 아버지가 아내에게 소리쳤다.
"지금 낳지 마. 지금 태어나서는 안 돼!"
도둑들이 지나가자 아버지는 또 소리쳤다.
"지금 낳지 마. 지금 태어나서는 안 돼!"
그러고 나서 왕이 지나갔고, 그 순간 아이가 태어났는데 사내 아이였다. 그러자 아버지와 어머니, 할머니, 숙모들이 소리치기 시작했다.
"왕이 태어났다. 왕이 태어났다!"
왕이 그 소리를 듣고 집 안으로 들어가 질문을 했다. 아기의 가족들은 왕에게 이러저러하다고 설명했다. 그러자 왕은 자신이 아이를 데리고 가서 기르겠다고 말했다. 아버지와 어머니는 아이에게 축복을 내리고 왕에게 아이를 내주었다.

길을 가다 왕은 다시 생각했다.

'왜 내가 나의 죽음을 바라는 아이를 키워야만 하지?'

왕은 칼을 뽑아서 아이의 목에 꽂은 후 아이를 아몬드 꽃이 피어 있는 들 한가운데 버렸다.

그 다음 날 상인 두 명이 그곳을 지나가다가 아직 살아 있는 아이를 발견했고 상처를 감쌌다. 상인 중의 한 명이 아이를 집에 있는 자신의 아내에게 데려왔다. 그들 부부는 부자였는데 자식이 없어서 이 아이를 매우 사랑하였다. 이 부부는 이 아이를 만도를린피오레 Mandorlinfiore, 아몬드 꽃 라고 불렀다.

만도를린피오레는 예쁘고 똑똑하게 성장했다. 그러다가 상인에게 기대하지도 않았던 아이가 태어났다. 어느 날 어느덧 소년이 된 상인의 친아들이 만도를린피오레와 놀다가 다투게 되자 만도를린피오레에게 아비 없는 자식이라고 욕을 했다. 만도를린피오레는 어머니에게 불평을 하러 갔고, 그렇게 되어 자신이 상처를 입고 발견된 일에 대해 알게 되었다. 만도를린피오레는 집에서 떠나기를 원했고 상인과 상인 아내가 말렸지만 소용없었다. 만도를린피오레는 걷고 또 걸어 자신에게 상처를 입히고 버렸던 왕이 다스리는 도시에 도착했다. 그를 알아보지 못한 왕은 교육을 잘 받은 그를 보고 자신의 비서로 고용했다.

왕에게는 벨피오레 Belfiore, 아름다운 꽃 라고 불리우는, 해처럼 아름다운 딸이 한 명 있었는데 만도를린피오레와 사랑에 빠졌다. 왕은 자신의 딸이 비서를 사랑한다는 것을 알고는 딸을 자신의 형이 왕으로 있는 곳에 보내 버렸다. 실의에 빠진 만도를린피오레는 앓게 되었고 그의 병 문안을 갔던 왕은 만도를린피오레의 목에 난 상처 자국을 보았다. 왕은 자신이 칼로 찔렀던 아이를 기억했고 자기 비서에게 그가 어디서 태어났는지 물었다.

"저는 아몬드 꽃이 피어 있는 들에서 발견되었습니다."

비서가 대답했다.

그래서 왕은 만도를린피오레를 죽여야겠다고 마음 먹었다. 왕은 자신의 형인 다른 왕에게 편지를 전해 주라고 만도를린피오레에게 말했다. 만도를린피오레는 편지를 가지고 출발했다. 편지에는 이 편지를 지닌 젊은이를 즉시 교수형에 처해야 한다고 적혀 있었다. 하지만 애인이 도착한다는 것을 통보 받은 벨피오레는 애인을 기다렸다가 그가 비밀 문을 통해 몰래 들어오도록 했다.

단 둘이 있게 되자 벨피오레는 아버지가 백부에게 보내는 편지를 읽고자 했다. 하지만 만도를린피오레는 편지를 수신자에게 그대로 주기로 약속했기 때문에 그렇게 하려고 들지를 않았다. 그러나 만도를린피오레가 잠이 들자 벨피오레는 편지를 꺼내어 읽었다. 그리하여 아버지의 사악한 의도를 알아채고, 편지를 만도를린피오레가 즉시 벨피오레와 결혼해야 한다는 편지로 바꾸었다. 다음날 만도를린피오레는 비밀 문을 통하여 밖으로 나와서는 매우 근사한 옷과 황금 마차를 구입한 후 편지를 가지고 벨피오레의 백부에게 갔다.

편지를 받은 벨피오레의 백부는 조카를 불렀고 그녀에게 아버지의 명령으로 이 남자와 결혼을 해야 한다고 말했다. 벨피오레는 아무것도 모르는 체했다. 그들은 결혼을 했고, 그녀의 아버지인 왕은 그 사실을 알게 되었을 때 너무나도 화가 나서 세상을 떠나고 말았다.

(아브루초)

장 님 왕 비 셋

　옛날에 세 아들을 둔 왕이 살고 있었다. 하지만 왕과 왕비는 일찍 세상을 떠났다. 살림을 꾸려 나간 것은 유모였다. 세 왕자는 어느덧 자라 결혼을 하고 싶어했다. 그들은 각자 좋아하는 여인상을 그린 초상화를 가지고 있었다.
　왕자들은 대사들에게 말했다.
　"세상을 돌아보아라. 만일 초상화와 닮은 여인을 발견하면 이곳으로 데려오너라. 그녀와 결혼할 것이다."
　각 대사들은 세상을 돌아다녔으나 아무런 소득도 얻지 못했다. 드디어 그들은 한 어부의 딸 셋을 보았는데 그 자매들만이 초상화와 닮았기에 대사들은 자매들에게 화려한 옷을 입혀서 세 왕자에게 소개하였다. 그리고 그 자매들은 왕자비가 되었다.
　전쟁이 일어났다. 세 왕자는 전쟁터로 나갔고 유모를 집안의 최고 책임자로 남겨두었다. 하지만 왕자비가 세 명이나 있었으므로 유모는 예전처럼 자기 마음대로 할 수 없었다. 그래서 유모는 한 장관을 불러 왕자비들을 죽이고 그 증거로서 눈알 여섯 개를 가져오라고 말했다. 장관이 왕비들에게 가서 말했다.

"오늘 날씨가 정말 좋습니다. 산책하러 가시지요."

그들은 마차에 올랐고, 마차는 어느 산 밑에 멈추었다. 세 왕자비가 마차에서 내리자 그 다음에 장관이 내렸다. 장관은 칼을 꺼내며 한숨을 쉬며 말했다.

"왕자비님들을 죽여야 한다고 말하게 되어 유감입니다. 저는 눈알 여섯 개를 보모에게 가져갈 것입니다."

세 왕자비가 말했다.

"안 돼요. 저희들을 죽이지 마세요. 차라리 저희들을 이 산에 두고 가세요. 눈은 지금 저희들이 드리겠습니다."

왕자비들은 눈알을 파내어 장관에게 주었다. 세 왕자가 돌아와 유모에게 왕자비들에 대해 묻자 유모는 그들이 좋지 않은 일로 세상을 떠났다고 말했다. 세 홀아비는 다시는 결혼을 하지 않겠다고 맹세했다.

세 자비는 동굴 속에서 풀과 나무 뿌리를 먹으면서 살았다. 모두 임신 중이었는데 어느 날 밤 세 명 모두 각자 잘생긴 사내아이를 낳았다. 풀과 나무 뿌리가 그들의 식량이었지만 더 이상 풀도 나무 뿌리도 없게 되자 굶어 죽지 않기 위해 왕자비들은 제비뽑기를 하였다. 제비뽑기에서 걸리는 사람은 그의 아이를 식량으로 내놓아야 했다. 처음에는 가장 맏이가 뽑혀서 그녀의 아이가 식량이 되었다. 그 다음으로 둘째의 아이 차례가 되었다. 이제 자신의 차례가 된 것을 안 막내는 아이를 안고 도망쳤다.

막내는 풀이 많이 자라고 있는 다른 동굴을 발견했다. 그리하여 거기에서 살았고 이윽고 어린아이가 성장해서 사냥을 나가 엄마에게 먹을 것을 가져오곤 하였다. 그러다가 소년은 이모들인 나머지 장님 왕자비 두 명을 찾아서 동굴에 있는 어머니에게 데리고 왔다.

어느 날 소년의 아버지인 왕자가 사냥을 나왔다가 숲 속에서 소년을 만나게 되었다. 왕자가 소년에게 말했다.

"나와 같이 가자."

그러자 소년이 말했다.

"어머니에게 가서 여쭤 보겠습니다."

어머니가 승낙하자 소년은 왕을 따라나섰다.

왕자의 유모는 소년을 보고 칭찬을 조금 했지만 속으로는 매우 못마땅하게 여겼다.

소년은 무기를 다루는 데 있어서 왕국에서 가장 똑똑하고 용감했다. 유모는 소년이 더 이상 돌아오지 못하도록 하기로 마음먹었다. 마침 매우 오래전에 요정들에게 납치 당했던 레지넬라라는 친척 소녀가 있었다. 보모는 세 왕자에게 말했다.

"이 젊은이가 레지넬라를 찾도록 하는 게 어떨까요?"

그리하여 세 왕자는 소년에게 그렇게 하도록 명령했다.

소년은 충고를 받기 위해 우선 장님인 어머니와 이모들이 있는 동굴로 갔다. 어머니와 이모들이 소년에게 말하기를 누가 부르든지 절대 뒤돌아 봐선 안 된다고 충고했다. 충고를 새긴 소년은 길을 떠났다. 사막에 희고 검은 저택이 있었다. 소년은 가까이 다가갔다. 슬픈 목소리가 그를 불렀다.

"내가 어디에 있는지 보여요? 보이냐고요? 뒤를 돌아보세요!"

소년이 대답했다.

"아니, 내가 뒤를 돌아보면 나는 나무로 변할 거야."

그러고는 희고 검은 저택 안으로 들어갔다. 거실에는 불이 켜진

노란 초 세 개가 있었다. 젊은이는 한 번에 불을 껐다. 그러자 마법이 풀렸고 소년은 갑자기 자신이 대단히 예쁜 레지넬라와 눈을 다시 찾은 어머니와 이모들과 같이 세 왕자의 궁궐에 돌아와 있는 것을 발견했다. 소년은 레지넬라와 결혼했다. 식탁에서 모두가 이야기를 나누었다. 왕자비들은 자신들이 유모에게 당한 이야기를 하였다. 사람들은 타르로 셔츠를 만들고 그 셔츠를 유모에게 입힌 후 구웠다.

(아브루초)

첫 번째 칼과 마지막 빗자루

옛날 옛날에 두 상인이 서로의 맞은편에 살고 있었다. 한 명은 아들 일곱을 두었고, 다른 한 명은 딸 일곱을 두었다. 아들을 둔 상인은 아침에 발코니를 열 때 딸을 둔 상인에게 인사했다.

"안녕하세요. 일곱 번 삽질한 양반."

그래서 상대방은 매번 기분 나빠했다. 사실 그는 너무나 화가 나서 집으로 들어와 눈물을 흘렸다. 남편이 매우 속상해하는 것을 본 그 상인의 아내는 매번 남편에게 무슨 일인지 물었으나 남편은 아무 말 없이 울기만 했다.

딸 중에서 막내딸은 나이가 열일곱이었고 태양처럼 아름다웠다. 아버지는 상심한 와중에도 딸이 사랑스러워 그녀의 눈만 쳐다보았다. 어느 날 막내딸이 아버지에게 말했다.

"아빠, 저를 사랑하신다면 걱정거리를 제게 말씀해 주세요."

그러자 아버지가 말했다.

"얘야, 저 건너편에 사는 상인이 매일 아침 나에게 이렇게 인사를 한단다. '안녕하세요. 일곱 번 삽질한 양반.' 그러면 나는 매일 아침 그곳에서 그 상인에게 뭐라고 대답을 해야 될지 모르겠단다."

딸이 말했다.

"겨우 그것 때문이에요? 아빠, 제 말 좀 들어 보세요. 그 상인이 아빠에게 그렇게 말하면 아빠는 이렇게 대답하세요. '안녕하십니까, 일곱 번 칼질한 양반. 내기 한번 할까요? 우리 막내 빗자루하고 당신의 제일 큰 칼하고 누가 먼저 프랑스 왕을 상징하는 지팡이와 왕관을 이곳에 가져오는지 봅시다. 만일에 내 딸이 이기면 당신은 당신의 모든 물건을 나에게 주고, 내가 지면 당신에게 내 물건을 전부 주겠소.' 이렇게 꼭 말씀하셔야 해요. 그리고 만일에 이 제안을 받아들이면 확실하게 계약서에 서명을 하도록 하세요."

상인은 입을 다물지 못한 채 이 말을 듣고 있었다. 막내딸이 말을 끝내자 상인이 말했다.

"하지만, 애야, 무슨 말을 하는 것이냐? 내 물건을 다 빼앗기면 좋겠니?"

"아빠, 아무 걱정 마세요. 제게 맡겨 두세요. 내기할 생각만 하세요. 나머지는 제가 알아서 할게요."

그날 밤에 아버지는 날이 샐 때까지 잠을 잘 수가 없었다. 여느 때처럼 딸을 일곱 둔 상인은 발코니를 바라보았다. 반대편의 발코니는 아직 닫혀 있었다. 동이 트자 갑자기 발코니가 열렸고 아들 일곱을 둔 아버지가 나타나서는 딸을 둔 상인의 면전에 말을 내뱉었다.

"안녕하세요. 일곱 번 삽질한 양반!"

그러자 준비를 하고 있던 딸을 둔 상인은 말했다.

"안녕하십니까. 일곱 번 칼질한 양반. 내기 한번 할까요? 우리 막내 빗자루와 당신의 제일 큰 칼에게 말 한 필과 돈 자루를 주고 누가 먼저 프랑스 왕의 왕관과 지팡이를 이곳에 가져오는지 봅시다. 우리의 모든 물건을 내기에 겁시다. 만일에 내 딸이 이기면 당신의 물건을 전부 내가 갖고, 내가 지면 내 물건을 전부 당신이 가지는 것이오."

아들을 둔 상인은 딸을 둔 상인의 얼굴을 잠시 쳐다보다가 박장대소하고는 딸을 둔 상인에게 미쳤다는 몸짓을 했다.

"그래, 걱정되나? 믿지 못하겠어?"

딸을 일곱 둔 상인이 그에게 말했다.

그러자 다른 상인이 활기차게 말했다.

"좋아. 받아들이지. 즉시 계약서를 작성하고, 아이들을 출발시키도록 합시다."

그러고는 자신의 장남에게 말하러 갔다. 그 말을 들은 청년은 그 예쁜 소녀와 여행할 것을 생각하고 매우 기뻐했다. 하지만 출발할 때가 되어 그녀가 완전히 남장을 하고 흰 암말을 타고 오는 것을 보고 이 일은 장난스러운 것이 아님을 깨달았다. 계약서에 사인을 한 부모들이 출발을 알리자 흰 암말은 힘차게 달려나갔다. 일곱 형제의 장남이 탄 매우 힘센 말도 그 뒤를 쫓아가기가 힘들었다.

프랑스에 가기 위해서는 매우 울창하고 어두컴컴하며 도로도 오솔길도 없는 숲을 지나야만 했다. 암말은 마치 자신의 집 안으로 들어가는 것처럼 숲 속으로 달려들어갔다. 오른쪽으로는 참나무를, 왼쪽으로는 소나무를 끼고 돌았고, 가시나무 울타리를 뛰어 넘어 계속 앞으로 나아갔다. 하지만 상인의 아들은 이와 반대로 어디로 자신의 말을 몰아야 할지 몰랐다. 어느 때는 낮은 나뭇가지에 걸려서 말에서 떨어졌고, 또 어느 때는 마른 나뭇잎 밑에 있는 습지에 말굽이 미끄러지면서 말이 주저앉았고, 또 어느 때는 떡갈나무에 걸려서 빠져 나올 수 없었다. 암말을 탄 남장 소녀는 이미 숲을 빠져나가 멀리 가고 있었다.

프랑스에 가기 위해서는 전체가 절벽과 협곡으로 이루어져 있는 산을 통과해야만 했다. 산에 막 도달하는 참인 상인 아들의 말굽 소리를 들었을 때 소녀는 산의 경사면에 도착해 있었다. 소녀의 암말은 오르막길을 타고 아주 쉽게 바위를 돌고 뛰어 넘어 고갯마루까지 도달할 수 있는 길을 찾았고, 고개에서 아래에 있는 평야로 달음질쳤다. 하지만 반대로 상인의 아들은 자신의 말을 잡아끌다시피 했다. 고개 세 개를 넘은 후에 흙이 무너지면서 그는 원래 있던 자리로 굴렀고 발을 절뚝거리게 되었다.

남장 소녀는 어느덧 멀어져 프랑스를 향해 가고 있었다. 하지만 프랑스에 도착하기 위해서는 강을 지나야만 했다. 소녀의 말은 수심이 얕은 곳을 알아서 마치 포장된 도로를 달리듯이 물 속으로 뛰어 들었다. 건너편 강둑에 도착했을 때 소녀는 뒤돌아 서서 젊은이가 말을 타고 와 물 속에서 박차를 가하는 것을 보았다. 하지만 수심이 얕은 곳을 알지 못했으므로 땅에서 말의 발이 떨어지자마자 물살이 젊은이와 말을 휩쓸어 갔다.

파리에 도착한 남장 소녀는 한 상인에게 자신을 소개했고, 그 상인은 소녀를 남자로 알고 사환으로 삼았다. 이 상인은 궁궐에 납품을 하는 상인이었다. 그는 왕에게 보내는 물건을 매우 잘생긴 이 젊은이 편에 실어 보냈다. 왕은 이 젊은이를 보자마자 말했다.

"넌 누구냐? 이방인 같은데. 여기까지 어떻게 왔느냐?"
젊은이가 말했다.
"전하, 제 이름은 템페리노이옵니다. 나폴리 왕궁의 식당에서 일하던 사람인데 어려움을 겪다 보니 이곳까지 오게 되었습니다."

왕이 말했다.

"만일에 프랑스 왕궁의 식당에 자리가 하나 있다면 받아들이겠느냐?"

"전하. 성은이 망극하옵니다."

"그렇다면 네 주인과 이야기를 하겠다."

사실 상인은 이 젊은이를 보내는 게 마음이 아팠지만 젊은이를 왕의 식당에서 일하도록 했다.

그래서 남장 소녀는 프랑스 왕의 부엌에서 일하게 되었다. 그리고 프랑스 왕은 이 젊은이를 쳐다보면 볼수록 마음 한구석에 의심이 생겼다. 마침내 왕은 모후에게 터놓고 말했다.

"어머니, 뭔가 의심스러운 게 있습니다. 템페리노는 부드러운 손과 가는 허리를 지녔고, 노래를 잘하며 악기도 연주하고, 읽고 쓸 줄도 압니다. 템페리노는 저를 죽도록 미치게 만드는 여자입니다."

"얘야. 제 정신이 아니구나."

"어머니, 템페리노는 틀림없이 여자입니다. 어떻게 하면 그것을 확실히 알 수 있을까요?"

모후가 말했다.

"방법이 있지. 템페리노와 같이 사냥을 가라. 만일 템페리노가 오로지 메추라기 뒤만 쫓아가면 요리할 생각만 하는 여자고, 만일 방울새만 쫓아가면 오로지 사냥하는 재미만 생각하는 남자다."

그리하여 왕은 템페리노에게 총을 주어 그와 함께 사냥을 나갔다. 왕은 템페리노를 속이기 위해 메추라기만 쏘기 시작했다. 하지만 템페리노의 암말은 메추라기가 나타날 때마다 다른 곳으로 방향을 돌렸고 그 덕분에 템페리노는 메추라기를 쏘아서는 안 된다는 것을 깨달았다. 그래서 템페리노는 말했다.

"전하. 감히 한 말씀 올리겠사옵니다. 전하께서는 메추라기를 매우 잘 맞히시는 것 같사옵니다. 구잇감은 충분히 마련했사오니, 잡기가 더 어려운 방울새를 잡으시지요."

왕은 궁궐로 돌아와서 어머니에게 이 일을 말했다.

"템페리노는 메추라기를 잡지 않고 방울새를 쏘았습니다. 하지만 저는 믿을 수가 없습니다. 템페리노는 부드러운 손과 가는 허리를 지녔고, 노래하고 악기도 연주하고, 읽고 쓸 줄도 압니다. 템페리노는 저를 죽도록 미치게 만드는 여자입니다."

모후가 말했다.

"애야, 한 번 더 시도해 보아라. 템페리노를 밭으로 데려가서 상추를 뜯도록 하여라. 만일에 상추의 잎 부분만 뜯으면 여자다. 왜냐하면 우리 여자들은 인내심이 더 많기 때문이다. 만일에 뿌리까지 뽑으면 템페리노는 남자다."

왕은 템페리노와 함께 밭으로 가서 상추의 잎 부분만 따기 시작했다. 템페리노도 왕처럼 잎 부분만 따려고 하는 찰나 템페리노를 따라왔던 암말이 상추 전체를 물어서 뿌리째 왕창 뽑았다. 그래서 템페리노는 그렇게 해야 한다는 것을 깨달았다. 템페리노는 성급하게 상추를 흙이 묻은 뿌리까지 팍팍 뽑아서 바구니를 채웠다.

왕은 템페리노를 꽃밭으로 데려갔다.

왕이 템페리노에게 말했다.

"장미가 참 아름답구나, 템페리노야."

하지만 암말이 코를 다른 꽃밭으로 향했다. 그것을 본 템페리노가 말했다.

"장미에는 가시가 있습니다. 장미 대신에 카네이션과 재스민을 꺾으시지요."

왕은 낙담했으나 포기하지 않았고 어머니에게 말했다.

"템페리노의 손은 부드럽고 허리는 가늘어요. 노래하고 악기도 연주하고, 읽고 쓸 줄도 압니다. 템페리노는 저를 죽도록 미치게 만드는 여자입니다."

"그렇다면 이제는 너와 같이 목욕을 하는 것밖에 다른 방법이 없구나."

그래서 왕은 템페리노에게 말했다.

"이리 오너라. 강에 목욕하러 가자."

그들은 강에 도착했다. 템페리노가 말했다.

"전하. 먼저 옷을 벗으시지요."

왕은 옷을 벗고 물 속으로 들어갔다.

"이젠 너도 들어오너라."

왕은 템페리노에게 말했다. 그때 말의 커다란 울음소리가 들렸고 입에 거품을 물고 흥분해서 날뛰는 암말이 나타났다.

"내 말!"

템페리노가 소리쳤다.

"전하, 기다리십시오. 전 흥분한 말을 쫓아 가야만 합니다."

그리고 템페리노는 왕궁으로 달려가 모후에게 말했다.

"마마, 전하께서 강물에서 옷을 벗고 계시온데 몇몇 병사들이 전하를 알아보지 못해서 전하를 체포하려고 합니다. 전하께서 저에게 왕을 상징하는 지팡이와 왕관을 가져오라고 하셨습니다."

모후는 왕의 지팡이와 왕관을 템페리노에게 주었다. 템페리노는 왕의 지팡이와 왕관을 받자마자 암말에 올라타고 노래를 부르면서 힘차게 집으로 달려갔다.

길 떠난 소녀, 돌아오네
왕의 지팡이와 왕관을 얻었네.

상인의 막내딸은 강을 건너 산을 넘고 숲을 지나 집으로 돌아왔고, 그녀의 아버지는 내기에서 이겼다.
(나폴리)

뱀이 된 피피나

옛날에 상인이 살고 있었다. 그의 아들은 아주 잘생겼고 이름은 발델로네였다.

그런데 발델로네의 아버지는 점점 재산을 잃고 급기야 동냥으로 생계를 꾸려 나가게 되었다. 상인의 아내는 아이를 또 가졌다. 잘생긴 아들은 어떻게 했을까? 가난한 집안 사정을 아는 발델로네는 아버지와 어머니의 손에 입을 맞추고 프랑스로 가는 배에 올랐다. 교육을 잘 받은 젊은이는 프랑스 파리에 도착하자마자 왕궁에 들어가 경력을 쌓아서 궁정의 집사가 되었다.

한편 집에서는 상인의 부인이 남편에게 말했다.

"아기가 곧 태어날 텐데 우리에겐 필요한 물건이 없어요. 우리에게 유일하게 남아 있는 식탁을 팔아서 필요한 물건을 준비합시다."

고물상이 길을 지나가고 있어서 상인과 그의 아내는 식탁을 팔았고 상인은 필요한 물건들을 살 수 있었다. 그리고 얼마 후 딸이 태어났는데, 비할 길 없이 예뻤다. 아버지와 어머니는 그녀를 보자마자 울기 시작했다.

"가련한 녀석 같으니!"

딸아이는 성장해서 15개월, 16개월 정도가 되자 혼자 걷기 시작했고, 부모가 누워 자는 짚더미에 가서 놀곤 했다. 어느 날 아이가 짚더미에서 놀다가 말했다.

"엄마, 엄마, 예뻐요, 예뻐!"

아이의 손에 금화가 가득했다.

어머니는 마치 꿈을 꾸는 듯했다. 어머니는 금화를 집어서 가슴에 넣고 부랴부랴 부치리아 시장^{팔레르모에 있는 시장 이름}으로 달려갔다. 그리고 더 이상 무엇을 사야 할지 모를 정도로 이것저것을 구입했다. 식구들은 정오가 되어서야 식사를 배불리 할 수 있었다.

"말 좀 해보렴, 피피나. 이렇게 반짝이는 예쁜 것들을 어디서 구했느냐?"

아버지가 딸아이에게 물었다. 그러자 아이는 말했다.

"여기에서, 아빠."

그러고는 짚더미 밑에 있는 구멍을 가리켰다. 그곳에는 금화가 가득 찬 항아리가 있었다. 손을 집어넣기만 하면 금화가 잡혔다. 이렇게 되어 가족은 고개를 들고 살게 되었고, 예전의 상태로 돌아왔다. 딸아이가 네 살이 되었을 때 아버지가 그의 아내에게 말했다.

"여보, 이제 피피나에게 마법의 능력을 줄 때가 온 것 같아. 아이도 예쁘고, 우린 돈도 있잖아. 피피나에게 마법의 능력을 주는 것이 어떻겠소?"

그 당시에는 여자아이들에게 마법의 능력을 주기 위해서, 요정 네 명이 살고 있는 메조몬레알레^{팔레르모의 포르타 누오바 밖에 있으며, 몬레알레로 가는 중간에 위치한 지역}에 가곤 했다. 피피나의 부모들은 피피나를 마차에 태우고 가서 네 요정에게 소개를 하였다. 요정들은 피피나의 부모님에게 무엇을 준비해야 하는지 설명하였고, 일요일에 상인의 집에 가서 피피나에게 마력을 줄 것이라고 설명했다.

정확히 일요일에 네 요정이 팔레르모에 내려왔고, 모든 것이 준비된 것을 보았다. 요정들은 손을 씻고, 마요르카 밀가루를 조금 반죽해서 예쁜 과자를 네 개 만든 다음, 그것들을 빵집에서 굽도록 했다.

조금 시간이 지난 후에 화덕에서 좋은 냄새가 나자 빵집의 여주인은 더 이상 참을 수 없어서 과자 네 개 중에 하나를 꺼내서 먹었다. 그리고 보통 밀가루와 화덕용 빗자루를 닦는 구덩이에 있는 물로 대충 비슷하게 반죽을 하였다. 그녀는 예쁘게 과자를 만들어서 나머지 과자 세 개와 나란히 놓았다.

과자 네 개가 상인의 집에 도착하자 첫 번째 요정이 과자 한 개를 집어 잘랐다.

"나는 아름다운 네가 빗질을 할 때마다 진주와 보석이 나오는 능력을 주노라."

두 번째 요정이 과자를 자르면서 축복을 내렸다.

"나는 네가 지금보다 더 예뻐지도록 마력을 주노라."

세 번째 요정이 일어섰다.

"나는 네가 원하는 때마다 제철에 나지 않는 모든 과일이 네 앞에 나타나도록 마력을 내리노라."

"나는 너에게······."

네 번째 요정이 일어나서 화덕 빗자루의 재가 들어간 과자를 칼로 자르면서 말을 하자마자 재가 밖으로 튀어 요정의 눈으로 들어갔다.

"아이고! 아파라!"

요정이 소리쳤다.

"나는 너에게 나쁜 마력을 주겠다. 햇빛을 보면 너는 검은 뱀이 될 것이다!"

그리고 요정 자매 넷은 사라졌다.

아버지와 어머니는 울기 시작했다. 그들의 딸은 더 이상 햇빛을 볼 수 없었다!

이 가족들에 대한 이야기는 잠시 뒤로 미루고, 발델로네가 어떻게 지내는지 보자. 프랑스에서 자신의 집이 굉장히 부자라고 자랑하고 다니는 발델로네는 사실 자신의 집에 돈이 한 푼도 없다는 사실을 잘 알고 있었다. 굉장히 과장해서 말을 했기 때문에 그는 모든 사람들의 존경을 받았다. 왜냐하면 그는 다음과 같은 속담을 알고 있었기 때문이다.

자신의 고향에서 멀리 나간 사람은
마치 공작인 듯, 백작인 듯, 후작인 듯 행동한다.[1]

프랑스의 왕은 발델로네 집안이 정말 그렇게 부유한지 알고 싶었다. 그래서 왕은 한 기사에게 팔레르모에 가서 눈으로 보고 참고해야 할 것들을 설명해 주고 심부름을 보냈다. 기사는 팔레르모에 가서 발델로네의 아버지를 찾았다. 사람들은 많은 문지기들이 출입구를 지키고 있는 큰 저택을 가리켰다. 기사는 그곳에 들어갔다. 그곳에는 금화로 된 방과 수없이 많은 시종들이 있었다. 상인은 기사를 환대하였으며 그를 식사에 초대하였고, 해가 진 후에 피피나를 불러 기사와 함께 있도록 하였다. 기사는 피피나를 보자 마치 마법에 걸린 것 같았다. 그는 그렇게 예쁜 아가씨를 본 적이 없었다. 기사는 프랑스에 돌아와서 왕에게 그가 본 대로 말했다.

왕은 발델로네를 불렀다.

"발델로네, 팔레르모에 있는 자네 집에 가서 여동생 피피나를 데려오게. 나는 그녀와 결혼하고 싶네."

여동생이 있는지조차 모르는 발델로네는 무슨 이야기인지 조금밖에 이해하지 못했지만 왕의 명을 받들어 길을 떠났다. 이제는 발델로네가 프랑스 파리에서 한 여자와 사귀고 있었다는 것을 알아야 한다. 이 여자는 발델로네가 자신을 팔레르모에 데려가기를 원했다.

팔레르모에 도착한 발델로네는 가족이 옛날처럼 큰 부자가 된 것을 알고, 프랑스의 왕이 피피나와 결혼하기를 원한다는 것을 알렸다. 모든 사람들이 기뻐했으나 프랑스에서 발델로네와 같이 온 여자는 피피나를 보자 질투심에 사로잡혔고, 피피나를 궁지에 빠뜨리고 자신이 왕비가 되어야겠다고 생각했다.

며칠이 지난 후 발델로네는 피피나와 배를 타고 출발했다.

"아버지, 안녕히 계십시오."

"잘 가거라, 아들아, 안녕, 피피나."

"안녕히 계세요, 엄마."

그들은 출발하였다. 프랑스 파리에 가기 위해서는 처음에는 바다로, 나중에는 육지로 여행을 해야 했다. 발델로네는 피피나를 선실에 두어 햇빛 한 줄기도 보지 못하게 하였다. 그리고 자신의 애인을 피피나와 같이 있도록 하였다. 배가 항구에 닿자 발델로네는 여동생을 완전히 햇빛을 차단한 가마에 애인과 같이 태워서 하선시켰다. 그런데 질투심이 많은 발델로네의 애인은 파리에 가까워지자 피피나는 여왕이 되고, 자신은 장군의 아내가 될 것이라는 생각에 점점 화가 났다.

그래서 피피나를 조르기 시작했다.

"피피나, 여기는 숨이 막혀. 뚜껑을 열자!"

"제발, 저를 망치지 마세요!"

잠시 시간이 흐르자 또 발델로네의 애인이 말했다.

"피피나, 나는 숨이 막혀!"

"제발 참으세요."

잠시 후 그녀는 또 다시 말했다.

"피피나, 나 죽겠어."

"제가 햇빛을 볼 수 없다는 걸 알잖아요!"

"아, 그래?"

발델로네의 애인은 조그마한 칼을 들어서 가마에 작은 구멍을 냈다. 구멍을 통해 햇빛이 가느다랗게 한 줄기 비쳤다. 햇빛이 가마 안의 피피나를 비추자 피피나는 검은 뱀이 되었고, 가마 밖으로 나와 거리의 먼지 속을 기어서 가까운 곳에 있는 궁궐 정원의 울타리 속으로 사라졌다.

발델로네는 가마가 왕궁에 도착한 후 여동생이 사라진 것을 보고 일이 어찌된 건지 눈치 채고는 소리쳤다.

"불쌍한 내 동생! 난 또 어떡해! 왕이 피피나와 결혼하고 싶어한다고!"

"걱정할 게 뭐가 있어?"

발델로네의 애인이 말했다.

"왕에게 내가 네 여동생이라고 해. 그럼 되잖아."

발델로네는 그렇게 할 수밖에 없었다.

왕은 그녀를 보자 코를 조금 씰룩거렸다.

"이 여자가 비할 데 없이 예쁘다고? 뭐 ……. 하지만 왕이 약속을 번복할 수는 없는 법! 그녀와 결혼하겠다."

왕은 그녀와 결혼을 하고 같이 살았다. 하지만 발델로네는 마음이 편하지 않았다. 애인이었던 여자가 왕과 결혼하기 위해 자기를 배반한 것을 분하게 생각했고, 불쌍한 여동생을 생각했다. 발델로네는 왕비를 결코 용서할 수가 없었다. 새 왕비는 그러한 것을 알아차리고 발델로네를 쫓아내려고 음모를 꾸미기 시작하였다.

그녀는 왕에게 말했다.

"전하, 요즘 몸이 좋지 않습니다. 무화과를 먹고 싶습니다."

무화과가 나는 계절이 아니므로 왕이 말했다.

"이런 계절에 어디서 무화과를 구할 수 있겠소?"

그녀는 말했다.

"발델로네에게 말씀해 보세요. 그는 무화과를 구할 수 있을 겁니다."

"발델로네!"

"예, 전하."

"왕비를 위해 무화과 네 개를 구해 오너라."

"이 계절에 무화과라니요, 전하?"

"나는 계절인가 뭔가는 모른다. 무화과를 구해 오라고 했다. 틀림없이 있을 것이다. 구해 오지 못하면 목이 달아날 것이다."

낙담에 빠진 발델로네는 정원으로 내려와서 울음을 터뜨렸다. 그때 정원의 수풀에서 검은 뱀이 나와 그에게 말했다.

"무슨 일 있어요?"

"피피나! 너로구나! 나 역시 커다란 불행에 빠졌어."

발델로네는 왕이 무화과를 구해 오랬다고 그녀에게 말했다.

뱀은 말했다.

"저는 제철이 아닌 과일이 나타나게 할 수 있는 마력을 지니고 있어요. 무화과가 필요하다고요? 자!"

그러자 잘 익은 무화과 한 바구니가 나타났다.

발델로네는 즉시 왕에게 가서 무화과를 바쳤다. 왕비는 너무 먹어서 몸이 아플 정도로 무화과를 먹었다. 사흘 후에 왕비는 살구가 먹고 싶다고 했다. 뱀이 된 피피나는 살구가 나타나도록 했다.

그러고 나자 왕비는 체리가 먹고 싶다고 했다. 그러자 피피나는 체리를 제공했다. 그리고 배를 제공했다. 하지만 무화과, 살구, 체리, 배와 같은 것은 아무 소용이 없었다. 결국 발델로네는 음모에 걸려 사형 선고를 받았다. 발델로네는 한 가지 청원을 하였다. 그는 왕궁의 정원에 자신을 묻어 달라고 했다.

"그렇게 해 주마."

왕이 말했다. 발델로네는 교수형당했고 왕궁의 정원에 묻혔다. 마침내 왕비는 안도의 한숨을 쉬었다.

그러던 어느 날 밤, 정원사의 아내가 잠에서 깨어나 정원에서 이상한 소리가 나는 것을 느꼈다.

아이고, 검은 풀 사이에 묻힌 오빠.

발델로네 오빠.

하지만 오빠를 그렇게 만든 사람은.

오빠의 주인 옆에서 왕비 노릇을 하네.

정원사의 아내는 남편을 깨웠다. 그들은 조용히 얼굴을 마주보았고, 교수형을 당한 장군의 묘지에서 검은 그림자가 뱀처럼 기면서 사라지는 것을 보았다.

　아침이 되자 정원사는 여느 때처럼 왕에게 꽃다발을 바치러 가면서 정원에 진주와 보석들이 가득 널려 있는 것을 보고는 그것들을 왕에게 가져갔고, 왕은 크게 놀랐다.

　다음 날 밤에 정원사는 총을 들고 정원에 잠복했다. 자정이 되자 무덤 가에 그림자가 나타나서 말하는 소리가 들렸다.

　아이고, 검은 풀 사이에 묻힌 오빠.
　발델로네 오빠.
　하지만 오빠를 그렇게 만든 사람은.
　오빠의 주인 옆에서 왕비 노릇을 하네.

　정원사는 그림자에 조준을 하였다. 막 총을 쏘려고 하는 순간에 그림자의 주인이 말했다.

　"총을 내리세요! 저도 당신처럼 세례를 받고 견진성사를 받은 인간입니다. 가까이 와서 저를 보십시오."

　그래서 정원사가 그것이 쓴 베일을 쳐들자 비할 데 없는 예쁜 얼굴이 나타났다. 그러고 나서 그녀가 머리를 풀자 머리카락에서 진주와 보석들이 떨어져 나왔다. 피피나가 말했다.

　"전하께 내일 밤에 이곳에서 기다려 달라고 말씀해 주세요."

　날이 밝아지자 피피나는 뱀으로 변해 사라졌다.

　다음 날 밤, 같은 시간에 그림자가 드리워지고 왕이 그녀 가까이 왔을 때 피피나는 말했다.

　"아이고, 오빠, 발델로네 오빠."

　피피나는 베일을 걷어내고 왕이 자신을 멍하니 바라보고 있는 동안 자신이 겪은 일을 이야기했다.

"내가 네게 걸린 마법을 풀려면 무슨 일을 해야 하겠느냐?"

"내일 바람처럼 달리는 말을 타고 요르단 강까지 가서 강둑에 가 보시면 그곳에서 목욕을 하고 있는 네 요정을 발견할 수 있을 것입니다. 한 명은 땋은 머리에 초록색 리본을 하고 있을 것이고, 한 명은 빨간색 리본을, 한 명은 하늘색 리본을, 나머지 한 명은 흰색 리본을 하고 있을 것입니다. 강둑에 놓인 요정들의 옷을 가져가면 요정들이 옷을 돌려 달라고 할 것입니다. 하지만 그 옷들을 돌려 주어서는 안됩니다. 절대로! 그러면 첫 번째 요정이 당신에게 초록색 리본을 던질 것이고, 두 번째 요정은 빨간색 리본을, 세 번째 요정은 하늘색 리본을 던질 것입니다. 하지만 반드시 네 번째 요정이 흰색 리본과 땋은 머리를 당신에게 던질 때까지 기다렸다가 옷을 돌려 주십시오. 그러면 저의 악운이 사라질 것입니다."

왕은 다른 것에 대해서는 알고자 하지 않았다. 다음날 새벽이 되자 왕은 길을 떠났고, 자신의 영토 밖으로 나갔다. 한 달 동안 걷고 또 걸어 요르단 강에 도착하여 요정들을 발견했고, 발델로네의 진짜 동생이 그에게 말한 대로 했다. 왕은 흰색 리본과 땋은 머리를 손에 넣자마자 요정들에게 말했다.

"이제 당신들을 놓아 주고 난 떠나겠소. 하지만 내가 당신들에게 빚을 갚을 것을 의심하지 마시오."

왕은 자신의 나라로 돌아오자마자 정원으로 달려가 검은 뱀을 불러 그녀를 리본으로 건드렸다. 그러자 피피나는 왕이 한번도 본 적이 없는 가장 아름다운 아가씨가 되었다. 그리고 머리에 리본을 달고 난 이후에는 두려울 것이 하나도 없었다.

왕은 정원사를 불러 말했다.

"이제 네가 할 일이 있다. 커다란 범선을 준비해서 발델로네의 여동생을 태운 다음, 밤에 떠나 며칠이 지난 후에 외국 깃발을 달고 항구로 돌아오너라. 그 다음부터는 내가 알아서 하겠다."

정원사는 하나하나 그대로 진행을 하였고, 사흘 후에 외국의 깃발을 달고 왕궁을 향해 배를 돌렸다. 바다가 보이는 궁궐 창가에 있던 왕이 왕비에게 말했다.

"저건 무슨 배일까? 저것 보시오! 내 친척 중의 한 사람이 오고 있소. 마중하러 갑시다."

항상 남에게 잘 보이기를 주저하지 않는 왕비는 눈 깜짝할 사이에 옷을 차려입었다. 왕비는 배 위에 올랐고, 피피나와 마주쳤다.

'발델로네의 여동생은 검은 뱀이 된 것으로 알고 있는데⋯⋯.'

축하 행사를 성대히 치른 후 이들은 피피나의 아름다움을 찬양하면서 하선하였다.

"왕비, 말해 보시오. 저렇게 아름다운 사람에게 나쁜 짓을 한 자가 있다오. 그녀가 얼마나 고통스러웠겠소."

왕비가 말했다.

"오, 어느 누가 그런 나쁜 짓을 하겠어요?"

"하지만 만일 그런 자가 있다면 어떤 벌을 내려야겠소?"

"이 창문으로 던진 다음 불에 태워 버려야겠지요."

"그렇지!"

왕은 즉시 말했다.

"저 여인은 내가 결혼하려고 했던 여인이다. 질투심 많은 너는 왕비의 자리를 빼앗으려고 이 여인을 검은 뱀이 되게 하였다. 너는 나를 속인 죄와 이 가련한 여인에게 고통을 준 죄를 이제 한꺼번에 되돌려 받게 될 것이다. 네 스스로 말한 것처럼 벌을 받으리라. 여봐라! 병사들아! 이 사악한 여자를 묶어서 창 밖으로 던진 다음, 즉시 화형에 처하라!"

즉각 왕이 말한 대로 이루어졌다. 거짓말쟁이는 창밖으로 내던져지고 화형을 당했다. 왕은 발델로네의 여동생에게 죄 없는 오빠를 교수형 시킨 것에 대해 용서를 빌었다. 피피나가 대답했다.

"과거는 생각하지 않기로 하지요. 정원에 가서 무엇을 할 수 있는지 알아보겠습니다."

그들은 정원에 있는 발델로네의 무덤으로 가서 비석을 들어 올렸다. 발델로네의 몸은 거의 썩지 않아서 그대로였다. 피피나는 붓에 기름을 발라 오빠의 목을 적셨다. 그러자 발델로네는 숨을 쉬기 시작했고 움직이기 시작했으며 마치 잠에서 깨어난 것처럼 눈을 비볐고, 마침내 일어섰다. 그 장면은 말로는 설명할 수 없다. 그들은 포옹하고 입을 맞췄다. 왕은 큰 잔치를 열고 상인 부부를 초대하러 사람을 보냈으며, 피피나는 성대한 결혼식을 올렸다.

(팔레르모)

●─주

1 자신을 알아보는 사람이 없는 곳에선 허세를 부린다는 뜻. "Chi va fuori dal suo paese Si finge conte, duca e marchese."

현명한 카테리나

옛날에 팔레르모에 거상이 있었다. 이 거상의 딸은 젖을 뗄 나이가 되었을 때부터 집에서 일어나는 크고 작은 일에 관해 말할 정도로 현명함을 타고났다. 아버지는 딸의 재능을 보고는 그녀를 '현명한 카테리나'라고 불렀다. 카테리나는 모든 언어를 공부하고 모든 책을 읽었는데, 그녀보다 더 나은 사람은 없었다.

카테리나가 열여섯 살 때 어머니가 돌아가셨다. 소녀는 너무 슬퍼서 자신의 방에서 꼼짝 않고 나오지 않았다. 먹는 것도 자는 것도 방 안에서 했다. 더 이상 그녀에게는 산책도 연극도 즐거움도 존재하지 않았다.

하나밖에 없는 딸을 볼 수 없게 된 거상은 현자를 부르기로 생각했다. 그는 대단한 거상이었기 때문에 온갖 사람들과 교류했고 그 중엔 현자도 있었다. 거상은 현자를 불러 딸의 일을 말했다.

"어르신, 당신은 제게 눈에 넣어도 아프지 않을 딸이 있다는 것을 아시지요. 그런데 그 애가 아내가 세상을 뜬 후로는 고양이처럼 방 안에 박혀서, 밖으로 코빼기조차 내밀지 않아요."

현자는 대답했다.

"당신의 딸은 대단한 현명함을 타고났습니다. 규모가 큰 기숙사 학교를 개설하십시오. 학생들이 그녀 밑에서 공부를 하게 되면, 딸의 머리에서 어머니에 대한 생각을 지울 수 있을 것입니다."

"오, 참으로 지혜로우십니다."

현자의 말을 듣고 아버지는 딸을 불렀다.

"애야, 내 말 좀 들어 보아라. 네가 특별히 다른 생각이 없는 것 같아 기숙사 학교를 만들기로 했다. 네가 그 학교의 주인이 되는 게다. 어떻겠니?"

카테리나는 즉시 찬성하였다. 카테리나는 선생들을 감독하였고, 학교를 꾸몄다. 학교 밖에는 '현명한 카테리나에게 수업 받기를 원하는 사람에게 학비는 무료.' 라는 현판을 내걸었다.

즉시 많은 소년, 소녀들이 학교에 왔다. 카테리나는 그들을 차별하지 않고 서로 가까이 앉게 하였다. 그녀는 말했다.

"석탄공이 군주의 딸 옆에 앉아도 돼. 먼저 오는 사람이 먼저 밀을 가는 거지."

현명한 카테리나는 끝에 못이 달린 채찍을 가지고 있었다. 카테리나는 모든 사람들을 평등하게 가르쳤으며, 수업을 제대로 듣지 않는 자에게는 매질을 하였다. 이 학교의 명성이 궁궐에까지 알려졌다. 왕자도 그곳에 다니고 싶었다. 왕자는 옷을 잘 차려입고 교실에 들어갔다. 카테리나는 그를 빈자리에 앉게 했다. 왕자의 차례가 되자 카테리나는 그에게 질문을 하였다. 왕자는 대답을 하지 못했다. 찰싹! 지금까지도 얼얼하도록 세게, 카테리나가 왕자에게 손찌검을 하였다.

왕자는 화가 나서 벌떡 일어나 왕궁으로 달려가 왕에게 말했다.

"청하옵건대, 전하! 현명한 카테리나를 아내로 맞이하고 싶습니다."

왕은 카테리나의 아버지를 불렀다. 카테리나의 아버지는 궁궐에 갔다.

"소인 대령하였습니다. 전하!"

"일어나라! 내 아들이 너의 딸과 결혼하고자 한다."

"원하시는 대로 하십시오, 전하. 하지만 저는 상인이옵고, 전하의 아들은 왕족입니다."

"상관없다. 결혼하고 싶어하는 것은 나의 아들이다."

상인은 집으로 돌아왔다.

"카테리나, 왕자가 너와 결혼하겠다고 한다. 네 생각은 어떻지?"

"받아들이겠어요."

매트리스에 필요한 양모도 충분했고, 가구도 부족하지 않았다. 그로부터 여드레 동안 필요한 모든 것들이 준비되었다. 왕자는 시녀 열둘을 카테리나에게 보냈다. 왕자와 카테리나는 궁궐의 성당에서 결혼식을 올렸다.

결혼식이 끝난 후 왕비는 시녀들에게 왕자비의 혼례복을 벗겨 주고 잠을 재우도록 지시하였다. 그러나 왕자가 곁에서 말했다.

"그녀의 옷을 벗길 사람들도, 옷을 입힐 사람들도 필요 없다. 문 뒤의 보초도 필요 없다."

그렇게 되어 왕자는 신부와 단 둘이 남게 되었다.

"카테리나, 나를 때렸던 것을 기억하오? 이젠 뉘우치는지?"

"뉘우치다니요? 원하시면 한 대 더 때려 드리지요."

"뭐라고? 뉘우치지 않았다고?"

"꿈도 꾸지 마세요."

"전혀 그럴 생각이 없는 거요?"

"누가 그런 생각을 하겠어요?"

"아, 그래? 내가 누구인지 보여 주겠소."

왕자는 밧줄을 준비해 깊은 구덩이 속에 카테리나를 내려놓을 채비를 마친 후 말했다.

"카테리나, 참회하지 않으면 구덩이 속에 넣을 거요!"

"구덩이 속은 더 시원하겠군요"

카테리나가 왕자에게 말하자 왕자는 카테리나를 붙들어 조그마한 책상과 의자, 물 한 통, 빵 약간과 같이 구덩이 속에 넣었다.

다음날 아침 왕과 왕비가 관습에 따라 신부에게 아침 인사를 하러 왔지만 왕자가 방문을 가로막고 말했다.

"들어가실 수 없습니다. 카테리나가 몸이 좋지 않습니다"

그런 다음 왕자는 구덩이에 가서 몸을 굽혀 카테리나를 내려다보며 물었다.

"지난밤은 어떠했소?"

"참 시원했어요"

"나를 때렸던 것에 대해 잘 생각해 보았소?"

"당신을 때려 줘야겠다고 생각하고 있어요."

그렇게 이틀이 지났다. 카테리나는 너무나 배가 고파 어쩔 수 없이 코르셋에서 고리를 떼어 벽에 구멍을 파기 시작했다. 벽을 파고 또 파자 이틀 후에 빛이 보였다. 카테리나는 다시 살아난 것 같았다. 좁은 틈을 더 넓히자 아버지의 시종이 지나가는 것이 눈에 띄었다.

"돈 토마소! 돈 토마소!"

돈 토마소는 벽에서 들려오는 소리가 무엇인지 알 수 없었다.

"나야. 현명한 카테리나야. 아버지에게 가서 지금 당장 이야기하고 싶다고 전해 줘."

돈 토마소는 카테리나의 아버지와 같이 돌아와 벽에 있는 구멍을 가리켰다.

"아버지, 이게 제 운명인가 봐요. 저는 구덩이의 밑바닥에 있어요. 우리집에서부터 이곳까지 대들보와 등불이 설치된 지하 통로를 만들어 주세요. 나머지는 제가 알아서 하겠습니다."

상인은 그렇게 하겠다고 말하고, 일단은 벽에 난 구멍을 통하여 닭고기를 비롯한 음식물을 주었다.

왕자는 하루에 세 번 구덩이에 왔다.

"카테리나, 나의 뺨을 때린 것을 후회하오?"

"뭘 후회하라고요? 제게 뺨 맞을 생각이나 하시지요."

한편 카테리나의 아버지는 인부들을 고용하여 지하 통로를 파고 있었다. 인부들이 20미터마다 등불과 기둥을 설치했다. 지하 통로가 완공되었고 카테리나는 왕자가 구덩이에 들렀다 떠나자마자 아버지의 집으로 왔다.

며칠이 지난 후, 왕자는 이 일에 싫증이 났다. 왕자는 구덩이에 와서 말했다.

"카테리나, 나는 나폴리에 가야 하오. 나에게 할 말 없소?"

"매우 잘됐군요. 재미있게 지내세요. 도착하면 편지하시고요."

"자, 그럼, 정말 떠나겠소."

"아니, 아직도 안 갔어요?"

왕자가 화가 나서 구덩이를 다시 덮자마자 카테리나는 아버지에게로 뛰어갔다.

"아빠, 이번에는 저를 도와주셔야 해요. 나폴리로 떠날 준비가

다 된 쌍돛단배 한 척과 나폴리에 보낼 집사, 시종, 화려한 옷들이 필요해요. 그곳에 가서 왕궁 앞에 있는 저택을 얻어 저를 기다리도록 준비시켜 주세요."

상인은 쌍돛단배를 비롯한 모든 것을 준비했고 시종들은 나폴리로 향했다. 한편 왕자는 전함 한 척을 준비하여 출발하였다. 카테리나는 왕자가 출발하는 것을 보고 다른 쌍돛단배에 타고 왕자보다 먼저 나폴리에 도착하였다.

나폴리에서 카테리나는 가장 아름답게 치장하고서 저택의 발코니에 나와 왕궁을 향해 서 있었다. 왕자는 그녀를 보고 한눈에 반해 소리쳤다.

"현명한 카테리나와 아주 비슷한데!"

왕자는 대사를 보냈다.

"아가씨, 방해가 되지 않는다면 왕자님께서 아가씨를 만나 뵙고자 합니다."

"그렇게 하지요."

카테리나는 대답했다. 왕자가 위풍당당하게 카테리나의 집에 도착했고, 성대한 잔치 후 카테리나와 대화를 나누기 시작했다.

왕자가 말했다.

"아직 미혼이신지요?"

"아직 미혼입니다. 당신은요?"

"저도 미혼입니다. 말씀드릴 게 있습니다. 당신은 팔레르모에 있는 제가 좋아하는 여인과 닮았습니다. 저는 당신과 결혼하고 싶습니다."

"기꺼이 결혼하겠습니다. 왕자님."

여드레 후에 그들은 결혼하였다.

●──왕자는 발코니의 여인에게 반하였다.

●──이탈리아 민담

아홉 달이 지나 카테리나는 매우 예쁜 아들을 낳았다.

"부인, 이름을 뭐라고 지으면 좋겠소?"

"'나폴리'라고 지어 주세요."

왕자는 아들의 이름을 나폴리로 지었다.

2년이 흘렀다. 왕자는 나폴리를 떠나야 했다. 카테리나에게 그 일은 반가운 일은 아니었으나, 왕자는 어떻게 해서라도 떠나려고 하였다. 왕자는 아이가 그의 장남이며, 때가 되면 왕이 될 것이라는 증서를 주었다. 그리고 제노바로 떠났다.

왕자가 출발하자마자 카테리나는 가구를 실은 쌍돛단배와 집사, 시종 등 모든 것을 즉시 제노바로 보내고, 제노바 왕궁을 마주보는 저택을 빌려서 준비를 해 두라는 편지를 아버지에게 보냈다. 카테리나의 아버지는 쌍돛단배를 준비하여 제노바로 보냈다.

카테리나 또한 쌍돛단배를 타고 왕자보다 먼저 제노바에 도착하였다. 카테리나는 제노바에 있는 왕궁을 마주한 저택 발코니에 자리를 잡고, 금은 보화로 치장을 하였다. 왕비처럼 머리를 단장한 젊고 아름다운 여인을 보고 왕자는 소리쳤다.

"현명한 카테리나와 너무나 닮았어. 그리고 나폴리에 있는 내 아내와도!"

그리고 나서 왕자는 카테리나에게 사절을 보냈다. 그녀는 기꺼이 왕자를 만나겠다고 말했다.

그들은 대화를 나누기 시작했다. 왕자가 물었다.

"당신은 미혼입니까?"

카테리나가 대답했다.

"미망인입니다. 그런데 당신은요?"

"저는 홀아비입니다. 아들이 하나 있습니다. 그런데 당신은 제가 팔레르모에서 만난 여인, 또 나폴리에서 알았던 한 여인과 닮았다는 것을 아십니까?"

"모르시나요? 세상에는 닮은 것이 일곱 개 있다는 것을!"

간단히 말하자면, 이들은 여드레 후에 결혼하였다.

아홉 달이 지난 후에 카테리나는 지난 번보다 더 잘생긴 아들을 낳았다. 왕자는 행복했다.

"부인, 아이 이름을 뭐라고 하면 좋겠소?"

"제노바!"

그래서 사람들은 그 아이를 '제노바'라고 불렀다.

2년이 지나자 왕자는 다시 떠나고 싶어서 어쩔 줄 몰랐다.

"제 품에 자식을 남겨둔 채 떠나다니요?"

카테리나가 말하자 왕자는 그녀를 안심시켰다.

"이 아이가 나의 아들이고 왕자라는 증명서를 주겠소."

왕자가 베네치아로 떠나려고 준비를 하는 동안 카테리나는 팔레르모에 있는 아버지에게 시종과 집사, 가구, 새 옷 등 모든 것을 실은 쌍돛단배를 요청하는 편지를 썼다. 모든 것을 실은 쌍돛단배는 베네치아로 향했다. 왕자는 돛이 세 개 달린 배를 타고 출발했지만 카테리나는 왕자보다 먼저 베네치아에 도착했다.

"오, 이럴 수가!"

왕자는 베네치아에서도 창가에 앉아 있는 아름다운 여인을 보자마자 소리쳤다.

"이 여자도 현명한 카테리나를 꼭 닮았고 나폴리에 있는 아내를 너무 닮은 제노바에 있는 내 아내와 정말로 닮았어! 어떻게 이런 일이? 카테리나는 팔레르모에서 구덩이 속에 갇혀 있는데. 나폴리에 있는 아내는 나폴리에 있고, 제노바에 있는 아내는 제노바에 있는

데, 베네치아에도 또 이런 여인이 있다니!"

왕자는 그녀에게 사절을 보내 방문 허락을 받고는 그녀를 만나러 갔다.

왕자가 말했다.

"그런데, 부인, 당신은 제가 아는 세 여인과 매우 닮았습니다. 한 명은 팔레르모에 있고, 한 명은 나폴리에, 한 명은 제노바에 있지요."

"그래요? 이 세상에는 닮은 것이 일곱 개가 있답니다"

그렇게 여느 때와 같은 대화가 지속되었다.

"미혼이십니까?"

"아니오. 저는 과부예요. 당신은요?"

"저도 홀아비입니다. 자식이 둘 있습니다."

여드레 후에 이들은 결혼했다.

이번에 카테리나는 해와 달처럼 아름다운 딸을 낳았다.

"이름을 뭐라고 하겠소?"

"베네치아!"

그렇게 해서 예쁜 아기 베네치아는 세례를 받았다.

그리고 2년이 흘렀다.

"여보, 나는 팔레르모로 돌아가야겠소. 팔레르모로 돌아가기 전에 당신에게 이 아이가 내 딸이고 공주라는 증명서를 남기겠소."

왕자는 길을 떠났다. 하지만 카테리나는 왕자보다 먼저 팔레르모에 도착했다. 카테리나는 아버지 집으로 가서 땅 속을 통과해 구덩이 속으로 들어갔다.

"카테리나, 좀 어떻소?"

"저요? 잘 지내고 있어요!"

"나를 때린 것을 뉘우쳤소?"

"당신을 때려 주겠다고는 생각했지요."

"뉘우치시오! 카테리나. 그렇지 않으면 난 재혼하겠소!"

"그렇게 하세요! 누가 당신을 말리겠어요?"

"만일에 당신이 뉘우치면, 당신을 다시 내 아내로 맞이하겠소."

"싫어요."

왕자는 사람들을 향해 자신의 아내가 사망했으니 재혼하겠다고 선언하고 다른 나라의 여러 왕들에게 공주의 초상화를 보내라고 편지를 썼다. 초상화들이 도착했다. 영국의 공주가 가장 아름다워서 왕자는 식을 올리기 위해 영국에 사람을 보내 왕비와 공주를 초대했다. 그리고 결혼식 준비를 했다.

팔레르모에 영국 왕실 가족이 도착했다. 한편 카테리나는 무엇을 하고 있었을까? 그녀의 세 아이, 즉 나폴리와 제노바, 베네치아를 위해 멋있는 궁중복 세 벌을 준비하도록 했다. 그녀는 왕자비답게 차려입고, 왕자의 복장을 갖춘 나폴리, 제노바와 공주의 격식대로 입은 베네치아의 손을 잡고 화려한 마차에 올라 왕궁으로 향했다.

왕자와 영국 공주가 결혼식 장소로 오는 중에 그들을 본 카테리나는 아이들에게 말했다.

"나폴리, 제노바, 베네치아. 아버지의 손에 입을 맞추어라."

그러자 아이들은 왕자의 손에 입을 맞추러 달려갔다. 아이들을 보자마자 왕자는 카테리나의 승리를 선언할 수 밖에 없었다.

"당신에게 한방 먹었군!"

왕자는 이렇게 소리치고 아이들을 안아 주었다. 영국 공주는 꼼짝 못하고 있다가 문을 열고 가 버렸다.

카테리나는 남편에게 똑같이 생긴 여자들에 관해 설명했고 왕자는 그녀에게 끊임없이 용서를 구했다.

그래서 그들은 행복하고 즐겁게 살았는데 우리에겐 먹을 것 하나 없다.

(팔레르모)

흰 수염 노인

한 왕이 시종들과 함께 사냥을 하러 가고 있는데 갑자기 구름이 끼기 시작하더니 순식간에 비가 억수같이 퍼부었다. 시종들이 이리 저리 피하느라 정신이 없는 와중에 왕은 길을 잃고 홀로 떨어져 외딴 오두막집을 발견했다. 오두막집에는 한 노인이 살고 있었다. 왕이 노인에게 물었다.

"잠시 머물 수 있겠소?"

"예, 전하. 이리 와서 불에 몸을 말리십시오."

왕은 젖은 옷을 걸어놓고 짚더미 위에서 잠을 자기 시작했다. 노인이 큰 소리로 누군가와 말하는 것을 듣고 왕이 잠에서 깨어났을 때는 밤이었다. 왕은 노인이 집 안에 없는 것을 보고 밖으로 나갔다.

노인은 정원에 앉아 있었다. 하늘엔 별이 총총했고 왕은 평온한 마음으로 별을 보며 노인에게 물었다.

"누구와 말하고 있소, 노인 양반?"

"별들과 대화하고 있습니다, 전하."

─ 이탈리아 민담

"별에 뭐라고 말했소?"

"제게 준 행운에 감사했습니다."

"어떤 행운 말이오, 노인?"

"제 아내가 오늘밤에 자식을 낳도록 별이 은혜를 베풀어서 제가 아들을 얻었습니다. 또한 별은 오늘밤에 왕비께서 자녀를 낳도록 전하에게도 은혜를 베풀어서, 전하께선 따님을 얻으셨습니다. 제 아들은 때가 되면 전하의 따님이신 공주의 남편이 될 것입니다."

"이런, 무례한 노인 같으니라고! 내 앞에서 감히 그런 말을 하다니! 네 죄를 알렸다!"

왕은 날이 밝자마자 옷을 다시 입고는 왕궁으로 돌아오다가 그를 찾으러 나온 기사들과 궁정의 집사를 만났다.

"전하, 다시 뵙게 되어 황송하옵니다! 지난밤에 왕비께서 공주님을 출산하셨습니다!"

왕은 궁궐로 달려갔고 왕좌에 앉자마자, 잔치를 벌이고 있던 주위의 행렬과 딸아이를 그에게 보여 주려고 온 아랫사람들에게 그날 밤 그 도시 안에 태어난 남자아이들을 모두 죽이라고 명령했다.

병사들은 도시 구석구석으로 흩어졌고 시내를 샅샅이 조사하였다. 그날 밤 그곳에선 남자아이가 딱 한 명 태어났다. 병사 두 명이 그 아이를 엄마에게서 빼앗아 왕의 명령대로 죽이기 위해 숲으로 데려갔다.

두 병사는 아이를 죽이려고 칼을 들어올렸지만 곧 불쌍하다는 생각이 들었다.

"정말 이 무고한 아이를 죽여야 할까?"

"저기 개 한 마리가 있군. 저 개를 죽여서 그 피를 아이의 옷에 바른 다음 그것을 왕에게 가져가자. 아이는 이곳에 놔두면 신께서 알아서 하시겠지."

두 병사는 그렇게 하였다.

버려진 아기는 숲 속에서 울고 있었다. 자신의 가게를 보러 온 '주멘토'라고 불리는 아랍 상인이 그곳을 지나가다가 아이의 울음소리를 듣고 수풀 사이에서 아이를 발견하였다. 그는 아기를 진정시키고 결국 자신의 집으로 아기를 데리고 왔다. 그는 집에 돌아와서 말했다.

"여보, 이번에는 구입해야 할 물건을 가져오지 못했소. 이 아이가 숲 속에 있었소. 우리에게 자식이 없는 것을 불쌍히 여기신 신께선 우리에게 보내 주신 것이오."

그들은 아이가 스무 살이 될 때까지 기르고 교육을 시켰다. 아이도 자신을 상인의 진짜 아들이라고 믿었다. 스무 살이 되자 상인이 말했다.

"아들아, 난 늙었고 너는 청년이 되었구나. 나의 재산과 장부와 금고를 가지고 네가 상점들을 돌보아라."

젊은이는 금고와 가방을 준비해서 상인과 상인 아내의 축복을 받으며 하인들과 함께 세상을 향해 출발했다.

주멘토의 아들은 스페인에 도착하여 장사를 잘 하였고 어느덧 그의 이름이 왕비의 귀에까지 들어갔다. 왕은 보석과 귀한 물건을 사기 위해 그를 궁으로 불러들였는데 이 왕은 바로 예전에 남자아이를 죽이라고 명령한 그 왕이었고 슬하에 스무 살이 된 공주가 있었다. 왕은 상인이 와서 물건을 진열하자 공주를 불렀다.

"공주야, 이리 와서 네가 좋아하는 것이 있는지 보아라."

그런데 공주는 여러 물건들을 보기도 전에 제 또래의 젊은이를 보게 되었고 결국 보자마자 사랑에 빠졌다.

"마음에 드는 게 있느냐, 공주야?"

"……."

"원하는 게 있으면 말해 보아라."

"저는 귀금속도 보석도 원하지 않아요. 저는 이 젊은이와 결혼하고 싶어요."

왕은 젊은 상인을 쳐다보았다.

"자네에 대해 말해 보게."

"저는 아랍 상인인 주멘토의 아들입니다. 장사 경험을 쌓고 아버지의 뒤를 잇기 위해 세상을 돌아다니고 있습니다."

주멘토의 부유함을 생각한 왕은 젊은이에게 딸을 주기로 결심하였고, 젊은 상인은 결혼식에 자신의 아버지와 어머니를 모시기 위해 길을 떠났다. 집에 돌아오자 젊은이는 부모님께 왕을 만나 공주와 결혼 약속을 했다고 말했다. 그러자 어머니는 갑자기 얼굴이 창백해지며 그를 욕하기 시작했다.

"배은망덕한 놈 같으니. 이제껏 키웠더니 공주와 사랑에 빠져서 떠나려고만 하는구나! 그만 가거라! 더 이상 이 집에서 너를 보고 싶지 않아!"

"어머니, 제가 무엇을 잘못했습니까?"

"어머니라니! 나는 네 어머니였던 적이 한번도 없다!"

"뭐라고요? 그렇다면 누가 제 어머니입니까?"

"내가 어떻게 알아! 우린 널 숲에서 주웠을 뿐이야!"

그리고 그녀는 가련한 젊은이에게 모든 것을 이야기해 주었고, 젊은이는 거의 기절할 뻔하였다.

주멘토는 아내의 그와 같은 분노 앞에서 어쩔 수 없었다. 상인은 슬픔에 젖은 채 젊은이에게 돈과 물건들을 주어 떠나도록 했다. 낙

심한 젊은이는 저녁에 숲에 도착했다. 젊은이는 나무 밑에 주저앉았고, 주먹으로 땅을 치면서 한숨을 쉬었다.

"오, 어머니, 절망 속에 홀로 남은 제가 달리 무얼 하겠습니까? 사랑하는 어머니, 저를 구해 주십시오!"

젊은이가 그렇게 울고 있을 때, 하얀 수염을 길게 드리우고 누더기를 걸친 노인이 나타났다.

"젊은이, 무슨 일이지?"

노인이 젊은이에게 묻자 젊은이는 자신이 부유한 아랍 상인의 아들이 아니라는 것을 알았기 때문에 약혼자에게 돌아갈 수 없다고 설명하면서 노인에게 마음을 털어놓았다.

"걱정할 게 뭐가 있겠나?"

노인은 젊은이에게 말했다.

"스페인으로 가세. 자네 아버지는 나야. 내가 자네를 돕겠네."

젊은이는 허름한 옷을 걸친 노인을 쳐다보고는 소리쳤다.

"당신이 제 아버지라고요? 꿈 같은 소리군요!

"그래, 내 아들아. 내가 네 아버지다. 나와 같이 가면 네게 행운이 올 것이다. 그렇지 않으면 행운을 잃을 것이다."

젊은이는 노인의 눈을 쳐다보고는 생각했다.

'잃은 것은 잃은 것. 노인과 같이 가는 것이 좋겠어. 이젠 더 이상 잃을 것도 없어.'

그들은 노인의 말을 타고 스페인에 도착해 왕 앞에 나아갔다.

왕이 젊은이에게 물었다.

"자네 아버지는 어디에 있는가?"

"여기에 계십니다"

찢어지게 가난해 보이는 노인을 가리키며 젊은이가 말했다.

● ──이탈리아 민담

"이 사람? 이리 초라한 주제에 감히 나의 딸을 달라고 오다니?"
"전하."
노인이 끼어 들었다.
"제가 별들과 이야기를 하다가 전하의 딸과 제 아들이 태어날 것이며 그들이 부부가 될 거라 예고했던 바로 그 노인입니다. 이 젊은이가 제가 전하께 말씀드렸던 제 아들입니다."
왕은 펄쩍 뛰었다.
"썩 나가라, 무례한 자 같으니! 저 노인을 체포해라!"
호위병들은 노인을 끌고 앞으로 데리고 나왔다. 그때 찢어진 옷 사이로 노인의 가슴팍이 보였고 황제의 금목걸이가 나타났다.
"황제 전하!"
왕과 호위병들이 한 목소리로 소리쳤다.
"용서해 주십시오. 황제 전하!"
왕은 무릎을 꿇었다.
"전하를 알아보지 못했습니다. 이 아이가 제 딸입니다. 전하께서 원하시는 대로 하십시오."
노인은 황궁의 일에 싫증을 느껴 단지 별들하고만 대화하면서 세상을 돌아다니고 있던 황제였다.
황제와 왕은 서로 포옹하였고, 입을 맞추었다. 그리고 결혼 준비를 하였다. 사람을 보내 아랍 상인과 그의 아내를 부르자 달려온 그들을 젊은이는 포옹하면서 맞아들였고, 이렇게 말했다.
"아버지, 어머니. 저에게 당신들은 부모와 같습니다. 저를 집에서 쫓아낸 것이 제게 행운을 가져다 주었습니다! 저는 공주와 결혼합니다. 하지만 당신들은 저와 항상 함께 계실 것입니다."
부부는 눈물을 흘리기 시작했다. 황제의 아들은 왕의 딸과 결혼하였고 도시 전체에서 큰 잔치가 열렸다.

　그래서 그들은 행복하고 즐겁게 살았는데 여기 있는 우리들에겐 먹을 것 하나 없다.

　(팔레르모)

도둑 비둘기

옛날 옛날에 머리칼을 자르고 싶지 않을 정도로 매우 아름다운 머리칼을 지닌 공주가 있었다. 그녀는 항상 머리 빗는 일만큼은 스스로 하였다. 어느 날 공주가 빗질을 하다가 빗을 창턱에 두었는데 비둘기가 창턱에 와서는 부리로 빗을 물고 날아가 버렸다.

"저기! 저기! 비둘기가 빗을 가져갔어!"

공주가 소리쳤지만, 이미 비둘기는 멀리 날아간 후였다.

다음날 공주는 다시 창가에서 빗질을 하고 있었다. 그때 비둘기가 다시 와서 리본을 물고 날아가 버렸다. 사흘째 되는 날엔 공주가 빗질을 막 끝내고 어깨에 숄을 두르려고 하는데 비둘기가 내려와서는 숄을 물고 날아가 버렸다.

이번엔 화가 단단히 난 공주는 비단으로 만들어진 작은 사다리를 타고 밑으로 내려와서 비둘기의 뒤를 쫓아갔다. 비둘기는 여느 비둘기들처럼 도망가는 것이 아니라 공주가 가까이 오기를 기다렸다가 날아가서 조금 떨어진 곳에 다시 앉았다. 공주는 더욱 화가 났다. 그렇게 조금씩 날아서 비둘기는 숲 속으로 들어갔고 공주도 그 뒤를 따라갔다.

숲 한가운데 조그마한 집 한 채가 있었다. 비둘기는 그 안으로 들어갔다. 문이 열려 있었고 공주는 비둘기를 따라 집에 들어갔다가 그 안에서 잘생긴 젊은이를 보았다. 공주는 젊은이에게 물었다.

"입에 숄을 문 비둘기를 보셨나요?"

"예. 그 비둘기가 바로 저랍니다."

젊은이는 대답했다.

"당신이라고요?"

"그렇습니다."

"어떻게 그럴 수가?"

"저는 마법에 걸려 있습니다. 제가 이 앞에 있는 산에 들어가고 당신이 이 집 창가에 앉아, 이 산을 응시하면서 태양과 별 아래에서 한 해를 보내고 한 달을 보내고 또 하루를 보낼 때까지 저는 온전히 인간으로 살아갈 수 없습니다."

공주는 두 번 생각지 않고 창가에 앉았다. 하루, 또 하루, 사흘이 지났으나 공주는 눈을 고정한 채 그곳에 꼼짝 않고 있었다. 시간은 흘렀고 공주는 태양과 달과 별 아래에서 마치 나무처럼 꼼짝하지 않았다. 공주는 점점 더 검게 그을었고, 마치 타르처럼 검게 되었다. 그렇게 1년하고 한 달 그리고 하루가 흘렀고 비둘기는 다시 완전한 사람이 되어 산에서 내려왔다. 그는 피부가 매우 검어진 공주를 보자마자 소리쳤다.

"흥! 정말 못생겼군! 너는 인간으로서 그렇게 못생긴 것이 부끄럽지도 않아? 꺼져!"

그는 그녀에게 침을 뱉었다.

가련한 공주는 죽고 싶은 심정으로 집을 나와 길을 걷기 시작했다. 공주가 들판에서 흐느껴 울고 있을 때 요정 세 명이 나타났다.
"왜 그러지?"
그러자 공주는 울면서 이야기를 하였다.
"걱정하지 마라."
요정들은 공주에게 말했다.
"항상 그 상태로 있지는 않을 거야."
가장 나이 든 요정이 손으로 공주의 얼굴을 쓰다듬자 공주는 다시 아름답게 되었다. 아니 그전보다 더 아름답게 되었다. 두 번째 요정은 그녀에게 황후의 옷과 같은 아름다운 옷을 주었다. 막내 요정은 공주에게 보석 상자를 주었다.
"이젠 우리 요정들이 항상 너와 같이 있을 거야. 우리는 네 시종처럼 행동할 것이다."
이들은 걷기 시작했고, 비둘기였던 젊은이가 다스리는 도시에 도착했다. 요정들은 궁궐 앞에서 순식간에 공주를 수백 배 더 예쁘게 만들었다. 눈이 부실 정도로 아름다운 공주를 본 왕은 마치 꿈을 꾸는 것 같았다. 창가에 마치 여왕 같은 소녀가 보이자 왕은 그녀를 주시하기 시작했다.
"만일 관심을 보이기 시작하면 그냥 내버려 두세요."
요정들은 공주에게 말했다. 왕은 첫날은 그녀를 쳐다보았고, 다음날은 그녀에게 눈짓을 하였고, 마침내 그녀를 방문해도 괜찮은지 묻기에 이르렀다. 공주는 첫 번째, 두 번째 요청엔 안 된다고 대답하고 나서 마침내 대답했다.
"전하, 저를 방문하고 싶으시면 제 발코니에서 전하의 발코니까지 장미 꽃잎으로 된 카펫으로 두 뼘 높이의 다리를 놓으십시오."

왕은 공주의 말이 채 끝나기도 전에 다리를 놓으라고 명령하였다. 여인 수백 명이 장미 꽃잎을 모으고 또 모으기 시작했고, 궁전 발코니엔 산더미처럼 장미 꽃잎이 쌓였다.

장미 꽃잎으로 다리가 만들어지자 요정들은 공주에게 말했다.

"위대한 여왕처럼 입으십시오. 우리들은 공주님의 시종처럼 뒤를 따라가겠습니다. 공주님께서 다리의 가운데에 이르렀을 때 가시에 찔린 척하십시오. 그 다음은 우리에게 맡기세요."

공주는 여왕처럼 장밋빛 옷을 입고 장미 꽃잎을 밟으며 앞으로 나아갔다. 왕은 다른 편에서 안절부절못하며 공주를 기다리고 있었다. 하지만 공주의 명령 때문에 다리 위에 발을 내디딜 수 없었다.

"아야! 가시에 찔렸어요!"

공주는 다리의 중간에 이르렀을 때 그렇게 소리치고는 기절한 척했다. 요정들은 그녀를 들어서 다시 그녀의 저택으로 데리고 왔다. 왕은 그녀를 도와주고 싶었지만 그녀의 명령 때문에 손을 깨물면서 그곳에 남아 있어야 했다.

의사들과 약사들이 그녀의 저택을 드나드는 것이 보였다. 끝으로 성체를 든 신부(神父)도 들어갔다. 단지 왕만이 그곳에 갈 수 없었다. 가시 때문에 다리가 붓고 그녀의 상태가 더욱 악화되고 있다는 소식이 들렸다. 40일 후에 병이 호전되었고 그녀가 회복되었다는 사실을 알았을 때, 왕은 다시 방문을 요청하였다. 그러자 요정들은 공주에게 말했다.

"왕을 방문하러 가겠다고 대답하십시오. 하지만 재스민 꽃으로 된 다리를 세 뼘 두께로 쌓아야 한다고 말하세요. 그리고 당신이 다리의 중간에 이르렀을 때 또 가시에 찔린 척하십시오."

왕은 재빨리 왕국에 있는 재스민 꽃을 전부 모아 커다란 카펫을 만들라고 명령했다. 모든 것이 준비되었을 때 공주는 여왕처럼 옷을 입고 앞으로 나아갔다. 다리의 저편 끝에서는 왕이 꽃 다리에 가시가 있을까 봐 안절부절못하면서 공주를 쳐다보고 있었다. 다리 중간에서 공주는 다시 소리쳤다.

"아! 가시에 찔렸어요!"

시종들은 기절한 공주를 들어서 저택으로 데려왔다. 왕은 머리카락을 쥐어뜯었다.

왕은 공주에게 하인들을 보내고 또 보냈지만 그녀를 볼 수 없었고, 다리를 지날 수도 없었다. 왕은 낙담해서 벽에 머리를 찧어 댔고 마침내 병이 들어 눕게 되었다. 하지만 공주가 어떤지 묻기 위해서 계속 사절을 보냈다. 마침내 왕은 자신이 그녀에게 갈 수 있도록 해달라는 말과 자신은 그녀 때문에 병이 났다는 말을 전하기에 이르렀다.

"왕이 관에 누워야 내가 다가가겠다고 왕에게 전하시오."

이 대답을 들었을 때 이미 거의 정신을 잃은 왕은 관을 준비하도록 명했으며, 그 주위에 초를 놓고 죽은 것처럼 가장해서 공주의 창문 밑으로 가져가도록 했다.

"가까이 와 보십시오. 이 밑에 돌아가신 저희 왕이 계십니다."

왕의 신하들이 공주에게 말했다.

공주는 발코니에 모습을 나타내고는 말했다.

"흥! 네 주제에! 한 여자 때문에 그렇게 되다니!"

그러고는 왕에게 침을 뱉었다.

왕은 그 말을 듣고 자신을 사람으로 되돌리느라 타르처럼 검게 된 마음씨 착한 소녀에게 자기가 했던 말을 기억했고, 바로 그 순간에 그 소녀가 자신이 사랑에 빠진 미녀와 닮았다는 것을 깨달았다.

'아! 나는 어리석구나!'

왕이 얼마나 절망했는지 여러분은 생각해 보시라! 왕은 죽은 체하고 있을 뿐이었으나 정말로 그곳에서 죽고 싶었다.

그러나 미녀의 시종 셋이 와서는 그들의 여주인이 기다리고 있다고 말했다. 왕은 들어가서 용서를 구했다.

곧바로 왕실 성당이 열렸고 이들은 식을 올렸다. 왕은 세 요정이 그들과 함께 남아 있기를 원했다. 하지만 세 요정은 휴가를 요청하고는 떠나갔다.

(팔레르모)

돈 조반니 미지란티

옛날 옛적에 팔레르모에 '돈 조반니 미지란티'라는 사람이 살고 있었다. 그는 정오가 되면 점심식사를 꿈꾸었고, 저녁이 되면 저녁식사를 꿈꾸었으며 밤에는 점심과 저녁식사를 둘 다 꿈꾸었다. 창자가 오그라들 정도로 배고픈 어느 날 그는 밖으로 나왔다.

"오, 내 팔자야! 나를 이 지경으로 놔두다니!"

그는 혼자서 말했다. 그리고 길을 걷다가 땅에서 잠두콩을 발견하고는 몸을 굽혀 그것을 주웠다. 그는 돌담에 앉아서 잠두콩을 보면서 생각하기 시작했다.

'멋있는 잠두콩이야! 이제 화분에 심으면 열매가 많이 열리는 잠두콩이 자라나겠지. 열매를 말려서 화분에 잠두콩을 심으면 또 많은 열매가 열리겠지. 그러면 지금부터 3년 후에는 밭을 빌려서 잠두콩을 심으면 굉장히 많은 수확을 올릴 거야. 4년째에는 창고를 빌리게 될 것이고 난 거상이 되겠지.'

돈 조반니 미지란티는 다시 길을 걷기 시작했고, 산 안토니오

문〔팔레르모의 성문 중 하나〕 밖에 도착했다. 그곳에는 많은 창고들이 줄지어 있었는데 어느 출입문 앞에 한 여인이 앉아 있었다.

"마음씨 착한 아주머니, 이 창고들은 세 놓는 것입니까?"

"예, 그렇습니다. 창고를 찾는 사람은 누구지요?"

"제 주인입니다. 누구와 협상을 해야 하지요?"

"저 위에 있는 부인과요."

돈 조반니 미지란티는 생각하다가 친구를 찾아가 말했다.

"산 조반니 축제에 가려고 하는데 입을 게 없네. 하루만 옷을 빌려 줘."

"좋아."

그리하여 돈 조반니 미지란티는 옷을 비롯해서 장갑과 시계까지 모두 착용하고 이발소에 가서 면도를 하고는 아주 화려하고 멋있게 되어 산 안토니오 문에서 나왔다. 돈 조반니 미지란티는 배에 있는 작은 주머니 속에 잠두콩을 넣어 놓고는 가끔 조심스럽게 꺼내보았다. 그리고 아직도 창고 앞에 앉아 있는 여인을 보고는 말했다.

"마음씨 착한 아주머니, 제 하인이 세 놓을 창고에 대해 여쭈었죠?"

"예, 그렇습니다. 창고를 보러 오셨나요? 이리 오십시오. 제가 주인 마님께 안내해 드리겠습니다."

돈 조반니 미지란티는 매우 당당하게 창고 여주인에게 갔다. 그 여주인은, 모자를 쓰고 장갑을 끼고 금목걸이를 한 신사를 보고는 많은 칭찬을 하고 나서 의논을 하기 시작했다. 그런데 바로 그 순간에 대단히 예쁜 아가씨가 들어왔다. 돈 조반니 미지란티는 깜짝 놀라 눈을 크게 떴다. 그리고 창고 여주인에게 물었다.

"부인의 친척입니까?"

"제 딸입니다."

"아직 미혼인지요?"

"예, 아직 미혼입니다."

"반가운 소리군요. 저도 아직 미혼입니다."

시간이 조금 흐른 뒤에 돈 조반니 미지란티는 말했다.

"제가 볼 때 창고에 관한 계약은 결론이 난 것 같습니다. 이제 따님에 관해서 이야기를 해야 할 것 같은데요. 어떻게 생각하십니까, 부인?"

그러자 부인이 대답했다.

"가능성은 얼마든지 있지요. 모든 것이 가능하죠."

그때 부인의 남편이 들어왔다. 돈 조반니 미지란티는 일어나서 그에게 인사를 하였다.

"제가 땅을 좀 갖고 있습니다. 그래서 잠두콩과 병아리콩, 그 이외의 수확물을 보관하기 위해 당신에게서 창고 열세 개를 빌리고 싶습니다. 그리고 괜찮으시다면 따님을 제 아내로 맞이하고 싶습니다."

"아, 그렇습니까? 그런데 성함이 어떻게 되시는지요?"

"저는 돈 조반니 미지란티입니다. 병아리콩과 잠두콩을 많이 가지고 있습니다."

"그렇다면, 돈 조반니, 제게 하루를 주시면 답변을 드리겠습니다."

저녁 때가 되어 창고 여주인은 딸에게 병아리콩과 잠두콩을 비롯해 많은 것을 가진 돈 조반니가 청혼했다고 말했다. 딸은 매우 만족해서 좋다고 대답했다.

다음날 돈 조반니는 그의 친구에게 돌아와서는 다른 옷을 빌려 달라고 하였다. 그리고 제일 먼저 잠두콩을 새로운 옷의 호주머니에 넣었다. 돈 조반니는 창고 주인을 찾아갔고 딸과 결혼하도록 허락한다는 말을 들었을 때 기뻐서 어쩔 줄 몰랐다.

"그렇다면 서둘러야겠군요. 할 일이 너무 많아서 시간을 낭비할 수 없으니까요."

"물론이죠. 돈 조반니, 일주일 후에 계약서를 작성해도 괜찮겠지요?"

돈 조반니는 매일같이 새로운 옷을 빌려 입었고 소녀의 부모는 그가 매우 부자라고 믿었다. 그들은 계약서에 서명을 하였고 신부의 결혼 지참금은 금화 2000냥과 이불과 침대보로 정했다. 앞에 놓인 많은 금화를 보자 돈 조반니는 다른 사람이 된 것 같았다. 돈 조반니는 돈을 낭비하기 시작했다. 신부에게 선물을 했으며, 자신의 옷을 사 입었고, 멋을 내기 위한 모든 것을 구입했다.

계약이 끝나고 여드레 후에 그는 멋있는 옷을 입고 잠두콩은 배에 있는 호주머니에 넣고 결혼식을 올렸다. 연회가 열렸고 돈 조반니는 남작과 같은 생활을 하였다. 끝날 줄 모르는 이러한 낭비 행각을 지켜보던 장모는 걱정하기 시작했다.

"돈 조반니, 언제 내 딸을 자네 영지로 데려갈 텐가? 추수할 때는 데려갈 테지?"

돈 조반니는 어쩔 줄 몰라하기 시작했다. 더 이상 변명거리를 찾을 수 없었다. 그는 머리를 짜내어 호주머니에 있는 행운을 만지기 시작했다. 돈 조반니는 말했다.

"어이구, 내 팔자야. 네가 나를 또 도와줘야겠구나."

돈 조반니는 아내와 장모를 위해 아름다운 가마를 준비하도록 했다.

"출발할 시간이 되었습니다. 메시나 쪽으로 가겠습니다. 제가 말을 타고 앞서서 가겠으니 제 뒤를 따라 오십시오."

돈 조반니는 말을 타고 길을 떠났다. 가마보다 앞서 가던 그는 이윽고 꽤 기름져 보이는 땅을 보자 한 농부를 불렀다.

"12타리 시칠리아 방언으로, 옛날에 쓰던 돈의 이름를 줄 테니, 부인 두 명이 가마를 타고 와서 당신에게 이 땅이 누구의 소유냐고 묻거든 그들에게 '잠두콩과 병아리콩 그리고 수많은 것을 소유한 돈 조반니 미지란티의 것입니다.'라고 말해 주시오"

가마가 지나갔다.

"농부 어른, 이 좋은 땅이 누구 것이지요?"

"잠두콩과 병아리콩 그리고 수많은 것을 소유한 돈 조반니 미지란티의 것입니다."

어머니와 딸은 기뻐서 웃음을 띠었고 여행을 계속했다. 다른 봉토에서도 똑같은 일이 일어났다. 돈 조반니는 자신에게 모든 행운을 가져다 준 잠두콩을 호주머니에 넣고 길을 가며 12타리씩 농부들에게 주고 앞으로 나아갔다. 더 이상 아무것도 볼 것이 없는 곳에 도착하자 돈 조반니는 홀로 중얼거렸다.

"이젠 그럴듯한 여관을 찾아서 아내와 장모를 기다려야지."

돈 조반니는 주위를 둘러보다가 초록색 옷을 입은 아가씨가 창가에 나와 있는 커다란 저택을 발견하였다. 그런데 아가씨가 그에게 올라오라고 신호를 하였다.

"자, 자!"

돈 조반니는 너무나 깨끗하고 반짝거리는 계단을 더럽힐까 봐 두려워하며 올라갔다. 초록색 옷을 입은 아가씨가 다가와 돈 조반니에게 온갖 전등과 카펫과 금화를 가리키며 말했다.

"마음에 드세요?"

"당연한 말씀을! 이 집에 있다면 죽은 사람도 잘 지내겠어요."

"자, 이리 올라오세요."

아가씨는 돈 조반니에게 집을 한 바퀴 구경시켜 주었다. 여기저기에 금은 보화가 있었고 고귀한 옷감 등 돈 조반니가 꿈에서조차 상상하지 못했던 물건들이 있었다.

"이 물건들 보이죠? 모두 당신 것입니다. 잘 보세요. 여기에 땅문서가 있습니다. 제가 당신에게 주는 선물입니다. 저는 당신이 주워서 호주머니에 보관해 온 잠두콩이랍니다. 이젠 떠납니다."

돈 조반니는 그녀 앞에 무릎을 꿇고 감사를 표시하려고 했지만 어느새 초록색 옷을 입은 아가씨는 그의 눈앞에서 사라졌다. 하지만 훌륭한 저택은 여전히 남아 있었고 바로 돈 조반니 미지란티의 것이었다.

장모는 저택을 보자마자 말했다.

"내 딸아, 넌 참 운이 좋구나! 돈 조반니, 자네, 왜 나에게 이렇게 훌륭한 저택이 있다는 것을 말하지 않았나?"

"에…… 놀라게 해 드리려고요."

돈 조반니는 아내와 장모에게 저택을 구경시켜 주었고 보석과 땅문서를 보여 준 다음 금화와 은화가 가득 쌓인 더미 가운데 삽이 꽂혀 있는 지하 창고를 보여 주었고, 그 다음으로는 온갖 종류의 마차가 있는 마굿간을, 마지막으로는 집사들과 하인들을 모두 보여 주었다.

그들은 장인에게 모든 것을 팔고 저택으로 오라고 편지를 보냈다. 그리고 돈 조반니는 창고 앞에 앉아 있던 선량한 여인에게도 용돈을 보냈다.

(팔레르모)

옴에 걸린 발라리치 왕

어린 아들을 둔 어부가 살고 있었다. 아들은 아버지가 배를 타는 것을 보고 말하곤 했다.

"아버지, 저를 데려가 주세요."

그러면 어부는 말했다.

"안 돼, 태풍이 불 수도 있잖아."

"바다가 잔잔하면요."

"안 돼. 상어가 나타날 수도 있거든."

상어가 잡히지 않는 계절에는 이렇게 말했다.

"안 돼, 배가 가라앉을지도 몰라."

그렇게 어부는 아들을 잘 보살폈지만 그 애가 아홉 살이 되자 더 이상 만류할 수가 없었다. 어부는 아홉 살 된 아들을 배에 태워 바다 한가운데로 고기를 낚으러 갔다.

바다 한가운데서 어부는 그물을 던졌고 아이는 낚시를 하였다. 어부는 그물을 걷어 올렸으나 작은 붕어 한 마리도 잡히지 않았다.

아이가 낚시를 당겼을 때 커다란 물고기가 걸려들었다.

"아버지, 제가 이 물고기를 전하께 가져 가겠어요."

바닷가로 돌아와서 아이는 예쁘고 깨끗한 옷을 입고 초록색의 해초를 밑에 펼친 바구니에 물고기를 넣고 왕에게 갔다.

왕은 물고기를 보고 감탄하였다.

"여봐라!"

왕은 시종을 불렀다.

"여봐라! 저 어부 소년에게 50온제_{onze, 옛 화폐의 단위}를 주어라!"

그러고는 아이에게 물었다.

"네 이름이 뭐냐?"

어부 소년이 대답했다.

"제 이름은 피두주입니다. 전하."

"자, 피두주, 궁궐에서 살겠느냐?"

"그럴 수 있다면요!"

이리하여 아버지의 동의하에 소년은 궁궐에서 좋은 옷을 입고, 여러 선생들 밑에서 자라게 되었다. 소년은 교육을 잘 받고 성장하였으며, 더 이상 피두주가 아니라 '돈 피두주 기사'라고 불렸다.

궁궐에는 왕의 딸인 피피나가 있었는데 그녀는 피두주를 마치 자신의 눈처럼 좋아했다. 열일곱 살이 되자 한 왕자가 나타나 피피나에게 결혼을 청했다. 피피나를 생각하는 임금님은 그와 결혼하도록 피피나를 설득하려 하였다. 하지만 피두주를 마음에 두고 있는 피피나는 왕에게 피두주와 결혼하겠으며 그렇지 않으면 절대로 결혼하지 않겠다고 말했다. 왕은 화가 나서 피두주를 불렀다.

"내 딸이 자네 때문에 제정신이 아니야. 그러니 자네가 궁궐에서 나가야겠네."

"전하, 이렇게 저를 내보내시렵니까?"

"미안하네. 난 자네를 내 아들처럼 여겨 왔네. 걱정하지 말게. 자네를 항상 살펴볼 테니까."

이렇게 되어 돈 피두주는 바깥 세상으로 나가게 되었고, 공주는 어느 수녀원에 갇히게 되었다. 산타 카테리나 수녀원이라고 생각해 버리자.

돈 피두주는 어느 여관으로 갔다. 방의 창문은 우물이 있는 쪽으로 나 있고, 이 우물 위로 공주가 갇혀 있는 수녀원의 창문이 열려 있었다. 조그마한 창문으로 피피나가 나왔다. 그들은 서로를 보자마자 몸짓으로 말로 서로를 위로했다. 피피나는 그녀가 갇힌 방 안에서 어느 수녀가 숨겨 놓은 마법의 책을 발견하고는 그 책을 창문 밑으로 해서 돈 피두주에게 보냈다. 그런데 그 책을 숨겨 둔 수녀는 마녀였고 그 책은 마녀의 책이었다.

어느 날 왕이 딸을 만나러 수녀원에 왔다. 그는 수녀원장에게 딸과 대화하는 것을 허락해 달라고 요청했고, 원장은 그의 요청을 받아들였다. 공주가 왕에게 말했다.

"제 말씀 좀 들어 보세요. 왕자는 쌍돛단배를 가지고 있어요. 돈 피두주에게도 쌍돛단배를 주세요. 두 사람 모두 그 배를 타고 밖으로 나가도록 하고 선물을 찾아 오게 하세요. 더 멋있는 선물을 가지고 돌아오는 사람이 제 남편이 될 거예요."

"좋은 생각이다. 그렇게 하겠다."

왕은 두 젊은이를 불러서 딸의 계획을 설명했다. 두 사람 모두 만족했다. 왜냐하면 왕자는 돈 피두주가 돈이 한푼도 없다는 것을 알았고, 돈 피두주는 자기에겐 마법의 책이 있다고 생각했기 때문이다. 둘 다 자신이 이길 것이라고 확신했다.

그리하여 두 사람은 닻을 올리고 출발했다. 바다 한가운데서 돈 피두주는 책을 펼쳤다. 펼쳐진 쪽에는 다음과 같이 씌어 있었다.

내일, 처음 발견하는 땅에 정박하라. 그리고 모든 선원들과 장대 하나씩을 들고 내려라.

그 다음 날 섬이 보이자 돈 피두주와 선원들은 장대 하나씩을 들고 섬에 내렸다. 피두주는 책을 펼쳤다.

섬 한가운데서 뚜껑을 하나, 또 하나 그리고 또 하나 발견할 것이다. 장대로 뚜껑을 들어올리고 그 밑으로 내려가라.

피두주는 그렇게 하였다. 섬 한가운데서 뚜껑을 발견하자 장대로 지렛대를 만들어 두껑을 들어올렸다. 뚜껑 밑에 또 다른 뚜껑이 있었고, 그 뚜껑 밑에 또 하나가 있었다. 마지막 뚜껑을 들어올리자 계단이 보였다. 돈 피두주는 계단을 내려갔고 금화로 가득한 동굴을 발견했다. 벽, 문, 바닥, 천장 등 모든 게 금으로 되어 있었다. 한 탁자에는 수저와 소금 병, 금으로 된 양초가 들어 있는 가방이 준비되어 있었다. 돈 피두주는 책을 보았다. 그것들을 가지라고 적혀 있었다. 피두주는 선원들을 불러서 모든 것을 배로 가져가도록 명령했다. 그 모든 것을 싣는 데 열이틀이 걸렸다. 그곳에는 금으로 된 동상이 스물네 개 있었는데 하루에 한두 개 정도밖에 옮길 수 없을 정도로 무거웠다. 모든 걸 싣고 보니 책에는 다음과 같이 나타나 있었다. "뚜껑을 원래대로 놓아라." 피두주는 그렇게 하였고, 쌍돛단배의 닻을 올렸다.

"돛을 올리고 여행을 계속 하라."라고 책에 적혀 있었다. 꼬박 한 달 동안 항해하였다. 그런데 선원들이 지치기 시작하였다.

"선장님, 어디로 가고 있는 것입니까?"

"여러분, 힘을 냅시다. 조금만 더 가면 팔레르모에 도착합니다."

책을 매일 펼쳐 봐도 아무것도 적혀 있지 않았다. 마침내 피두주는 "내일 섬을 발견할 것이다. 그곳에 내려라."라고 적힌 것을 보았다. 육지에 내리자 책에는 다음과 같이 적혀 있었다.

섬 한가운데 뚜껑이 있다. 그리고 또 뚜껑이 두 개 더 있고, 사다리와 계단이 있다. 그 계단을 내려가라. 그곳에 있는 모든 것은 네 것이다.

이번에 돈 피두주는 햄과 말젖으로 만든 치즈가 걸려 있는 동굴을 발견했다. 주위에는 온통 항아리 천지였다. 돈 피두주는 책을 읽었다.

"아무것도 먹지 말고, 왼쪽 세 번째에 있는 항아리를 가져라. 그 안에는 어떤 병이든지 낫게 하는 발삼_{발삼나무의 수액으로 끈끈하고 좋은 향을 지녀 접착제나 향료의 원료로 쓴다.}이 들어 있다."

그래서 돈 피두주는 갑판으로 그 항아리를 가져왔다. 갑판에서 돈 피두주는 책을 열었다. 돌아가라고 적혀 있었다.

"드디어!"

모든 사람은 기뻐서 소리 질렀다.

하지만 귀항하는 동안에 하늘과 바다 이외에는 아무것도 보이지 않았다. 수평선에 터키 해적들의 배가 보였다. 전투가 벌어졌고 모든 선원들은 터키로 압송되었다. 돈 피두주와 항해사는 터키의 술탄인 발라리키에게 인도되었다. 발라리키는 통역에게 물었다.

"이 사람들은 어디 출신인가?"

"시칠리아 출신입니다. 전하."

"시칠리아 사람들이라고! 신이여, 저를 살려 주십시오! 이 사람들을 풀어 줘라! 빵과 물을 가져다 주고, 돌덩어리를 운송하는 일을 시켜라!"

술탄 발라리키가 말했다.

그렇게 돈 피두주와 항해사의 험한 인생이 시작되었다. 일을 하면서도 돈 피두주의 머릿속에선 선물을 가지고 올 그를 기다리고 있을 공주 이외에는 생각도 없었다.

그런데 발라리키는 머리끝에서 발끝까지 옴이 오른 채로 치료할 약을 찾지 못하고 있었다. 다른 죄수들과 이야기를 하다가 이 사실을 알게 된 돈 피두주는 보초에게 자신을 풀어 주면 왕을 치료해 주겠다고 약속했다.

발라리키는 그 사실을 알고 돈 피두주를 불렀다.

"원하는 것은 뭐든지 해 줄 테니, 옴이 가라앉게 해 주게."

돈 피두주는 술탄의 말에 만족하지 않고 증명서를 요구했고 자신의 배로 돌아갈 수 있는 허가를 요구했다. 배는 바닷가로 옮겨져 있었다. 정의로운 해적이었기 때문에 갑판에는 모든 것이 그대로 있었다. 돈 피두주는 항아리 안에 들어 있는 발삼 한 병을 가지고 발라리키에게 돌아온 다음 왕을 잠들게 하고 붓으로 발삼을 찍어 왕의 머리와 얼굴과 목에 문질렀다. 저녁이 되기 전에 발라리키의 피부가 마치 뱀처럼 변화하기 시작했고, 옴이 퍼진 피부 밑으로 매끈한 분홍색 피부가 나타났다. 다음날 돈 피두주는 술탄의 가슴과 배, 등을 문질렀고, 저녁이 되자 술탄의 피부가 바뀌었다. 사흘 째 되는 날에 돈 피두주는 술탄의 팔과 다리를 문질렀고 발라리키는 완전히 회복되었다. 그래서 돈 피두주는 그의 선원들과 함께 다시 항해를 시작하였다.

돈 피두주는 팔레르모에 상륙하자마자 마차를 타고, 기뻐서 어쩔 줄 모르는 피피나를 찾아갔다. 왕은 돈 피두주에게 일이 어떻게 되었는지 물었다.

"신께서 아십니다. 전하, 저는 제가 가지고 온 선물들을 넣어 둘 창고를 준비하고 싶습니다. 별것은 아니지만 선물의 양이 많아서요."

그러고 나서 돈 피두주는 가져온 금을 전부 내리도록 했다. 하역하는 데 꼬박 한 달이 걸렸다. 모든 것을 정리해 놓고 돈 피두주는 왕에게 말했다.

"전하, 저는 내일이면 준비가 완료됩니다. 원하신다면 왕자가 무엇을 가져 왔는지 가서 보시고, 그 다음에 제 것을 보시지요."

다음날 왕은 왕자의 선물을 보러 갔다. 훌륭한 장식품 화장품을 비롯해 모든 선물이 아름답고 진기하기가 두말할 나위 없었다. 왕은 왕자에게 많은 칭찬을 하였다. 그러고 나서 왕은 왕자와 같이 돈 피두주에게 갔다. 왕자는 그 번쩍이는 물건들을 보자마자 탄식했다.

"아!"

왕자는 뒤로 돌아서 달려가기 시작했고 한꺼번에 계단을 네 개씩 뛰어서 자신의 배를 타고 떠났다. 그 이후 아무도 그를 보지 못했다.

군중들은 소리쳤다.

"돈 피두주 만세!"

왕은 돈 피두주를 끌어안았다. 그들은 함께 산타 카테리나 수녀원으로 피피나를 데리러 갔다. 사흘 후에 공주와 돈 피두주는 결혼하였다.

돈 피두주는 더 이상 소식을 알 수 없는 자신의 아버지와 어머니를 찾으러 사람을 보냈다. 가련한 사람들 같으니! 돈 피두주의 부모들은 아직도 가난하게 살고 있었다. 돈 피두주는 궁궐에 어울리는 화려한 옷으로 부모님을 입혔고, 자신과 함께 궁궐에서 살게 했다.

모두 행복하고 기쁘게 살았는데 우리들에겐 아무것도 남은 게 없다.

(팔레르모)

상인의 아들들

옛날에 상인이 셋 있었는데 각각 아들을 하나씩 두었다. 어느 날 상인들의 아들 셋이 모여 다음 날 아침에 사냥을 가기로 결심하고 각자 잠자리에 일찍 들었는데, 자정에 그중 한 명이 깨어났다. 그는 달빛을 햇빛으로 믿고는 사냥 옷을 입고 개들을 데리고 친구들을 부르러 갔다. 모두 사냥 채비를 하고 나와 셋이서 길을 걷기 시작했는데 여전히 밤이었다. 하늘이 요동치더니 비가 억수같이 내렸고, 사냥꾼들은 비를 그을 만한 나무를 발견할 수 없었다. 이리저리 돌아다니는데 희미한 불빛이 나타났고 한 저택이 보였다. 사냥꾼들이 문을 두드리자 여자 시종이 나와 말했다.

"이 밤에 문을 두드리다니?"

사냥꾼들이 말했다.

"몸을 피할 곳을 좀 마련해 주시겠어요?"

여자 시종이 말했다.

"주인 마님께 여쭤 보겠습니다."

여종이 여주인에게 물었다.

"마님, 병아리처럼 젖은 세 사람이 왔는데 들어오게 할까요?"

"그렇게 하렴."

그래서 세 명은 저택으로 들어가서 아름다운 미망인 앞에 앉았다. 그 부인은 말했다.

"제 가련한 남편의 옷을 입으세요. 옷이 마르는 동안 식사를 하신 다음 여러분들 각각 그동안 겪었던 일을 제게 이야기해 주십시오. 가장 무서운 이야기를 하는 분과 결혼할 것입니다."

가장 나이가 많은 젊은이가 시작했다.

"부인, 저는 상인의 아들입니다. 언젠가 제 아버지가 상거래를 위해 저를 멀리 보냈습니다. 거리에서 저는 얼굴을 가리고 있는, 전혀 만난 적이 없는 사람과 동행하게 되었습니다. 저녁이 되자 그는 제게 말했습니다. '저와 함께 가시죠. 제가 잠잘 곳으로 모시겠습니다.' 그 사람과 저는 외딴 집으로 들어갔는데 문이 저절로 닫혔습니다. 저는 가운데에 철창이 있는 커다란 방에 있게 되었는데 그곳에는 수 많은 기독교인들이 있었습니다. '누구세요?' 하고 저는 그 기독교인들에게 물었습니다. 그러자 그들은 저도 그 안에 갇힌 거라고 몸짓으로 알렸습니다. 그들은 말을 할 수 없었습니다. 왜냐하면 그곳에 경비를 서고 있는 거인이 바로 기독교인들을 납치해서 그곳에 가둔 거인이기 때문이었습니다. 저는 철창 안의 동료들에게 이제 어떻게 할 셈이냐고 물었습니다. 그러자 그들은 거인이 매일 아침 철창에서 한 명씩 꺼내 먹는다며 조용히 하라고 제게 말했습니다. 그렇게 저희들은 입을 다문 채 공포에 사로잡혀 살았습니다. 그리고 거인이 손을 뻗을 때면 서로 몸을 최대한 밀착시켰습니다. 거인은 지겨울 때 가끔 기타를 들고 노래를 부르곤 했는데 한번은 기타를 치다가 기타 줄을 망가뜨렸습니다. 그러자 거인은 '이 안에 있는 자 중에서 기타를 고치는 녀석을 풀어 주겠다.' 하고 말했습니다. 바로 그때 저는 크게 외쳤습니다. '저는 기타 수리공입니다. 제 아버지도 기타 수리공이고, 제 할아버지도 기타 수리공입니다. 그리고 제 친척들도 기타 수리공입니다.' 거인이 말했습니다. '그래, 잘 하는지 두고 보마.' 그러고는 저를 철창에서 꺼냈습니다. 저는 기타를 집어서 이곳저곳 수선을 하기에 이르렀습니다. 거인은 제 머리를 쓰다듬으며 제게 반지 하나를 주며 말했습니다. '이 반지를 껴라. 이제 너는 자유다.' 저는 반지를 끼고는 그 집에서 빠져 나와 들판을 가로질러 뛰었습니다. 그런데 다시 거인의 집 문 앞에 도착했습니다. '어떻게 이럴 수가? 다시 이곳에 오다니.' 저는 다시 반대 방향을 향해 뛰었습니다. 뛰고 또 뛰었는데 다시 그 문에 도착했습니다. '항상 같은 장소잖아!' 저는 소리쳤습니다. 바로 그때 저를 부르는 휘파람 소리를 들었습니다. 저는 눈을 들었고 다른 쪽 창문에 있는 한 여자 아이를 발견했습니다. 그 아이는 제게 말했습니다.

'빠져 나가고 싶으면 그 반지를 버리세요!'

저는 반지를 빼려고 하였으나, 결국 소리를 지르고 말았습니다.

'손가락에서 빠지질 않아!'

'손가락을 자르세요! 빨리요!'

'난 칼이 없어!'

'여기요!' 그 아이는 제게 칼을 내밀었습니다. 문 가까이에 주춧돌이 있었습니다. 저는 그 위에 손을 놓고 반지에 끼인 손가락을 한번에 잘랐습니다. 그러고서야 제 아버지 집으로 돌아올 수 있었습니다."

부인은 "아, 불쌍해! 아, 불쌍해!" 하고 탄식하면서 이야기를 모두 듣고는 안도의 한숨을 쉬었다. 두 번째 젊은이 차례가 되었다.

"부인, 예전에 상인인 제 아버지가 장사를 위해 제게 어느 정도의 돈을 주었습니다. 저는 배를 타고 바다로 나왔습니다. 큰 폭풍우가 불었을 때 저희는 모든 물건들을 바다에 던져야만 했지요. 폭풍우가 지나자 바다는 잠잠해졌고 저희는 바다 한가운데 남아 있게 되었습니다. 비축 식량은 곧 없어졌고 더 이상 먹을 것이 없었습니다. 선장이 말했습니다.

'여러분, 우리는 굶주리고 있습니다. 이젠 우리 이름을 써서 매일 아침 제비뽑기를 하겠습니다. 뽑힌 사람은 다른 사람들의 식량이 될 것입니다.'

부인, 저희들이 이러한 소식을 들었을 때, 저희를 엄습한 공포감을 생각해 보십시오! 하지만 모든 사람이 굶주려 죽지 않기 위해서는 다른 방법이 없었습니다. 어쨌든 매일 아침 제비뽑기가 실시되었습니다. 제비뽑기에서 뽑힌 사람을 요리해 각자 한 조각씩 먹었습니다. 마침내 두 사람, 즉 저와 선장만이 남게 되었습니다. 다음 날 우리 둘은 제비를 뽑았습니다. 만일에 선장 차례가 되면 제가 그를 죽이고, 반대로 제가 걸리면 선장이 저를 죽이지 못하게 하려고 굳게 마음먹었습니다. 그런데 선장이 뽑혔습니다. 가련한 선장은 팔을 벌리며 '자, 준비되었다.' 하고 말했습니다. 저는 마음이 아팠지만 용기를 내어 그를 4등분하여 그중 하나를 밧줄에 걸어 놓았습니다. 독수리가 와서는 가련한 인간의 고기를 가져갔습니다. 저는 다시 또 다른 4분의 1을 걸어 놓았습니다. 다시 독수리가 와서는 그것을 가져갔습니다. 저는 절망했습니다. 세 번째 역시 독수리가 먹어 버렸습니다. 제게 마지막 조각이 남았을 때 독수리가 그것을 가져가기 위해 낮게 내려왔고, 저는 독수리의 발을 꽉 잡았습니다. 독수리는 저를 매단 채 하늘로 날아갔습니다. 독수리는 산에 매우 가깝게 날 때 저는 황급히 뛰어내려서 목숨을 건졌고 집으로 돌아왔습니다."

"아, 불쌍해! 아, 불쌍해! 이 이야기 역시 대단히 무서운 이야기이군요."라고 부인은 말했다. 그리고 세 번째 젊은이에게 말했다.

"이제, 당신 차례입니다"

"부인, 제 이야기는 머리카락을 곤두서게 합니다. 저 역시 아버지께서 장사를 하라고 먼 곳에 보냈습니다. 저녁이 되어 저는 한 여관에 묶게 되었습니다. 저녁을 먹고 저는 잠자리에 들기 전, 항상 저녁 때 제 소원을 빌기 때문에 기도를 하기 위해 무릎을 꿇었습니다. 기도하는 동안 땅에 입을 맞추기 위해 고개를 숙였을 때 저는 침대 밑에 한 사람이 누워 있는 것을 발견했습니다. 저는 자세히 그 사람을 바라보았습니다. 그 사람은 죽어 있었습니다. 저는 생각했습니다. '이 사람은 어제저녁에 살해된 거야. 이곳은 잠을 자고 있는 사람을 죽이는 장소야.' 그때 제가 어떻게 했겠습니까? 저는 죽은 사람을 들어서 침대에 눕히고는 숨을 죽이고 침대 밑에 누웠습니다. 한 시간인가 두 시간인가가 흘렀을 때, 문이 열리는 소리가 들리더니 날카로운 칼을 든 여관집 주인이 들어왔고 그 뒤로 여관집 여주인이 등불을 들고 왔습니다. '잠이 깊이 들었군.' 하고 그들은 말했습니다.

'쳐!'

주인은 죽은 사람의 머리에 칼을 놓고는 망치로 내리쳤습니다. 그리고 그의 아내가 말했습니다.

'이제 이 사람을 들어서 침대 밑에 놓고, 어젯밤에 죽인 사람은 창문 밖으로 던집시다.'

창문 밖에는 커다란 절벽이 있었습니다. 하지만 여관 주인이 말했습니다.

'오늘 저녁은 그냥 둡시다. 내일 날이 밝으면 합시다.'

그들은 방에서 나갔고 저는 숨을 내쉬었습니다. 저는 해가 뜨자마자 창가로 가서 절벽 건너편에 있는 마을에 신호를 보냈습니다. 사람들이 경찰을 불렀고 경찰이 여관에 와서 저를 풀어 주었습니다. 그리고 여관 주인과 그의 가족들을 모두 체포했습니다."

부인은 세 이야기 중 어느 이야기가 가장 무서운지 생각하기 시작했다. 생각하고 생각했지만 아직까지 결정하지 못했다.

(팔레르모)

비둘기 아가씨

 옛날 옛적에 한 거지 젊은이가 살고 있었다. 그는 마치 개처럼 실의에 빠져 있었다. 어느 날 그 거지는 먹을 것이 없다고 마냥 굶고 있을 수 없어서 무슨 일을 할 수 있는지 알아보기 위해 바닷가에 가서 앉았다. 그곳에 앉아 시간이 꽤 흘렀을 때 그레코 레반테가 오는 것을 보았다. 그레코 레반테가 그에게 물었다.
 "무슨 일이라도 있니? 뭘 그렇게 걱정하고 있지?"
 "제가 뭐라고 했으면 좋겠어요? 배고파 죽겠어요. 저는 먹을 것도 없고 희망도 없어요."
 "그래, 애야, 걱정 마라. 나와 같이 가자. 네게 먹을 것과 돈과 필요한 모든 것을 주겠다."
 "그럼 저는 무엇을 해야 하죠?"
 젊은이가 말했다.
 "아무것도 없어. 단지 1년에 한 번 나와 같이 일하면 돼."
 불쌍한 젊은이는 이 파격적인 조건에 깜짝 놀랐다. 그들은 계약을 하였고 시간이 흘렀다. 젊은이는 할 일이 아무것도 없었다. 그러던 어느날 그레코 레반테가 그를 불러 말했다.

"말 두 마리에 안장을 채워라."

젊은이는 준비를 마쳤고 그들은 출발했다. 그들은 걷고 또 걸어 높은 산 아래에 도착했다. 그레코 레반테가 말했다.

"이제 너는 저 위 산꼭대기에 올라가야 한다."

"어떻게요?"

젊은이가 물었다.

"그건 내가 안다."

"그런데 만일에 제가 올라가고 싶지 않으면요?"

"1년에 한 번 일하기로 약속했잖아. 좋든 싫든 이제 일할 때야. 저 꼭대기에 올라가서 그 위에 있는 돌을 모두 내려야 해."

이렇게 말하고 그레코 레반테는 말을 한 마리 가져와서 가죽을 벗기고는 젊은이를 가죽 속으로 들어가게 했다. 그 때 하늘을 날고 있던 독수리가 말의 가죽을 보고는 발톱으로 젊은이가 들어 있는 가죽을 낚아 채서 하늘로 올라갔다. 독수리는 산꼭대기에 내려앉았고, 젊은이는 가죽 밖으로 빠져 나왔다.

"돌을 내려뜨려!"

밑에서 그레코 레반테가 소리쳤다. 젊은이는 주위를 둘러보았다. 돌이라니! 그곳에는 나무만큼 커다란 다이아몬드와 금 막대기들이 반짝거리고 있었다. 젊은이가 아래를 쳐다보았더니 개미처럼 보이는 그레코 레반테가 소리치고 있었다.

"자, 돌을 내려뜨려!"

젊은이는 생각했다.

'내가 만일 이것들을 내려 주면, 그는 나를 이 산꼭대기에 두고 가겠지. 그러면 나는 다시 아래로 내려갈 수 없을 거야. 그냥 두는 것이 더 낫겠어. 그러면 나 혼자서 이 곤경을 헤쳐 나갈 수 있겠지.'

젊은이는 산 정상을 자세히 관찰하다가 연못 입구와 비슷한 뚜껑을 발견하였다. 젊은이는 뚜껑을 열고 밑으로 내려갔고, 그곳에서 매우 아름다운 저택을 발견하였다. 그곳은 마법사 사비노의 저택이었다.

사비노는 젊은이를 보자마자 말했다.

"내 산에서 무엇을 찾고 있는 거지? 너를 구워 먹어버리겠다! 너는 저 버릇없는 그레코 레반테를 위해 돌을 훔치러 왔어. 그는 내게 매년 이 같은 장난을 해. 그래서 난 매년 그의 하인을 잡아먹지!"

젊은이는 너무나 떨려서 마법사의 발 밑에 주저앉으며 자신은 돌을 하나도 갖지 않았다고 맹세했다.

"그게 사실이라면 널 살려 주겠다."

사비노가 말했다. 사비노는 위로 올라가서 돌을 세었고 돌이 하나도 없어지지 않았다는 것을 알았다.

"좋아, 너를 내 하인으로 삼겠다. 난 말을 열두 마리 가지고 있다. 너는 매일 아침 말 한 마리마다 곤봉으로 아흔아홉 번씩 때려라. 때리는 소리가 내가 있는 이곳까지 들려야 한다. 알겠지?"

아침이 되자 젊은이는 커다란 곤봉을 가지고 마구간으로 향했다. 하지만 본디 말을 좋아하는지라 엉거주춤 서 있었다. 그러자 말 한 마리가 돌아서서 젊은이에게 말했다.

"우리를 때리지 마. 우리도 예전에 너처럼 사람이었는데 마법사가 우리를 말로 변하게 했어. 곤봉으로 바닥을 때려. 그러면 우리가 맞은 것처럼 비명을 지를 테니까."

젊은이는 그 말에 따랐고, 마법사는 곤봉 소리와 비명 소리를 듣고 만족하였다.

어느 날 그 말들 중의 하나가 젊은이에게 말했다.

"내 말 들어봐. 행운을 얻고 싶니? 정원에 가면 예쁜 물통을 보게 될 거야. 그곳으로 매일 아침 비둘기 열두 마리가 물을 마시러 와서 줄을 지어 물 속으로 들어가. 그러고는 해처럼 아름다운 열두 아가씨가 되어 비둘기 옷을 나뭇가지에 걸어 놓고 놀이를 해. 너는 나무 사이에 숨어 있다가 아가씨들이 놀이에 정신이 팔려 있을 때 가장 아름다운 아가씨의 옷을 집어서 네 품에 숨겨. 그러면 그녀는 너에게 옷을 달라고 말할 거야. 하지만 그 옷을 그녀에게 주지 않도록 조심해. 다시 비둘기가 되어서 다른 비둘기들과 날아가 버릴 테니까."

젊은이는 말이 시킨 대로 정원 근처 보이지 않는 곳에 숨어서 아침이 되기를 기다렸다. 먼동이 트자 매우 힘찬 날갯짓 소리를 들은 젊은이는 머리를 내밀었고 비둘기 한 떼를 보았다. 젊은이는 몸을 움츠리면서 말했다.

"바로 저들이군. 조용히 해야지."

비둘기들은 물통이 있는 곳에 도착해서 물을 마시고는 물 속으로 뛰어들었다. 그들이 다시 나왔을 땐 마치 하늘에서 내려온 선녀처럼 아름다운 아가씨들로 변해 있었다. 아가씨들은 정신없이 뛰면서 자기들끼리 놀기 시작했다.

젊은이는 좋은 기회라고 생각했을 때 천천히 나와서 손을 내밀어 옷을 하나 집어 웃옷 속에 숨겼다. 놀이를 끝낸 아가씨들은 옷을 입고 다시 비둘기가 되어 하늘을 향해 날아갔다. 단지 한 아가씨만 자신의 비둘기 옷을 발견하지 못하여 젊은이 앞에 혼자 남게 되었다.

"옷 주세요! 옷 주세요!"

젊은이가 도망치자 아가씨는 그 뒤를 쫓아갔다. 마침내 말이 이미 젊은이에게 가르쳐 준 대로 길을 따라 달린 후 젊은이는 자신의 집에 도착했고 아가씨를 어머니에게 소개했다.

"어머니, 이 사람이 제 신부입니다. 집 밖으로 못 나가도록 조심하세요!"

젊은이는 사비노의 집에서 떠나기 전에 주머니를 보석으로 가득 채웠기 때문에 집에 도착하자마자 그것들을 팔러 가려고 생각했다. 아가씨는 하루 종일 시어머니와 같이 있었는데 하루 종일 머리를 힘차게 저으면서 이렇게만 말했다.

"옷 주세요! 옷 주세요!"

어머니는 더 이상 참을 수 없었다.

"아이고! 귀에 붙어서 울리는 소리 같아. 옷이 어디 있는지 찾아야겠어!"

어머니는 아들이 그 옷을 장롱의 서랍에 넣어 두었을 것이라고 생각했다. 어머니는 마침내 아름다운 비둘기 옷을 찾았다.

"혹시 이것 아니냐, 애야?"

시어머니가 옷을 채 꺼내기도 전에 그 옷을 움켜쥔 아가씨는 그 옷을 입고는 다시 비둘기가 되어 날아갔다.

어머니는 거의 죽은 것처럼 서 있었다.

"내 아들이 돌아오면 어떻게 하지? 신부가 더 이상 없다는 것을 그가 알았을 때 뭐라고 말하지?"

바로 그 순간 종이 울리는 소리가 들렸고 아들이 들어왔다. 아들은 자신의 아내가 없어진 것을 알고는 몹시 화를 냈다.

"오, 어머니, 제게 이런 짓을 하시다니!"

아들은 소리쳤다. 그러고 나서 화가 풀리자 말했다.

"어머니, 제가 그녀를 다시 찾을 수 있도록 제게 축복을 내려 주십시오."

아들은 커다란 배낭에 빵 한 조각을 넣고 길을 떠났다. 젊은이는 숲을 지나가다 싸우고 있는 강도 셋을 만났다. 그들은 젊은이를 불러서 말했다.

"낯선 양반, 자네가 시비를 가려 줘. 우리가 물건 세 가지를 훔쳤는데, 지금 그것을 나누느라 다투고 있는 거야. 우리가 어떻게 해야 하는지 자네가 말해."

"어떤 물건들인데요?"

"열 때마다 돈이 가득 들어 있는 가방과 바람보다 더 빠르게 걷게 하는 장화 한 켤레, 입으면 보이지 않는 망토야."

젊은이가 말했다.

"당신들이 말하는 것이 사실인지 제가 확인하겠습니다."

젊은이는 구두를 신고, 가방을 들고는 망토를 몸에 두르고 물었다.

"보여요?"

"아니!"

강도들이 대답했다.

"그렇다면 저를 영원히 보지 못할 거예요."

젊은이는 바람처럼 달리는 장화를 신고 도망쳐서 사비노가 있는 산꼭대기에 도착했다. 젊은이는 다시 물통에 다가갔고 물을 마시러 온 비둘기들과 자신의 아내였던 비둘기를 보았다. 젊은이는 밖으로 뛰어나와 아내가 나무에 이제 막 걸어 놓은 옷을 가져왔다.

"옷 주세요! 옷 주세요!"

그 아가씨는 다시 소리치기 시작했다. 하지만 이번에 젊은이는 재빨리 옷에 불을 붙여 태워버렸다.

"알겠어요. 이젠 당신과 함께 있겠어요. 그리고 당신의 신부가 되겠어요. 하지만 당신은 무엇보다 먼저 마법사의 머리를 자르러 가야만 해요. 그리고 마구간에 있는 말 열두 마리를 다시 사람으로 돌려놓아야 해요. 머리칼을 세 개 뽑는 것으로 충분해요."

젊은이는 망토로 자신을 보이지 않게 하고는 마법사의 머리를 잘랐고, 말로 변했던 열두 기사를 마법에서 풀어 주었다. 그리고 모든 보석을 가지고 아가씨와 집으로 돌아왔는데, 그 아가씨는 스페인 왕의 딸이었다.

(팔레르모)

●──주

[1] Greco Levante. '그레코'는 '그리스 사람'이란 뜻이며 '레반테'는 발칸 반도 지역을 이탈리아에서 일컬을 때 쓴 말이다. 그러므로 '그레코 레반테'는 '레반테에서 온 그리스 사람'이란 의미이다. 아이들이 칭얼거릴 때 한국에서 망태 할아버지 이야기를 하듯 이탈리아에선 그레코 레반테가 말을 듣지 않는 아이를 때려 주고 자신의 망태(calzone)에 가둔다고 겁을 준다.

시칠리아의 예수와 성 베드로

● 첫 번째 이야기 ─── 돌로 만든 빵

예수가 열세 사도들과 세상을 돌아다니다가 들 한가운데서 모두들 굶주리고 먹을 것은 전혀 없는 걸 알게 되었다.

"각자 돌을 하나씩 집어라."

사도들이 각자 돌을 하나씩 집었는데 베드로는 아주 작은 돌을 집었다. 그들은 다시 걷기 시작했고, 가벼운 돌을 가진 베드로 외의 모든 사도들은 돌 때문에 허리가 굽어진 채 걸어가고 있었다. 그들은 어느 한 마을에 도착해서 빵을 사려고 했지만 빵이 없었다. 그러자 예수가 말했다.

"그렇다면 너희들에게 축복을 내리겠다. 돌이 빵이 될 것이다."

그래서 열두 사도들은 커다란 빵을 가지게 되었지만 조그만 돌덩이를 가져온 베드로는 조그만 빵 조각만 얻게 되어 속상했다.

"주님, 전 무얼 먹죠?"

"음, 베드로, 왜 조약돌을 집었느냐? 다른 형제들은 크고 묵직한 돌을 집었기 때문에 빵을 넉넉하게 갖게 되었는데."

그들은 다시 길을 떠났다. 예수는 또 다시 사도들에게 돌을 하나씩 집으라고 했다. 약은 베드로는 이번에 겨우 들 수 있을 정도로 큰 바위를 골라 한 발 한 발 힘들게 발걸음을 옮겼다. 반면에 다른 사도들은 모두 가벼운 돌을 들었다. 예수가 말했다.

"애들아, 이제 베드로를 놀려 주자."

그들은 한 마을에 도착했는데 그곳에는 빵집이 즐비했고 가게마다 바로 막 구운 빵을 꺼내고 있었다. 사도들은 그들의 돌을 버렸다. 성 베드로는 바위에 허덕이며 허리가 완전히 굽은 채 도착했고, 그 많은 빵들을 보자 화가 나서 맛조차 보려 하지 않았다.

● 두 번째 이야기 —— 화로(火爐) 속의 노파

그들은 길을 걷다가 한 사람을 만났다. 베드로가 앞으로 나아가 그에게 말했다.

"당신은 예수께서 오시는 것을 보고 계십니다. 예수께 은혜를 베풀어 달라고 청하십시오."

그 남자는 예수에게 가서 말했다.

"저에게는 나이가 들어 아프신 아버님이 계십니다! 아버님을 고쳐주십시오. 주님!"

예수가 말했다.

"늙어서 아픈 것은 어느 의사도 고칠 수가 없지만, 내 말 들어 보게. 자네 아버지를 화로 속에 집어넣으면 어린아이가 되어 돌아올 걸세!"

말한 바와 같이 이루어졌다. 남자가 늙은 아버지를 화로 속에 넣은 다음 밖으로 꺼내자 아버지는 소년이 되어 있었다.

시칠리아의 예수와 성 베드로

● 첫 번째 이야기 ─ 돌로 만든 빵

예수가 열세 사도들과 세상을 돌아다니다가 들 한가운데서 모두들 굶주리고 먹을 것이 전혀 없는 걸 알게 되었다.

"각자 돌을 하나씩 집어라."

사도들이 각자 돌을 하나씩 집었는데 베드로는 아주 작은 돌을 집었다. 그들은 다시 걷기 시작했고, 가벼운 돌을 가진 베드로 외의 모든 사도들은 돌 때문에 허리가 굽어진 채 걸어가고 있었다. 그들은 어느 한 마을에 도착해서 빵을 사려고 했지만 빵이 없었다. 그러자 예수가 말했다.

"그렇다면 너희들에게 축복을 내리겠다. 돌이 빵이 될 것이다."

그래서 열두 사도들은 커다란 빵을 가지게 되었지만 조그만 돌덩이를 가져온 베드로는 조그만 빵 조각만 얻게 되어 속상했다.

"주님, 전 무얼 먹죠?"

"음, 베드로, 왜 조약돌을 집었느냐? 다른 형제들은 크고 묵직한 돌을 집었기 때문에 빵을 넉넉하게 갖게 되었는데."

그들은 다시 길을 떠났다. 예수는 또 다시 사도들에게 돌을 하나씩 집으라고 했다. 약은 베드로는 이번에 겨우 들 수 있을 정도로 큰 바위를 골라 한 발 한 발 힘들게 발걸음을 옮겼다. 반면에 다른 사도들은 모두 가벼운 돌을 들었다. 예수가 말했다.

"얘들아, 이제 베드로를 놀려 주자."

그들은 한 마을에 도착했는데 그곳에는 빵집이 즐비했고 가게마다 바로 막 구운 빵을 꺼내고 있었다. 사도들은 그들의 돌을 버렸다. 성 베드로는 바위에 허덕이며 허리가 완전히 굽은 채 도착했고, 그 많은 빵들을 보자 화가 나서 맛조차 보려 하지 않았다.

● 두 번째 이야기 —— 화로(火爐) 속의 노파

그들은 길을 걷다가 한 사람을 만났다. 베드로가 앞으로 나아가 그에게 말했다.

"당신은 예수께서 오시는 것을 보고 계십니다. 예수께 은혜를 베풀어 달라고 청하십시오."

그 남자는 예수에게 가서 말했다.

"저에게는 나이가 들어 아프신 아버님이 계십니다! 아버님을 고쳐주십시오. 주님!"

예수가 말했다.

"늙어서 아픈 것은 어느 의사도 고칠 수가 없지만, 내 말 들어 보게. 자네 아버지를 화로 속에 집어넣으면 어린아이가 되어 돌아올 걸세!"

말한 바와 같이 이루어졌다. 남자가 늙은 아버지를 화로 속에 넣은 다음 밖으로 꺼내자 아버지는 소년이 되어 있었다.

베드로는 이와 같은 방식을 매우 좋아했다.

"이젠 내가 몇몇 노인들을 아이들로 만들어 봐야지."

베드로는 혼자서 중얼거렸다. 바로 그 순간에 베드로는 주님을 만나러 가고 있는 한 남자를 보았다. 그 사람에게는 거의 생명이 끊어져 가는 어머니가 있었고 그는 그 어머니가 치유되기를 원했다. 베드로가 말했다.

"누구를 찾으세요?"

"예수를 뵈려고 합니다. 제겐 나이 드신 어머니가 계신데 중한 병에 걸리셨습니다. 오로지 예수만이 제 어머니의 건강을 회복시키실 수 있습니다."

"알았습니다! 예수께서는 아직 도착하지 않으셨습니다. 하지만 여기 예수와 같은 베드로가 있습니다. 어떻게 해야 하는지 알려드리겠습니다. 화로를 달구어 그 안에 어머니를 넣으면 나을 것입니다."

그 가련한 남자는 주님께서 성 베드로를 매우 사랑한다는 것을 알고 있었기 때문에 그 말을 믿었다. 그는 집에 도착하자마자 빨갛게 달아오른 화로에 어머니를 넣었다. 무슨 일이 일어났을까? 늙은 어머니는 석탄 한 조각이 되었다.

"아!"

아들은 울부짖었다.

"무슨 성인이야. 어머니가 다 타 버리셨다! 날 망쳤어!"

그 남자는 베드로에게 뛰어갔는데 마침 예수가 그 자리에서 이야기를 듣고 주체하지 못할 정도로 웃기 시작했다.

"아! 베드로. 무슨 짓을 했느냐?"

베드로는 용서를 구하려고 했으나, 그 가련한 아들은 하늘이 무너질 정도로 고함을 쳤다.

"어머니를 살려내! 어머니를 다시 살려내!"

예수는 노인이 죽은 집으로 갔다. 그러고는 축복을 내려 노파를 다시 살렸고 노인이 젊은이가 되게 하였다. 그래서 베드로는 목숨을 구했다.

● 세 번째 이야기 —— 도둑들

예수가 사도들과 함께 어느 들녘을 지나가다 밤을 맞이하게 된 이야기이다.

"베드로, 오늘 저녁에는 어떻게 하지?"

"저 밑에 사람들이 모여 있습니다. 저와 같이 가시지요."

한 발 한 발 걸어서 그들은 군중이 있는 곳에 도착했다.

"데오 그라티아스,Deo gratias, '은혜로운 신'이라는 뜻의 라틴어 마리아 만세! 저희들이 오늘 저녁에 묵을 곳을 마련해 주시겠습니까? 저희들은 순례자들인데 피곤하고 배가 고파 죽을 지경입니다."

"은혜로우신 하느님과 마리아 만세!"

예수를 따르는 노동자들과 목동들이 말했지만 사람들은 꼼짝도 하지 않았다. 그들은 식사할 것을 탈리에레tagliere, 일종의 도마로 음식을 썰고 나서 음식을 그 위에 올려놓은 채 먹기도 한다 위에 막 펼쳐놓고 있었고, 열네 명에게 먹을 것을 주면 자신들은 모두 굶어야 한다고 생각하고 있었다.

"저기에 짚 더미가 있습니다. 저기에 가서 주무십시오."

가련한 예수와 사도들은 위축되어서 너나없이 조용히 잠을 자러 갔다. 그들이 커다란 소음을 들었을 때는 잠이 막 들었을 때였고, 한 무리의 도둑들이 와 있었다.

"엎드려, 엎드려, 조르지오."

그리고 욕설과 때리는 소리가 들렸고 사람들이 들녘으로 도망치는 소리가 들렸다. 도둑들이 그곳을 평정하고 가축들을 정리하고 나서 짚 더미가 있는 곳으로 왔다.

"꼼짝 마! 거기 누구야?"

베드로가 말했다.

"저희들은 불쌍하고 피곤하고 굶주린 순례자들입니다."

"그렇다면 이리 와라. 아주 신선한 음식이 탈리에레 위에 있으니 많이 먹어라. 우리는 이제 가야만 해."

굶주려 있던 가련한 이들은 이 말을 듣자마자 탈리에레가 있는 곳으로 뛰어갔다. 그리고 베드로가 말했다.

"부자들보다 굶주린 가난한 사람들을 생각하는 도둑들에게 축복을 내리소서!"

"도둑들에게 축복을 내리소서!"

사도들도 똑같이 축복의 말을 하고는 최고로 좋은 저녁 식사를 하였다.

● 네 번째 이야기 —— 포도주 병 속에서 죽다

'제 여관으로 오시는 분에게 식사를 무료로 제공합니다.' 라는 간판을 밖에 내건, 마음씨 좋고 부자인 사람이 살고 있었다. 아침부터 저녁까지 그곳은 사람들이 꽉 차 있었고, 여관 주인은 모든 사람들에게 공짜로 먹을 것을 주었다. 예수와 그의 열세 사도들이 이 마을을 지나가다가 그 간판을 보았고, 성 도마가 말했다.

"주님, 저는 제 눈으로 보지 않고, 만져보지 않는 한 믿질 못하겠습니다. 이 여관으로 들어가죠."

그래서 예수와 사도들은 그 여관으로 들어갔다. 여관 주인은 그들을 융숭하게 대접했다. 그곳을 떠나기 전에 성 도마가 여관 주인에게 말했다.

"마음씨 고운 양반, 예수께 은총을 내려 달라고 청해 보시지요."

그러자 여관 주인은 예수에게 말했다.

"예수님, 제 밭에 무화과나무가 한 그루 있는데 저는 지금까지 무화과를 한 개도 먹어 보지 못했습니다. 무화과가 익어 가면 아이들이 올라가서 다 먹어 버립니다. 나무에 올라간 사람이 제 허락 없이는 내려올 수 없는 은혜를 제게 베풀어 주십시오."

"그렇게 될지어다!"

예수는 나무에 축복을 내렸다.

다음날 무화과를 훔치려고 했던 첫 번째 아이는 나무에 한 쪽 손이 걸린 채 매달려 있게 되었고, 두 번째 아이는 한 쪽 발이 나무에 붙어 있게 되었고, 세 번째 아이는 벌어진 가지 사이에 머리가 걸려 떨어질 줄을 몰랐다. 여관 주인은 그들을 보자 크게 웃고 나서 내려오게 하였다. 마을 아이들은 그 나무의 능력을 알게 된 후 가까이 접근하지 않았다. 그래서 여관 주인은 자신의 무화과를 아무 염려 없이 먹을 수 있었다.

여러 해가 흘렀다. 무화과나무는 늙었고 더 이상 열매가 열리지 않았다. 여관집 주인은 목수를 불러서 무화과나무를 베어 버리게 했다. 그러고는 목수에게 말했다.

"이 자른 나무로 포도주 통을 만들어 줄 수 있겠소?"

그래서 목수는 여관 주인에게 포도주 통을 만들어 주었다. 이 포도주 통은 무화과나무의 능력을 그대로 간직하고 있었다. 즉 이 포도주 통 안으로 들어가는 사람은 여관집 주인의 허락 없이는 나올 수가 없었다.

여관 주인 또한 늙게 되었고, 어느 날 죽음이 그를 데리러 왔다. 여관 주인은 말했다.

"기꺼이 가겠습니다. 하지만 죽음이여, 마지막으로 부탁을 드리고 싶습니다. 이 통 속에는 포도주가 가득 들어 있습니다. 그런데 그 속에 파리 한 마리가 들어 있어서 포도주를 마시는 것이 불쾌합니다. 당신이 들어가서 파리를 제거해 주십시오. 그러면 당신과 함께 떠나기 전에 제가 포도주를 한 번 마실 수 있겠습니다."

죽음이 말했다. "그 정도라면!" 하고 죽음은 포도주 통 속으로 들어갔다. 그러자 여관 주인은 통의 마개를 막고 말했다.

"이제 당신은 그곳에 갇혔소."

죽음이 포도주 통 속에 갇힌 채 있게 되자 더 이상 아무도 죽지 않게 되었다. 그래서 흰 수염이 발끝까지 오는 사람들이 여기저기 보였다. 사도들이 이러한 것을 보고 예수에게 얘기했고, 마침내 예수는 여관 주인에게 말하러 가기로 결정했다.

"여보게, 오랫동안 죽음을 가두어 놓으면 어떡하려는가? 그리고 이 쓰러져 가는 노인들이 결코 죽을 수도 없이 계속해서 버텨 나가야 하겠는가?"

여관집 주인이 말했다.

"죽음을 꺼내 주고자 하십니까? 저를 천국에 보내 주신다고 약속하십시오. 그러면 제가 통 뚜껑을 열겠습니다."

예수는 잠시 동안 생각에 잠겼다.

'어떻게 하지? 만일 이 사람에게 은혜를 베풀지 않으면 수많은 혼란이 일어나겠군!'

그래서 예수는 여관 주인에게 말했다.

"그렇게 될지어다!"

그러자 여관 주인은 통 마개를 열었고 죽음은 자유롭게 되었다. 여관 주인은 천국을 얻도록 몇 년 동안 더 살게 허락받았고, 나중에 죽음이 그를 데리러 왔다.

● 다섯 번째 이야기 ── 성 베드로의 어머니

성 베드로의 어머니는 욕심이 많고 인색한 여인이라 결코 자선을 베풀지 않았고 이웃에게 밀 한 톨도 나누어 주지 않았다. 어느 날 그녀가 대파를 다듬고 있을 때 한 가난한 여자가 지나갔다.

"제게 자선 좀 베풀어 주세요. 착하신 부인."

"그래. 모든 사람들이 여기 와서 도와달라고만 하는군. 그렇다면 이거나 가져라!"

베드로의 어머니는 대파 한 잎을 주었다.

그녀는 죽어서 지옥으로 보내졌다. 천국의 대장은 성 베드로였다. 베드로가 천국 문 앞에 서 있는데 목소리가 들려왔다.

"베드로! 아이고! 내가 얼마나 벌겋게 그을렸는지! 아들아, 예수님께 가서 나를 이 고통 속에서 빠져 나오게 해 달라고 말하렴!"

베드로가 예수께 가서 말했다.

"주님, 제 어머니가 지옥에 있습니다. 은혜를 베풀어 주십시오."

예수께서 대답하셨다.

"네 어머니는 생전에 선한 일을 손톱만큼도 하지 않았다! 기껏 고려할 수 있는 것이라면 대파 한 잎뿐이다. 이렇게 해보자. 네 어머니에게 이 대파 한 잎을 주고, 그것을 붙들고 천국까지 올라올 수 있는지 보자."

한 천사가 대파 한 잎을 가지고 지옥으로 내려갔다.

"이것을 잡아라!"

베드로의 어머니는 대파 잎을 잡았다. 그녀가 막 지옥에서 들려 올라갈 때, 그녀와 같이 있던 가련한 영혼들이 그녀의 옷소매를 붙들었다. 그래서 베드로의 어머니를 들어올리던 천사는 모든 영혼들을 올리게 되었다. 하지만 이기주의자인 여인이 소리쳤다.

"안 돼! 너희들은 안 돼! 꺼져! 나만, 나만 올라가야 해! 당신들도 나처럼 성인이 된 아들을 낳았으면 됐잖아!"

베드로의 어머니는 발로 영혼들을 차고, 몸을 흔들었다. 가련한 영혼들을 떨어뜨리기 위해 그녀가 너무나 요동친 나머지 대파 잎은 끊어졌고, 베드로의 어머니는 지옥 끝으로 다시 떨어졌다.

(팔레르모)

●──주

1 가롯 유다를 포함한 수이다.

이탈리아 민담을 소개하며

● ● ● ● ●

이탈리아 반도와 사르데냐 섬, 시칠리아 섬 등으로 이루어진 이탈리아는 11세기부터 밀라노, 베네치아, 피렌체 등 자치 도시들이 번영하였다. 화려한 르네상스 시기를 거쳐 16세기에 들어서는 주변 국가들의 전쟁과 침략에 말려들었으며, 1860년에 이르러서야 토리노의 왕 에마누엘레 2세의 후원을 받은 가리발디가 시칠리아 및 나폴리를 정복함으로써 통일 이탈리아 왕국을 성립하였다. 1861-1914년의 자유주의 정부와 1922-1943년의 파시즘 체제를 지나 1948년 제2차 세계 대전 이후에 국민 투표를 거쳐 지금의 이탈리아 공화국이 되었다. 하지만 외세의 간섭에 의하여 이탈리아는 통일에 많은 어려움을 겪었으며, 통일 후에도 중앙의 지배권을 제대로 행사하기 어려웠고, 그래서인지 지금까지도 지역주의가 강하게 남아 있다.

이탈리아의 민족 구성은 규정짓기 어렵다. 슬라브 계와 게르만 계의 영향을 무시할 수 없으며, 검은 머리칼과 눈동자를 가진 사람의 비율이 높고 라틴 계가 다수를 차지한다고는 볼 수 있지만 지역에 따라 다르다.

이탈리아 반도에 출입한 민족과 왕국은 매우 다양하였기 때문에 여러 구전 문학이 오갔다. "민담은 이동하는 본성을 지니고 있다. 민담은 시간 속에서와 공간 속에서, 세기와 대륙을 통해서, 뿐만 아니라 사회 계층을 통해서도 여행한다."라는 라바게토의 정의에도 나타나 있듯이, 이탈리아 민담은 다른 지역의 민담과 영향을 주고받으며 만국 공통의 보편성과 이탈리아만의 특징을 함

께 지녔다. 또한 시칠리아 섬을 비롯해 반도 안의 여러 지역이 각각 도시 국가로 발전했던 역사를 반영하여 지역 특색이 살아 있는 민담들이 기록되어 남아 있다.

일찍이 16세기 중엽 베네치아에서는 『즐거운 밤 *Piacevoli notti*』이라는 민담집이 출간되었는데 이는 프랑스의 페로나 독일의 그림 형제의 작업보다 더 이른 것이다. 17세기에는 나폴리에서 바질레^{G. Basile}가 『펜타메로네^{Pentamerone}』를 출간하였다. 18세기에 이르러서는 다시 베네치아에서 코치^{C. Cozzi}가 민담을 연극화하여 무대에서 상연하였다.

20세기에 이르러 이탈리아 민담집을 만들고자 하는 계획은 외국 민담 특히 독일에서 그림 형제에 의해 출판된 민담집과 더불어 이탈리아 민담을 소개하고자 하는 에이나우디^{Einaudi} 출판사의 발의로 시작되었다. 출판사의 지원에 힘입어 소설가로도 명성이 높은 이탈로 칼비노^{I. Calvino}가 1950년대 중반에 약 2년 동안 이탈리아 전역을 돌며 민담을 수집하고 정리하였다. 이 과정에서 칼비노는 방언으로 되어 있어 번역이 필요한 부분을 번역하였으며, 비슷한 민담들을 선별하는 작업을 진행한 끝에 최종적으로 200편의 민담을 선택하여 1956년 『이탈리아 민담^{Le fiabe Italiane}』을 출판하였다.

이탈리아 민담에서 지역 특색이 나타나는 예를 들자면, 일반적으로 민담에 나타난 왕궁은 막연하고 추상적인 권력과 풍요의 상징인 데 반해 시칠리아 민담에서는 왕·왕궁·귀족 등이 체계를 지닌 명확한 제도로 나타난다는 점을 말할 수 있다. 시칠리아 왕은 중요한 결정을 할 때 반드시 고문관^{Consigliere}의 의견을 경청하곤 한다. 이와 달리 이탈리아 중부 토스카나 지역에서 '왕^{Re}'이란 말은 실질적인 체계를 전혀 갖지 않은 채 그저 유력자를 나타내는 막연한 말로 쓰인다. 단지 재산이 많고 풍요롭게 사는 사람을 뜻하는 이런 '왕'은 왕궁이나 권력, 영토와는 아무런 관련이 없다. 따라서 이야기 속에서 자신의 백성과 가까이 살며 서로 사이좋게 친구처럼 왕래하는 왕들을 발견할 수 있다.

또한 대개의 이탈리아 민담에서는 성^{castello} 대신에 저택^{palazzo}이 등장하며, '왕자^{principe}' 및 '공주^{principessa}'라는 용어 대신에 '왕의 아들^{figlio del re}', '왕의 딸^{figlia del re}'이라는 용어가 더 흔하게 나타난다. 그러나 이 책에서는 독자의 편의를 위하여 '왕자', '공주'로 옮겼음을 밝힌다.

왕 또는 귀족 등의 상류 계급이 모호한 모습으로 나타나는 반면 하층 계급인 농민들이나 어부들의 세계는 대부분 매우 현실적으로 그려져 있다. 먹을 것도 가진 것도 없이 매우 궁핍한 생활을 하는 모습이 생생하다.

  이 책에는 특히 베네치아 지역과 시칠리아 지역의 민담을 많이 소개하였다. 1000년 이상의 오랜 공화국 체제를 유지해 온 베네치아의 민담과 이탈리아 반도 중에서도 기원전부터 통일 이탈리아 왕국에 합병될 때까지 가장 많은 외세의 침략과 지배를 받아 온 시칠리아의 민담이 지닌 매력을 만끽할 수 있을 것이다.

엮은이 이기철

한국외국어대학교 이태리어과를 졸업하고 동대학원에서 문학 석사 학위를 취득하였다. 베네치아 국립 대학교에서 이탈리아 문학 박사 학위를 취득하고 한국외국어대학교, 경희대학교에서 이탈리아 어 강의를 맡고 있다. 논문으로는 「벱페 페놀리오의 「사적인 문제」에 나타난 자연의 이미지와 개정 작업」, 「베네치아 민담: 인물, 사건, 공간을 중심으로」, 「람페두사의 「살쾡이」에 나타난 시칠리아」외 다수가 있으며 『마법의 공원』, 영화 「소년 병사 미노」, 「축구 특공대」 등을 번역했다. 저서로는 유럽의 축제 문화가 있다.

세계 민담 전집 9

이탈리아 편

1판 1쇄 펴냄 2003년 9월 15일
1판 4쇄 펴냄 2024년 2월 23일

엮은이 | 이기철
편집인 | 김준혁
발행인 | 박근섭
펴낸곳 | 황금가지

출판등록 | 2009. 10. 8 (제2009-000273호)
주소 | 06027 서울 강남구 도산대로 1길 62 강남출판문화센터 5층
전화 | 영업부 515-2000 편집부 3446-8774 팩시밀리 515-2007
홈페이지 | www.goldenbough.co.kr

도서 파본 등의 이유로 반송이 필요할 경우에는 구매처에서 교환하시고
출판사 교환이 필요할 경우에는 아래 주소로 반송 사유를 적어 도서와 함께 보내주세요.
06027 서울 강남구 도산대로 1길 62 강남출판문화센터 6층 민음인 마케팅부

© 황금가지, 2003. Printed in Seoul, Korea

ISBN 978-89-8273-589-9 04800
ISBN 978-89-8273-580-6 (세트)

㈜민음인은 민음사 출판 그룹의 자회사입니다.
황금가지는 ㈜민음인의 픽션 전문 출간 브랜드입니다.